DE LA NOVATION

EN DROIT ROMAIN.

DES
CONTRE - LETTRES

EN DROIT FRANÇAIS

THÈSE POUR LE DOCTORAT

PAR

Louis-Marie-Camille KŒHLER

Avocat.

PARIS
IMPRIMERIE MOQUET
11, RUE DES FOSSÉS-SAINT-JACQUES, 11.
1872

DE LA NOVATION

EN DROIT ROMAIN.

DES

CONTRE - LETTRES

EN DROIT FRANÇAIS

THÈSE POUR LE DOCTORAT

Soutenue le Jeudi 22 Février 1872, à 8 heures et 1/2.

PAR

Louis-Marie-Camille KŒHLER

Né à Kientzheim, (Haut-Rhin).

Avocat.

Président : M. MACHELARD, Professeur

Suffragants :
MM. DUVERGER
DEMANTE
BUFNOIR
BOISSONADE

Professeurs

Agrégé

PARIS

IMPRIMERIE MOQUET

11, RUE DES FOSSÉS-SANIT-JACQUES, 11.

1872

DROIT ROMAIN

DE LA NOVATION

INTRODUCTION.

DÉFINITION DE LA NOVATION.

Les Institutes, au § 3 du titre : *Quibus modis obligatio solvitur*, nous donnent en ces termes une idée sommaire de la Novation : « Præterea novatione tollitur obligatio, « veluti si id quod tu Seio debebas, a Titio dari stipulatus « sit ; nam interventu novæ personæ nova nascitur « obligatio, et prima tollitur translata in posteriorem... » Il résulte de ce passage que la novation est un mode d'extinction des obligations, et l'exemple donné par le texte suffit pour faire comprendre en quoi il consiste. Vous êtes débiteur de Seius ; Titius promet à celui-ci ce que vous lui devez : l'obligation résultant de cette promesse éteint et remplace celle dont vous étiez tenu. Ce qui résulte tout d'abord du texte des Institutes, c'est que la novation n'a pas, comme les autres modes d'extinction des obligations, comme le payement et l'acceptilation, par exemple, un effet simplement extinctif. C'est un acte d'une nature mixte, puisqu'il implique à la fois l'extinction d'une obligation antérieure, et la naissance

1.

d'une autre obligation. C'est, pour emprunter la définition de Pothier, la substitution d'une dette nouvelle à une dette ancienne.

On se contente, en général, de cette formule pour définir la novation ; mais un examen attentif des textes va nous convaincre qu'elle est loin d'exprimer d'une manière complète, en droit romain, le caractère de l'acte juridique qui porte ce nom. Le passage des Institutes que nous avons cité en commençant doit déjà nous éclairer à cet égard. — Ce texte, pour décrire le mécanisme de la novation, se borne-t-il à dire qu'une obligation nouvelle remplace l'ancienne ? Non. Remarquons la manière dont il s'exprime : « Nova tollitur obligatio, et prima tollitur *translata in posteriorem.* » Quel est le sens de ces derniers mots ? Ils semblent, au premier abord, assez difficiles à concilier avec ce qui précède : Si la première obligation est éteinte, comment peut-elle être « *transférée dans la seconde?* » Cela paraît contradictoire. Il est impossible, cependant, de faire abstraction de cette partie du texte. Peut-être l'espèce même sur laquelle raisonnent les Institutes nous en fournira-t-elle l'explication. En examinant de près cette espèce, on observera qu'il existe un trait commun entre l'obligation qui disparaît et celle qui lui est substituée. En effet, Seius stipule de Titius ce que vous lui devez : les deux obligations qui se succèdent ont le même objet. Cette remarque permet de donner un sens au mots *translata in posteriorem,* pour peu que l'on applique à l'objet de la première obligation ce que les Institutes paraissent dire de cette obligation elle-même. L'on arrive à concilier ainsi les deux propositions du texte qui semblent se contredire. Sans doute, dirons-nous, la première obligation est éteinte ; mais elle ne disparaît qu'en transmettant à celle qui lui est substituée l'un de ses éléments naturels, c'est-à-dire sa matière, son objet.

Aussi, telle qu'elle nous apparaît tout d'abord dans le texte des Instilutes (qui n'est que la reproduction à peu près textuelle de celui de Gaïus, III, § 176), la novation impliquerait l'identité d'objet dans les deux obligations qui se succèdent. Maintenant est-ce là un trait essentiel auquel on doive s'attacher pour avoir de cet acte une notion complè e? Avant de rien affirmer à cet égard, étudions la définition que les rédacteurs du Digeste ont placée en tête du titre *de novationibus et delegationibus* (1 pr. **D. XLVI, 2**). Il importe d'étudier ce texte avec soin, surtout la première phrase, qui en est la partie essentielle. — Novatio est *transfusio*... Cette expression désigne, au sens propre, l'opération qui consiste à verser un liquide d'un vase dans un autre, en un mot, l'action de transvaser. — *Translatio*... C'est le transport, l'action de faire passer un objet d'un lieu dans un lieu différent. — *Prioris debiti*... De ce qui était dû antérieurement, en vertu d'une obligation antérieure.— *In aliam obligationem*... Dans une autre obligation (nous négligeons, pour le moment, les mots : *civilem et naturalem*, sur lesquels nous reviendrons plus tard). — Le jurisconsulte nous montre, à l'aide de deux métaphores expressives, en quoi consiste la novation : l'objet d'une obligation antérieure est transporté, transvasé, si l'on peut ainsi parler, dans une obligation nouvelle. Nous trouvons ici la pleine confirmation de la première notion que nous avaient fournie les Institutes. Ce qui ressort tout d'abord du texte d'Ulpien, c'est que la chose due en vertu de la première obligation, continue à être due après la novation. Lorsqu'un liquide est versé d'un vase dans un autre, cette opération ne modifie en rien la nature du liquide : de même, en cas de novation, l'objet dû n'est point changé ; l'expression métaphorique employée par Ulpien (*transfusio*) ne laisse aucun doute à cet égard. Ainsi, nous trouvons ici deux obligations distinctes ayant toutes deux le même objet. C'est ce qui se présente également *dans* d'autres rapports juridiques : les obligations solidaires nous en offrent un exemple. Là aussi nous rencontrons deux ou plusieurs obligations, et une seule chose due : la différence entre cette hypothèse et celle qui nous occupe, c'est que, en cas de solidarité, les deux obligations coexistent, tandis qu'en cas de novation, elles sont successives.

Notre manière de voir sur le caractère de la novation a pour base, comme on vient de le voir, la définition même que nous en trouvons au Digeste : l'exactitude n'en paraît donc pas douteuse. Toutefois elle nous conduit à une conséquence qui nous met en contradiction, sur un point important, avec les idées généralement reçues en cette matière. En effet, lorsqu'on énumère les applications diverses dont la novation est susceptible, on y comprend d'ordinaire le cas où une chose est promise à la place d'une autre. C'est même celui qui se présente le plus naturellement, du moins lorsque la novation a lieu entre les personnes mêmes entre lesquelles existait l'engagement primitif. Il n'y a, à ce sujet, aucune difficulté dans notre droit actuel ; on peut même dire que c'est l'hypothèse que le législateur a eue particulièrement en vue dans l'art. 1271 du Code civil. Cette hypothèse ne saurait, au contraire, trouver sa place dans la théorie romaine, telle que nous la concevons. Il importe d'insister sur ce point. Aussi ne nous en tiendrons-nous pas à la définition d'Ulpien : à ce texte fondamental nous ajouterons quelques autres fragments pour confirmer la doctrine que nous y avons puisée.

Citons d'abord la loi 2, *hoc tit.* Le texte exprime cette idée que toute chose due peut servir de base à une novation ; mais remarquons l'expression dont il se sert : *transiré in novationem*. Cette expression éveille la même idée que les mots : *transfusio* et *translatio*, dans la loi 1 : c'est toujours la même image, dont l'emploi ne peut s'expliquer que si l'on admet la permanence de l'élément objectif de la dette. — Mais la suite du texte est encore plus explicite. « Tout ce qu'on peut devoir, dit le jurisconsulte, en vertu d'un contrat verbal, ou autrement peut être nové. » Or en quoi consiste cette novation qui, comme l'indique bien la tournure de la phrase, porte sur l'objet de l'obligation ? La fin du texte, qui n'est que la paraphrase du mot *novari*, nous l'apprend. Tout objet dû ... peut être nové, c'est-à-dire « passer d'une obligation « quelconque dans une obligation *verbis*. » On voit que ce texte, de même que la loi 1, nous présente la novation comme consistant dans le passage d'une chose due en vertu d'une obligation antérieure dans une obligation nouvelle, ce qui implique nécessairement l'identité d'objet dans les deux obligations qui se succèdent.

On peut citer encore, dans diverses parties des Pandectes, un certain nombre de textes qui s'expriment d'une manière analogue. Nous nous contenterons de citer les lois : 8, § 1, *h. t.* ; 71, *pr. pro socio* ; 4, § 1, D. *de usuris.* On retrouve, dans tous ces fragments l'une des images dont se sert Ulpien, dans sa définition, image qui nous représente l'objet dû comme transféré dans l'obligation nouvelle.

En outre, il est des textes qui semblent bien difficiles à expliquer, si l'on se refuse à admettre que la novation par changement d'objet était inconnue en droit romain Nous nous bornerons à citer comme exemple la loi 4, *h. t.* Plus tard nous aurons l'occasion de revenir sur cette loi; nous ne l'invoquons ici qu'en ce qu'elle vient à l'appui de notre thèse. « Si ususfructus debitorem meum « delegavero tibi, non novetur obligatio mea. » Le texte suppose que, débiteur envers moi d'un usufruit, Titius va, sur ma délégation, vous promettre cet usufruit et il déclare que ma créance ne sera pas novée. Pourquoi la novation est-elle impossible dans cette hypothèse? Nous répondrons sans hésiter que c'est parcequ'il n'y a pas identité d'objet dans les deux obligations, celle dont Titius était tenu envers moi, et celle qu'il contracte vis-à-vis de vous. L'usufruit qu'il me doit et celui qu'il vous promet portent sans doute, l'un et l'autre, sur la chose ; mais ils n'en constituent pas moins deux droits très distincts, car chacun a, quant à la durée, une limite qui lui est propre, limite qui dépend de la vie plus ou moins longue de chaque usufruitier. On conçoit dès lors très bien que la novation ne puisse avoir lieu ; mais il faut admettre que le changement dans l'objet de la dette est un obstacle à la novation. Dans l'opinion contraire, nous ne voyons pas quelle explication on pourrait donner de la loi 4. — *Ad c 20, pr.* D., *de verb., oblig.*

Ajoutons, pour terminer sur ce point, que l'hypothèse d'une novation par changement d'objet ne se rencontre nulle part, dans nos sources. Ce silence des textes n'est-il pas significatif? Si l'hypothèse dont il s'agit pouvait s'accorder avec les principes du droit romain en cette matière, comment concevoir que les jurisconsultes n'y aient pas songé, qu'une application aussi pratique de la novation n'ait jamais servi de base à leurs raisonnements? Cette lacune est surtout remarquable dans les commentaires de Gaïus (et ce que nous disons de Gaïus s'applique également aux Instituts). Après avoir parlé du cas où la novation a lieu par l'intervention d'un nouveau débiteur, le jurisconsulte arrive à celui où l'on stipule de la personne même qui était obligée. Or, lorsqu'on veut donner un exemple de novation *inter easdem personas*, l'exemple le plus pratique, celui qui se présente immédiatement à l'esprit, n'est-il pas celui où le débiteur promet autre chose que ce qu'il devait, *aliud pro alio* ? Gaïus qui, écrivant un ouvrage élémentaire, devait choisir les exemples les plus simples et les plus faciles à saisir, n'en fait aucune mention ; il cite, au contraire, des hypothèses beaucoup moins naturelles, et qui, d'ailleurs, comme on le verra, ne laisse pas de donner lieu à certaines difficultés. Si le jurisconsulte a omis celle dont il est question, c'est sans doute parce qu'elle ne pouvait se présenter dans la législation romaine.

La novation joue, dans la théorie des obligations, un rôle considérable ; en effet, cet acte était, chez les Romains comme chez nous, d'un usage très-fréquent, et on le conçoit sans peine, pour peu que l'on considère la variété et l'importance pratique des applications auxquelles il se prêtait. Ce n'est pas le lieu de les énumérer ; nous rencontrerons d'ailleurs ces applications diverses dans le cours de cette étude. Il suffira de remarquer, dès à présent, que deux hypothèses principales peuvent se présenter : la novation a lieu soit entre les personnes mêmes qui figuraient dans l'obligation primitive, soit par l'intervention d'un tiers. Cette dernière hypothèse comprend deux cas distincts : c'est, en effet, soit le débiteur, soit le créancier qui peut être changé. Nous nous occuperons, dans une première section, de la novation en général, et les principes que nous exposerons s'appliqueront, le plus souvent, à toute espèce de novation. Mais l'intervention d'une personne nouvelle donne naissance à des rapports qui exigent un examen particulier ; nous y consacrerons une seconde section.

SECTION PREMIÈRE

De la Novation en général.

Lorsqu'on entreprend l'étude d'un acte juridique quelconque, le premier point qui attire naturellement l'attention, c'est la forme de cet acte, ce sont les conditions extrinsèques de son existence. Il nous paraît donc logique de nous occuper, en premier lieu, de la forme de la novation : ce sera l'objet d'un premier paragraphe. Nous passerons ensuite aux conditions intrinsèques qui doivent se rencontrer relativement 1° à l'obligation qui s'éteint, 2° à l'obligation qui prend naissance (§ 2 et 3). Nous consacrerons un quatrième paragraphe à une autre condition essentielle, l'intention de nover. Le pouvoir et la capacité en matière de novation, et les effets de la novation feront l'objet des § 5 et 6.

§ 1. *De la forme dans laquelle la novation s'opère.*

Nover, c'est, nous le savons, créer une obligation destinée à remplacer une autre obligation préexistante.
La question que nous avons à résoudre ici consiste donc à déterminer la forme que doit revêtir cette obligation nouvelle, pour avoir la vertu d'éteindre, d'absorber la dette qui est destinée à être novée. Il est presque inutile de faire remarquer que cette obligation ne peut naître que d'une convention ; car il est évident qu'il ne

peut y avoir de novation sans un concours de volontés.
— Maintenant dans quelle forme cette convention doit-elle
intervenir? Il n'y avait pas, en droit romain, de forme contractuelle spécialement établie pour l'hypothèse dont il
s'agit. La novation s'opérait au moyen de la stipulation.
C'était une des applications les plus remarquables et
les plus importantes de ce contrat, qui se prêtait, comme
on sait, à tant d'usages et de combinaisons diverses.
Ainsi supposons que Titius, qui me doit cent, m'offre
de recevoir Mævius pour débiteur à sa place. Pour opérer cette novation, il suffira que je stipule de Mævius les
cent que Titius me doit : « Spondesne, Mævi, centum
« quæ mihi Titius debet? » Mævius répondra : *Spon-
dco*. Au moyen de cette interrogation et de cette réponse
conformes, Mævius se trouve obligé envers moi, et Titius
libéré de son engagement : il y a novation.

La stipulation était-elle la seule forme dans laquelle
la novation pût s'opérer? — On trouve, en droit romain,
une forme contractuelle qui se rapproche, en beaucoup
de points, de la stipulation ; nous voulons parler du contrat littéral. Rappelons, en peu de mots, en quoi consiste
cette espèce de contrat. Les Romains avaient coutume
de tenir un compte exact de toutes les opérations concernant leur patrimoine : ils en prenaient note, jour par
jour, sur une sorte de brouillon ou de main courante,
qui portait le nom d'*adversaria*. Puis, à la fin de chaque
mois, ils transcrivaient ces notes sur un registre appelé
tabulæ ou *codex expensi et accepti*. Ce registre était divisé
en deux parties : d'un coté étaient inscrites les valeurs
sorties de la caisse du père de famille (*codex expensi*), de
l'autre, celles qui y étaient entrées. Le mot : *nomen* désignait toute inscription de créance faite sur les *tabulæ* ;

l'inscription prenait la qualification spéciale de *nomen arcarium*, lorsque la créance provenait d'un prêt d'argent. Les énonciations contenues dans les registres domestiques fournissaient ainsi un moyen de preuve applicable à toute espèce de créances. Mais le rôle de ces registres ne se bornait pas à constater les créances dérivant d'une source quelconque ; l'inscription pouvait intervenir elle-même comme cause productrice (*causa civilis*) d'une obligation; elle prenait alors le nom d'*expensilatio*.C'est en cela que consistait le contrat *litteris*,et comme tout contrat suppose l'accord de deux volontés, il est évident que l'inscription sur le registre du créancier ne pouvait obliger le débiteur que lorsqu'elle avait été faite du consentement de celui-ci.

De même que la stipulation, l'*expensilatio* se prêtait à des combinaisons diverses. On pouvait, par exemple y recourir pour faire une libéralité : il suffisait que le donateur consentît à ce que le donataire inscrivît à son nom la somme dont il voulait le gratifier (Val.Max, VIII, ch. 2) Mais l *expensilatio* semble avoir été plus particulièrement employée dans le but de nover une obligation préexistante:l'inscription faite sur les *tabulæ* constituait alors ce qu'on appelait un *nomen transcripticium*. (Gaii. III, § 128 — 130). Il paraît, d'après ce passage de Gaius, que l'effet du *nomen transcripticium* est d'opérer une novation, soit en transformant en une obligation littérale une obligation née d'une autre cause (*a re in personam*), soit en substituant un nouveau débiteur à l'ancien (*a persona in personam*). Toutefois Gaius n'est pas très-explicite sur ce point, et l'on a pu se demander si les *nomina transcripticia* opéraient véritablement novation, ou s'ils avaient simplement pour effet d'ajouter à celle qui compétait déjà au créancier une nouvelle action, née du contrat littéral. Mais la paraphrase de Théophile ne laisse aucun doute sur ce point « Prior obligatio extinguebatur, nous dit-il, «nova autem, id est litterarum, nascebatur.» On peut y joindre le témoignage de Cicéron, (*de Officiis*, III, n° 14).

L'*expensilatio* était une forme contra... ..lle réservée aux seuls citoyens romains. Dans les relations avec les étrangers, on se servait d'écrits d'une autre espèce ; c'étaient les *chirographa* et les *syngraphæ*. On n'est pas d'accord sur le point de savoir si ces écrits donnaient naissance à une véritable obligation littérale, comme les *nomina transcriptitia*, ou s'il ne faut les considérer que comme de simples moyens de preuve (*instrumenta.*) Sans entrer dans l'examen de cette question, nous nous bornerons à observer que le texte de Gaïus (§ 134) semble bien la trancher dans le premier sens. Cette opinion une fois admise, on est amené à se demander si les *chirographa* et les *syngraphæ* pouvaient servir à nover une obligation préexistante. Le peu de documents que nous possédons sur cette espèce d'actes ne nous permettent pas de résoudre la question en pleine connaissance de cause. Cependant nous sommes tentés d'admettre l'affirmative, avec M. Ortolan (Inst. expl. t. III, n° 1431. Il devait, en effet, résulter de cette forme d'engagement une obligation civile, garantie peut-être par une *conditio*, comme l'obligation dérivant des *nomina transcripticia*; et l'on ne voit pas, dès lors, pourquoi la novation n'aurait pu en résulter, aussi bien que de l'*expensilatio*. Mais ce n'est là qu'une conjecture, les textes ne fournissant, à cet égard, aucun renseignement.

Nous venons de constater, à côté de la stipulation, une autre forme contractuelle, au moyen de laquelle la novation semble avoir pu s'opérer. Mais cette forme ne survécut pas à l'époque classique. D'une part, en effet, l'usage des registres domestiques ayant disparu peu à peu, l'*expensilatio* et les *nomina transcriptitia* tombèrent en désuétude. Quant aux *chirographa* et aux *syngraphæ*, ils perdirent leur caractère primitif, pour devenir de simples écrits probatoires; il n'est plus même question des *syngraphæ* dans le corps de droit de Justinien; et si le *chirographum* s'y rencontre parfois, c'est commesynonyme de *cautio*. Ainsi, l'obligation littérale proprement dite n'existe plus, dans le dernier état du droit.

Aux deux modes dont nous venons de parler, on en joint souvent un troisième, la *dictio dotis*. C'était là, comme on sait, une sorte de contrat verbal d'une application très restreinte. D'un côté, l'usage en était limité, comme l'indique l'expression même, à la constitution de dot; de l'autre, elle n'était accessible qu'à un petit nombre de personnes. (V. sur ce point, Ulp. *Reg.*, VI, § 2. — *Eptiome* de Gaius, dans le *Bréviaire d'Alaric*, II, 9, § 5). La formule de la *dictio* a cela de remarquable, que les paroles prononcées par la personne qui veut s'obliger, ne sont précédées d'aucune interrogation. — Dans quels cas une novation pourrait-elle résulter d'une *dictio dotis?* C'est notamment lorsque cette formule est employée par un débiteur de la femme, qui, sur l'ordre de celle-ci, promet au mari ce qu'il doit. — La *dictio dotis* pouvait également être employée dans un but extinctif : c'est ce qui avait lieu, quand la femme voulait constituer en dot, ce dont le mari était débiteur envers elle. Il semble que les jurisconsultes ne fussent pas d'accord sur l'effet de la *dictio* en pareil cas. Ainsi, d'après les lois 77, D. de jure dot. et 31, § 1 *in fine*, D. de acceptil (1); elle

---

(1) M. Pellat (*Textes sur la dot*), a en effet, établi que ces passages

aurait eu pour effet d'éteindre la dette *ipso jure*, comme l'acceptilation, tandis que, suivant la loi 44, § 1, D. *de jure dot.*, elle n'aurait donné naissance qu'à une exception, à l'ins'ar d'un *pactum de non petendo*. — Quant au point qui nous intéresse, les textes ne fournissent aucun élément de décision. Rien ne prouve que la *dictio* eût pour effet d'éteindre l'obligation préexistante, et il est fort possible que le débiteur de la femme restât obligé envers celle-ci, sauf à la repousser par une exception, en cas de poursuite ultérieure.

Au surplus, la *dictio dotis*, comme le contrat littéral, a disparu avant l'époque de Justinien, et la stipulation est certainement, dans le dernier état du droit, le seul mode à l'aide duquel puisse s'opérer la novation ; et, en effet, dans tous les textes où il est question de novation c'est dans cette forme qu'elle est supposée s'accomplir. Insistons un instant sur ce point, que, abstraction faite de l'*expensilatio* et de la *dictio dotis*, qui n'existent plus sous Justinien, aucun autre mode d'engagement ne saurait, à cet égard, remplacer la stipulation. Tout d'abord il faut écarter les divers contrats qui se forment *re* ou *consensu*. On ne comprend guère comment des contrats tels que le dépôt, la vente, le mandat, etc., pourraient servir à opérer une novation. Cependant les textes prévoient certaines hypothèses, qui pourraient faire naître un doute à cet égard. Nous voulons parler des cas où, par exemple, un dépôt ou un mandat se trouvent convertis en *mutuum*. Mais les jurisconsultes ne prononcent jamais le mot de novation'propos de faits juridiques de ce genre. Voici comment ils analysent l'opération : la somme que

ne pouvaient se référer qu'à l'hypothèse d'une *dictio dotis*. Il faut admettre qu'ils ont été remaniés par les compilateurs du Digeste.

vous deviez, à titre de mandataire ou de dépositaire, je suis censé l'avoir reçue de vous ; l'obligation résultant du mandat ou du dépôt se trouve éteinte en vertu d'un payement fictif ; mais, en même temps, je suis censé vous avoir remis la même somme à titre de prêt. Il y a bien ici deux obligations qui se succèdent, mais nous ne trouvons pas l'élément essentiel de la novation, cette *transfusio prioris debiti in aliam obligationem*, et, malgré une apparente similitude, les hypothèses dont il s'agit n'ont rien de commun avec la novation

La novation ne peut s'effectuer non plus au moyen d'un pacte. On sait qu'en droit romain le simple accord des volontés est, en principe, impuissant à créer un engagement, sanctionné par une action ; il n'en peut résulter, et encore ce point est-il contestable, qu'une obligation naturelle. Mais ce n'est pas par ce motif que les pactes nus ne peuvent opérer novation. On verra, en effet, que l'obligation qui nove peut être dépourvue de toute efficàcité. Cela tient à ce que la novation est un acte exclusivement propre au droit civil ; dès lors, elle ne peut s'accomplir qu'à l'aide d'une forme d'engagement puisée dans ce droit même.

C'est par la même raison que la novation ne peut pas s'opérer non plus à l'aide d'un constitut. — Le pacte prétorien qui porte ce nom suppose nécessairement l'existence d'une obligation antérieure quelconque ; en effet, *constituere*, c'est prendre jour pour effectuer une prestation antérieurement due. L'utilité du constitut est surtout évidente lorsqu'il intervient au sujet, d'une obligation naturelle ; mais il peut également avoir pour base une obligation civile ou prétorienne : en pareil cas, le créancier dispose de deux actions, celle qui dérive de l'engagement primitif, et celle qui naît du constitut

L'adjonction de cette dernière peut offrir de l'intérêt à divers points de vue, notamment dans le cas où le constituant est un tiers. Il résulte alors du constitut une sorte de cautionnement analogue à la fidéjussion ou au *mandatum credendæ pecuniæ*. En somme, l'effet naturel de ce pacte est de consolider une dette antérieure. Toutefois, il est possible qu'il intervienne dans un but extinctif; il peut être entendu, en effet, que le créancier n'aura plus la faculté d'invoquer l'action originaire : tout dépend de l'intention des parties. Il se produit alors, sans doute, quelque chose d'analogue à une novation; mais ce n'est pas une novation véritable; car la novation ne peut s'opérer qu'au moyen d'une obligation contractée dans une forme civile. L'obligation primitive subsiste donc, en pareil cas, tandis qu'elle est éteinte par la novation. (28, D. *de pec. const.* — 14, D. *de in rem verso.*) Le payement seul la fait disparaître, en même temps que celle qui résulte du constitut. Toutefois, il paraît qu'on s'était autrefois demandé si le créancier, en agissant *de constituta pecunia* ne perdait pas le bénéfice de l'action primitive; mais cette opinion n'avait pas prévalu. (18, § 3, D. *de const. pec.*)

§ 2. — *De l'obligation novée.*

Nous savons que le premier élément nécessaire, pour qu'il y ait novation, c'est l'existence d'une obligation antérieure. Du reste, la novation est possible, quelle que soit cette obligation; il n'y a, à cet égard, aucune distinction à faire.

Ainsi, peu importe d'abord la source de l'obligation : qu'elle dérive d'un contrat ou d'un délit, qu'elle soit née *verbis*, *litteris*, *re* ou *consensu*, elle est, dans tous, ces cas, également susceptible d'être novée. La novation est donc, comme le payement, un mode d'extinction d'une portée générale, s'appliquant à toute obligation, quelle qu'en soit l'origine. On peut observer, à ce propos, que la maxime énoncée dans la loi 35, D. *de regulis juris*, n'est pas complétement exacte : « Nihil tam naturale « est, quam eo genere quidque dissolvere, quo colligatum « est. » La remarque ne se justifie que pour les modes d'extinction qui ne comportent pas une exécution directe ou indirecte de l'obligation. C'est ainsi que l'acceptilation s'applique seulement aux engagements nés *verbis*, l'extinction par le commun accord des parties, aux obligations consensuelles. En dehors de ces cas, l'analogie signalée par la loi 35 n'existe pas. Ainsi le payement, qui s'opère *re*, la novation qui a lieu *verbis*, éteignent toute espèce d'obligations ; ces deux modes d'extinction ont cela de commun que, dans chacun d'eux, l'extinction est la conséquence d'une satisfaction donnée au créancier.

La novation s'applique indistinctement aux obligations sanctionnées par le droit civil ou par le droit prétorien. — Enfin, il n'y a pas à distinguer suivant que l'obligation est ou non munie d'une action ; une obligation purement naturelle peut servir de base à une novation, et c'est là un des principaux points de vue auxquels il y a intérêt à constater l'existence d'une pareille obligation. Nous n'énumérerons pas les différentes hypothèses où cette transformation pourra s'opérer ; mais nous avons certaines remarques à faire sur quelques-unes d'entre elles. Une obligation naturelle peut exister à la charge de l'esclave, au profit soit de son maître, soit de toute autre personne. Cette obligation peut être novée ; seulement, tant que dure l'esclavage, il faut,

pour cela, supposer qu'un tiers vient prendre la d ette à
sa charge, car, ainsi que nous le verrons, la novation ne
peut s'effectuer au moyen de la promesse faite par un
esclave. Mais, après son affranchissement, l'ancien
esclave peut nover l'engagement contracté par lui en
servitude ; la promesse qu'il fait dans ce but ne constitue pas une donation (19, § 4, D. *de Donat.*) ; elle est
donc à l'abri soit de l'action Paulienne, soit de l'action
Favienne. — A l'inverse, le maître peut être obligé
naturellement envers l'esclave. Si celui-ci devient libre,
cette obligation peut évidemment être l'objet d'une
novation quelconque. Mais tant qu'il est sous la puissance dominicale, les principes généraux nous conduisent aux distinctions suivantes. Sans doute, la novation
pourra s'opérer par changement de créancier, lorsque
le maître promettra à un tiers, du consentement de
l'esclave, ce qu'il doit à celui-ci. Mais toute autre combinaison paraît impossible, parce que la stipulation faite
par l'esclave est censée faite par le maître, et profite au
maître (45. *pr.* D. *de verb. oblig.*) : la créance résultant
de cette stipulation serait donc acquise au maître lui-
même, ce qui serait absurde. C'est par le même motif
que l'obligation naturelle dont il s'agit ne peut être
l'objet d'un cautionnement (56, § 1 D. *de fidejuss.*).

De même qu'entre le maître et l'esclave, il ne peut, en
principe, exister qu'un engagement naturel entre le père
et le fils de famille. En général ce que nous venons
de dire, sur la possibilité de nover une obligation existant
à la charge de l'esclave, au profit du maître, ou *vice
versa*, reçoit ici son application. Remarquons cependant
que rien ne s'oppose à ce que le fils, encore en puissance,
promette *novandi causa*, ce qu'il doit à son père. Il peut,
en effet, à la différence de l'esclave, figurer en qualité de

promettant, dans une stipulation; et la novation serait possible, alors même que le stipulant serait le père lui-même : il est vrai qu'en vertu de cette stipulation, le fils ne serait tenu que naturellement; mais, comme on le verra plus loin, l'obligation qui nove peut être une simple obligation naturelle. Seulement une telle opération ne présenterait aucun intérêt, puisque la situation respective du père et du fils ne serait en rien modifiée. La remarque que nous venons de faire n'a donc qu'un intérêt purement théorique.

C'est une question controversée que celle de savoir si les contrats dans lesquels le pupille a figuré sans l'autorisation de son tuteur, font naître à sa charge une obligation naturelle. Sans entrer ici dans l'examen de cette question, nous remarquerons que la promesse émanée du pupille peut certainement servir de base à une novation, ce qui semble trancher la question dans le sens de l'affirmative (19 § 4. D. *de donat.*) — Si la promesse *novandi causa* est faite par le pupille lui-même, il faut supposer qu'il agit avec l'*auctoritas* de son tuteur, autrement la nouvelle obligation serait entachée du même vice que l'ancienne. La novation aurait lieu sans doute, mais elle serait, dans l'espèce, dénuée de tout effet, comme dans l'hypothèse que nous avons supposée tout-à-l'heure.

On sait que, dans ses rapports avec les étrangers, le fils de famille peut contracter des engagements civils. Par exception, il n'est tenu que naturellement lorsqu'il a emprunté contrairement aux prescriptions du sénatus-consulte Macédonien. Cette obligation naturelle peut bien entendu, servir de base à une novation. Mais le fils de famille ne peut ainsi confirmer l'engagement imparfait qui existe à sa charge qu'après être devenu *pater familias* (2. Cod. *ad Sc. Maced.*); la promesse qu'il ferait, étant encore en puissance, serait inefficace, car l'exception du Sénatus-consulte paralyserait l'action résultant de cette promesse, aussi bien que l'action primitive dérivant du *mutuum*. Nous réservons toutefois le cas où le fils de famille se serait laissé déléguer à un tiers; nous examinerons plus loin cette hypothèse, qui soulève quelques difficultés. Celle où le debiteur ne fait la novation qu'après être devenu *sui juris*, n'en présente aucune. Il faut toutefois remarquer que la loi 20, D. *ad Sc. Maced.*, accorde une exception *in factum* dans le cas où la promesse *novandi causa* aurait été contractée par suite d'une erreur de fait. Et cependant, le paiement, fait par erreur ne pourrait être répété. (40. pr. D. *de cond. indebiti.*) Cette différence, au surplus, s'explique assez facilement : il est naturel que l'on se montre moins rigoureux lorsque les choses sont encore entières, que lorsqu'il s'agit d'obliger le créancier à restituer ce qu'il a reçu. — On s'est demandé quelle pouvait être l'erreur supposée par la loi 20, nous renvoyons aux explications présentées, à ce sujet, par M. Machelard (*Des obl. nat. en dr. romain*).

L'existence d'une obligation à laquelle elle puisse s'appliquer est une condition indispensable pour que la novation ait lieu. Si donc l'obligation qu'il s'agit de nover n'existait qu'en apparence, on peut affirmer qu'il n'y a point de novation. Ainsi, je croyais être votre débiteur, par exemple en vertu d'une vente consentie par vous à mon auteur. Nous convenons de nover cette obligation ; or, elle n'existe pas en réalité, il n'y a pas eu de vente ; dès lors, la novation n'est pas possible. C'est là un point incontestable. Mais ici se présente une autre question : quel sera l'effet de la stipulation intervenue *novandi causa?* Engendrera-t-elle néanmoins une obligation? Il est certain que le droit civil romain ne se préoccupait aucunement du but que les parties s'étaient proposé en contractant, de ce que l'on appelle, en droit français, la cause de l'obligation. Peu importe que cette cause soit réelle ou non. L'obligation contractée dans le but de nover une obligation antérieure n'en existera donc pas moins, bien que celle-ci n'ait qu'une existence apparente. Il se pourrait cependant que cette obligation fût frappée de nullité. Supposons que vous m'ayez interrogé en ces termes : « Quidquid ex vendito dare « facere oportet, spondesne mihi? » Il est évident que si, comme nous l'avons supposé, la vente n'a pas eu lieu, cette stipulation ne produira aucun effet. Cela tient à ce que l'objet n'en est pas déterminé, et qu'il ne saurait l'être : or, en ces conditions, le contrat ne peut se former. Mais ce vice disparaîtra si l'interrogation est ainsi conçue : « Spondesne decem quæ mihi ex empto «debes? » Rien ne s'oppose alors, en droit civil, à la validité du contrat. Mais, comme l'équité exige que je ne sois pas victime d'une erreur, le préteur m'accordera, si je suis poursuivi, une exception de dol (2. §§ 3 et 4 D. *de donat.* — 7. D. *de doli mali except.*). Je puis aussi, sans attendre que l'on me poursuive, agir pour réclamer ma libération ; c'est ce qui résulte des textes que nous venons de citer.

On peut comparer l'hypothèse qui nous occupe à celle où il y a payement de l'indû ; l'analogie est frappante. Lorsqu'on paye par erreur ce que l'on ne doit pas, il y a *datio* valable ; l'*accipiens* devient propriétaire de la chose payée ; de même, ici le stipulant devient créancier. Mais le *solvens* peut répéter ce qu'il a payé au moyen de la *condictio [indebiti* ; le promettant a également, dans

notre hypothèse, une action pour répéter, en quelque
sorte la promesse qu'il a faite. Cette action est, comme
celle qui est donnée en cas de payement de l'indû, une
condictio ; on la trouve, dans des textes relatifs à d'autres hypothèses, désignée sous le nom de *condictio liberationis* (V. loi un. Cod. *de errore calculi*), ou *de condictio indebiti promissi* (31. D. *de cond. indeb.*) La
condictio indebiti proprement dite, tendant à la dation
d'un objet certain ou d'une quantité déterminée, est une
condictio certi. Celle qui est donnée dans l'hypothèse
actuelle est une *condictio incerti*, car elle tend à obtenir
un fait, la libération du demandeur. — Au reste, les
principes qui régissent la *condictio indebiti* proprement
dite doivent être étendus à l'action dont il s'agit ici.
Ainsi, pour que le payement puisse être répété, il faut
nécessairement qu'il ait été fait par erreur ; de même,
nous supposons que la promesse *novandi causa* est le
résultat d'une méprise : l'exercice de la *condictio*,
comme aussi le bénéfice de l'exception de dol ne seront
accordés qu'à cette condition.

L'obligation qu'il s'agit de nover peut être affectée
d'une modalité, telle qu'un terme ou une condition.
Cette circonstance est-elle un obstacle à l'accomplissement de la novation?

L'obligation conditionnelle n'existe pas, à vrai dire,
tant que la condition n'est pas accomplie : c'est ainsi que
le payement fait par erreur, *pendente conditione*, peut
être répété (18, D. *de cond. indeb.*). Il semble dès lors
qu'il soit impossible de nover une obligation suspendue
par une condition, puisque la base nécessaire de toute
novation, c'est-à-dire l'existence d'une dette à nover, fait
ici défaut. Toutefois, il n'en faut pas conclure que la novation soit nulle en pareil cas. Sans doute, si l'on stipule

ce qui est dû *sub conditione*, il ne pourra, dès à présent, résulter de là une novation. Mais, supposons que la condition se réalise; dès lors, i'obstacle disparatt, et la novation s'accomplira. Ainsi, l'obligation condit'onnelle peut être novée, en ce sens que la novation s'accomplira si la condition se réalise (14, § 1, D. *h. t.*). L'obligation contractée *novandi causa* est suboidonnée à la même condition que l'obligation primitive. L'événement de la condition fait naître à la fois les deux obligations; mais la première ne prend naissance que pour être immédiatement remplacée par l'autre. C'est ce qu'exprime très-bien le texte que nous venons de citer : « Etenim existens « conditio stipulationem committit, commissamque in « secundam transfert. »

Comment expliquer théoriquement la possibilité d'une novat'on, en pareil cas? Peut-être serait-on tenté d'y voir une conséquence de l'effet rétroactif qui se produit lors de l'accomplissement de la condition. Grâce à cette fiction, l'obligation est réputée avoir existé dès le principe, comme si aucune condition n'y avait été apposée, et l'on peut dire que la matière indispensable à toute novation, c'est-à-dire une obligation à nover, n'a pas fait défaut au moment où est intervenue la stipulation *novandi causa*. Mais, il faut repousser cette explication, car elle ne s'appliquerait qu'aux obligations dérivant d'un contrat: elle ne ferait défaut, en ce qui concerne les legs et les fidéicommis conditionnels; car, en pareil cas, l'événement de la condition n'est accompagné d'aucune rétroactivité. Or, il n'est pas douteux qu'une obligation *ex legato* ne puisse être novée avant l'accomplissement de la condition qui la tient en suspens. C'est même l'hypothèse à laquelle les jurisconsultes semblent s'attacher de préférence (V. 8, § 1, D. *h. t.* — 4, D. *de trans. act.* — 12, D. *acceptil.*;

etc...). Un seul texte pourrait être cité en sens contraire; c'est la loi 41, D. *Condit. et dem.*: Sans entrer plus avant dans l'examen de la difficulté, nous dirons que la conjecture la plus plausible, selon nous, consiste à supposer une méprise de la part des compilateurs. Il est probable que le juri-consulte avait écrit: *Do lego legari*; mais, le manuscrit portant en abrégé : *d. l. legari*, on aura cru lire : *delegari*. Le texte, ainsi restitué, se comprend très-bien. En effet, on ne peut léguer *per vindicationem*, que ce dont on est actuellement propriétaire. Or, tant que la condition est en suspens, il est évident que le légataire n'est pas propriétaire de la chose léguée. Le texte signifie que celui à qui une chose a été léguée sous condition ne peut, tant que la condition est en suspens, la léguer lui-même en employant la formule : *do lego*, qui est celle du legs *per vindicationem*. Il ne faut donc pas rattacher la possibilité de nover une obligation conditionnelle au principe de la rétroactivité des conditions. Cette possibilité s'explique de la façon la plus naturelle, si l'on songe que la novation peut s'appliquer aux dettes futures, comme nous le verrons plus loin.

Le résultat auquel aboutit la novation d'une obligation conditionnelle sera le plus souvent conforme à l'intention des parties. Ainsi, lorsqu'un tiers vient promettre, *novandi animo*, ce que je dois sous une condition quelconque, il est naturel de supposer qu'il n'a entendu s'engager que sous la même condition. Mais, le contraire est possible, surtout lorsque la novation a lieu *inter easdem personas* : l'intention des parties pourrait être alors de substituer une obligation pure et simple à un engagement éventuel. En droit français, la novation se prêterait sans difficulté à une opération de ce genre, soit qu'il y eût, de la part du débiteur, renonciation gratuite au béné-

fice de la condition, soit que, en retour, le *quantum*
de la dette subit une certaine diminution. Il n'en est
pas de même en droit romain. car la novation, d'après
les principes de ce droit, ne peut s'opérer que lorsque
l'obligation primitive est devenue pure et simple par
l'accomplissement de la condition. — Est-ce à dire
maintenant que le résultat dont il s'agit ne pût être
atteint ? Cela paraît bien difficile à admettre, si l'on considère combien est naturelle et pratique la combinaison
en vertu de laquelle une dette pure et simple est substituée à une det.3 conditionnelle. Aussi la croyons-nous
possible même en droit romain; seulement, ce n'était
pas au moyen d'une novation qu'elle pouvait s'opérer.
Remarquons, en effet, qu'une stipulation n'a pas la vertu
de nover, par cela seul qu'elle porte sur un objet dû en
vertu d'une autre cause; il faut en outre, comme nous
le verrons, que les parties aient eu l'intention de faire
une novation. Cela posé, supposons que, vous devant dix,
sous une condition, je vous promette six purement et
simplement. Sans doute, si cette promesse a été faite
novandi animo, elle sera suspendue par la même condition que l'obligation primitive. Mais nous pouvons avoir
agi sans intention de nover; il y aura alors, à côté de
l'obligation conditionnelle, une obligation pure et simple
ayant le même objet que la première, mais complètement indépendante de celle-ci. Rien ne s'oppose, évidemment, à ce que vous me poursuiviez immédiatement
en vertu de cette obligation. Si je vous opposais que
votre créance n'est pas encore née, attendu qu'elle est
suspendue par la même condition que la première, vous
répondriez que nous n'avons pas entendu faire une novation, et, s'il y avait contestation entre nous sur ce point,
ce serait au juge à trancher la question. Sous Justinien,

ma prétention serait écartée par cela seul que la volonté de nover ne serait pas exprimée dans l'acte (V. ci-dessous, notre § 4). Maintenant, comme il n'y a point eu de novation, dans l'espèce, l'obligation primitive prendra naissance, si la condition s'accomplit, et je pourrai m'en prévaloir *jure civili*; mais si j'exerçais mon action, je serais repoussé par une exception de dol. Voilà comment les parties pourront, à peu de chose près, atteindre le but qu'elles se proposent. Aucun texte, à la vérité, ne peut être invoqué en ce sens; mais nous ne voyons pas que la solution que nous proposons soit contraire aux principes. Elle peut d'ailleurs très-bien se concilier avec le texte de la loi 14. En effet, s'il résulte de cette loi que la première stipulation n'est commise qu'à l'arrivée de la condition mise à la première, le jurisconsulte, remarquons-le, suppose expressément que cette première stipulation a été contractée à l'effet de nover : « Si quod « sub conditione debetur, pure quis *novandi causa* sti- « puletur... »

Pour que la novation puisse opérer lors de l'accomplissement de la condition, il faut, bien entendu, qu'à ce moment tous les éléments indispensables pour l'existence de la première obligation se trouvent réunis; autrement, cette obligation ne pourrait prendre naissance, et, par suite, il ne saurait être question de novation. Ainsi, il faut que l'objet de la dette subsiste encore ; s'il avait péri par cas fortuit, l'obligation ne naîtrait pas (8. D. *de periculo et com. rei vend.*), et par conséquent ne pourrait être novée (1). — Nous trouvons dans notre loi 14, § 1 *in fine* une autre hypothèse dans laquelle la

_____

(1) Notons au surplus que cette remarque n'a guère qu'un intérêt théorique. En effet que la novation s'opère ou non, le débiteur, en tout cas, est libéré par la perte de la chose due.

novation serait impossible, malgré l'événement de la
condition. Titius est obligé conditionnellement ; je viens
promettre *novandi causa* ce qu'il doit. Puis, la condition
étant encore en suspens, Titius subit la déportation :
c'est en vain qu'ensuite la condition se réalise ; la novation ne peut s'effectuer. — Pour comprendre cette décision, il faut se rendre compte des effets produits par
la déportation. La *media capitis deminutio,* qui est la
conséquence de cette peine, dépouille le condamné de
sa personnalité civile, et par suite, éteint toutes les obligations qui pouvaient exister à sa charge. Ses biens sont
confisqués (8. § 1 et 2, D. *qui testam. facere*) ; mais le
fisc ne joue pas pour cela, vis-vis du déporté, le rôle d'un
héritier ; il ne le représente pas, de sorte que les obligations dont il était tenu, éteintes en sa personne ne pas-
sent sur la tête d'aucune autre, et cela est vrai des obligations suspendues par une condition aussi bien que celles
dont le *dies cedens* est déjà arrivé : ces obligations ne pren-
dront pas naissance, à l'événement de la condition, faute
d'une personne sur la tête de qui elles puissent reposer :
« quoniam nunc, cum extitit conditio, non est persona
« quæ obligetur. » Dès lors l'obligation de Titius étant
non avenue, la mienne ne peut se former.

Remarquons que les obligations du déporté ne sont
pas seulement éteintes au point de vue du droit civil ; il
ne reste même pas tenu naturellement. En effet, s'il en
était autrement, l'événement de la condition donnant
naissance à une obligation naturelle, la novation serait possible. On pourrait opposer la loi 2, § 2, D. *de
capite min* ; mais il résulte du *principium* de cette loi
que la proposition contenue dans le § 2, ne s'applique
qu'à la *minima capitis deminutio,* et non à la *media,* à
laquelle se réfère la loi 14. La solution de notre texte

ne s'appliquerait donc pas dans l'hypothèse d'une *capitis deminutio* de cette espèce, par exemple, si l'on supposait que le débiteur primitif se fût donné en adrogation. Mais elle serait également exacte, et *a fortiori*, dans celle d'une *maxima capitis deminutio*. Seulement, en cas de captivité chez l'ennemi, la novation serait simplement suspendue ; elle se produirait rétroactivement, si le promettant revenait dans ses foyers, en vertu des règles du *postliminium* (Arg. 5, C. *de fidej.*)

Nous avons vu que le fisc ne représentait pas la personne du déporté. Il ne faudrait pas tirer de cette idée des conséquences exagérées. Le patrimoine du condamné ne passe entre les mains du fisc que à la charge d'acquitter les dettes qui le grèvent : «Bona non intelliguntur nisi deducto aere alieno ; » et cela est vrai non seulement des obligations déjà nées, mais aussi de celles qui sont suspendues par une condition : c'est ce qui résulte *a contrario* de la loi 48, § 1. D. de *Jure fisci*. Ainsi les créanciers ne sont pas privés de leur gage ; mais, comme dans la subtilité du droit il n'y a pas d'obligation, la novation ne peut s'opérer. — Remarquons, en outre, que si le déporté cesse d'être tenu, même naturellement, de toutes les dettes qui existaient à sa charge, il en peut contracter de nouvelles, postérieurement à sa condamnation. En effet, il a bien perdu la participation au droit civil ; mais les actes du droit des gens ne lui sont pas interdits. Sa situation est la même que celle du pérégrin, avec cette différence toutefois qu'il n'appartient à aucune cité. Il peut donc s'obliger, à la condition d'éviter les formes réservées aux citoyens romains.

Nous avons supposé, en analysant la loi 14, § 1, que la déportation avait été encourue par la personne tenue de l'obligation à nover ; mais le texte s'expliquerait touaussi bien dans l'hypothèse inverse. Supposons qu'au lieu de Titius, ce soit moi, l'*expromissor*, qui aie subi la déportation. Titius se trouvera sans doute obligé si la condition se réalise; mais cette obligation ne repasse pas sur ma tete, car, par suite de la *capitis deminutio* que j'ai subie, la promesse que j'ai faite antérieurement est réputée non avenue : la novation est donc impossible, et Titius reste obligé.

A la différence de l'obligation conditionnelle, l'obligation à terme peut être *hic et nunc* l'objet d'une novation. En effet, le terme ne suspend pas l'existence même de la dette ; il en ajourne seulement l'échéance. Aussi le payement peut-il s'opérer valablement *ante diem* ; eût-il été fait par erreur, il ne donne pas ouverture à la *condictio mdebiti* (D. 10, *de cond. indeb.*). Malgré l'existence du terme, la première obligation est donc éteinte et remplacée aussitôt par l'obligation nouvelle. C'est ce qu'Ulpien nous dit à propos des legs et des fidéicommis qui sont l'objet d'une novation (8 § 1", D. *h. t.*). — Mais ici se présente une difficulté : le terme dont jouissait le débiteur doit-il être sous entendu dans l'obligation nouvelle? Les textes ne nous le disent pas. On voit bien dans la loi 8, § 1", que la novation a lieu *statim*, mais cela n'implique pas que le payement soit immédiatement exigible. Cependant il faut, croyons-nous, poser en principe que, si le terme n'y a pas été inséré, la stipulation sera pure et simple; la demande sera valablement intentée *stricto jure*, de telle sorte qu'elle ne pourra être considérée comme entachée de plus-pétition. C'est ce qui nous paraît résulter des principes rigoureux en matière de contrat verbal : « Plerumque enim in stipulationibus « verba, ex quibus obligatio oritur, inspicienda sunt, « raro inesse tempus, vel conditionem, ex eo quod agi

« apparebit, intelligendum est (126, § 2, D. *de verb.*
« *oblig.*). » Mais s'il a été entendu que le bénéfice du
terme serait conservé au débiteur, celui-ci pourra se
défendre au moyen d'une exception de dol. C'est donc,
en définitive, conformément à l'intention des parties que
la question sera résolue dans chaque espèce. — Ajoutons que la stipulation pourrait être conçue de telle façon,
que le terme dût y être sous-entendu de plein droit.
C'est à un cas de ce genre que se réfère la loi 47, D. *de
verb. oblig.* On ne saurait, à notre avis, argumenter de
ce texte pour soutenir, d'une manière absolue, que la novation laisse subsister le terme. La solution qu'il contient nous paraît bien fondée, en effet, sur la formule
employée par les parties, formule qui implique de leur
part l'intention de nover l'obligation telle qu'elle se comporte, de conserver notamment la modalité dont elle est
affectée.

Nous avons déjà constaté que la novation pouvait s'appliquer à une obligation future. Elle ne s'accomplira, bien entendu, qu'au moment où cette obligation prendra naissance
elle-même (8, § 2, *h. t.*). — Cette faculté de nover les dettes à venir permettait de remédier, dans une certaine
mesure, à la rigueur du principe romain qui s'opposait
à ce que le mandant pût devenir débiteur ou créancier
par l'entremise du mandataire. Ce principe devait être,
dans la pratique, une source de graves inconvénients ;
voici comment on pouvait les éviter dans certains cas.
Supposons que j'aie confié à Titius la gestion de mon
patrimoine. Sur ma demande, Seius, avec qui j'ai de fré-
quentes relations d'affaires, stipule de moi en ces termes :
Tout ce que je pourrai stipuler de Titius, me le promet-
tez-vous ? Que va-t-il arriver ? Toutes les fois que Titius,
dans l'exercice de son mandat, contractera quelque

obligation envers Seius, cette obligation sera immédiatement novée, en vertu de la stipulation intervenue entre
Seius et moi ; Titius ne sera tenu qu'un instant de raison,
et, au fond, le résultat sera le même que si j'étais directement obligé par suite des engagements par lui contractés : telle est l'hypothèse prévue par la loi 8, § 2. On peut
également supposer, à l'inverse, que Seius me promette
tout ce que Titius pourra stipuler de lui : de la sorte,
chaque fois que Titius deviendra créancier de Seius, le
droit de créance né en sa personne passera immédiatement sur ma tête, et je pourrai poursuivre Seius, sans
être obligé de recourir à une cession d'action.

Le double expédient que nous venons d'indiquer dut
être (il est permis de le conjecturer) d'un grand usage,
tant que la législation romaine ne se départit point, et
matière de représentation, de sa rigueur primitive. Mais
on sait que, de bonne heure, des tempéraments y furent apportés. Un premier progrès fut réalisé, lorsque
le préteur eut établi les actions exercitoire et institoire, au moyen desquelles les tiers purent agir directement contre le maître qui avait préposé un esclave ou
une personne libre à la conduite d'un navire ou à un
commerce quelconque (V. 2, Inst. IV, 7). Le droit prétorien ne s'en tint pas là : d'une part, l'action institoire
fut généralisée, et toutes actions résultant des engagements contractés par le mandataire purent être exercées
utilement contre le mandant. (V. 31. pr. D. *de neg. gest.*
— 14, D. *de cond. causa data.* — 10, § 5, D. *mandati.*
— 5, Cod. *de Inst. et ex. act.*). D'autre part, on accorda
au mandant le droit de poursuivre en son nom, au
moyen d'actions utiles, les tiers devenus débiteurs du mandataire (V. 27, § 1, — 28, D. *de procur.*,
— 13, § 25, D. *de act. empti.*, etc...). Grâce à ces pro-

grès successifs, l'application de la novation aux dettes futures dut perdre sans doute de son utilité. Cependant elle ne fut pas abandonnée complétement : ce qui le prouve, c'est précisément la loi 8, que nous avons citée. Ce texte est d'Ulpien ; or, à l'époque où écrivait ce jurisconsulte, la jurisprudence romaine avait déjà subi les diverses modifications que nous venons de rappeler.

On peut, au moyen d'une seule stipulation, nover à la fois deux ou plusieurs obligations. C'est ce que fait remarquer Gaius dans la loi 34, § 2, D. *h. t.* Ce point, d'ailleurs, n'offre aucune difficulté ; mais il n'est pas indifférent de le mettre en lumière, car, si l'on se rappelle, en outre, que toute obligation peut être novée, quelle qu'en soit l'origine ou la nature, on se rendra compte de l'application très-étendue dont la novation est susceptible. C'est ce qui ressort notamment d'un texte important en cette matière, et sur lequel nous devons insister. Nous voulons parler de la formule connue sous le nom de stipulation Aquilienne, formule imaginée par le jurisconsulte Aquilius Gallus, et que les Institutes nous font connaître au § 2 du titre : *Quib. mod. obl. solvitur*, Compr. 18, § 2, D. *de acceptil.* — Il est facile d'en comprendre le sens et la portée. Elle se réfère au cas où, des obligations de nature et d'origine diverses existant entre deux personnes, celles-ci conviennent de transformer toutes ces obligations en une seule au moyen d'une novation. C'est un modèle spécialement composé en vue de l'écrit qui, selon la coutume des Romains, sera rédigé pour constater la stipulation. La formule suppose que la novation n'est intervenue que pour arriver immédiatement à la libération du débiteur ; on y voit, en effet, que l'obligation *verbis* résultant de la stipulation a été, séance tenante, éteinte par acceptilation. Les choses pourront souvent se passer ainsi, et l'on comprend comment une novation préalable est nécessaire pour opérer cette libération. L'extinction de la dette, en cas d'abandon de son droit de la part du créancier, ne peut résulter *jure civili* que d'une acceptilation; mais ce mode d'extinction était exclusivement applicable aux obligations nées *verbis* (§ 1, Inst. III, 29). Or, la novation fournit un moyen commode d'étendre indirectement ce mode à une obligation quelconque, puisqu'elle a pour effet de transformer en obligation *verbis* toute dette à laquelle elle s'applique. Maintenant il se pourrait fort bien que l'extinction supposée par la formule n'eût pas lieu, et que la stipulation Aquilienne eût uniquement pour but de liquider et de simplifier, au moyen d'une novation sérieuse, les rapports obligatoires existant entre les parties; c'est ce qui arrivait notamment en cas de transaction (V. Pauli *Sent.* I, 1, § 3. — 2; 9, § 2; 15, D. *de transact.* — 3, Cod. *eod. t.*). — Les parties. suivant les circonstances, se serviront de la formule dans toute son étendue, ou n'en reproduiront que certaines parties. Remarquons, en outre, que, le plus souvent, dans la pratique, la somme qui sera mise à la charge du promettant sera précisée; cette fixation remplacera les termes généraux du texte : *quanti quæque earum rerum....* Il en sera nécessairement ainsi toutes les fois que l'intention des parties ne sera pas de procéder immédiatement à une acceptilation.

Si maintenant l'on examine en détail les termes de la stipulation, on sera frappé du soin avec lequel toutes les hypothèses sont prévues et résumées en peu de mots : *Quidquid te mihi ex quacumque causa....* La formule comprend toute espèce d'obligations, quelle qu'en soit la source, à l'exception toutefois des obligations naturelles;

en effet, l'expression : *dare facere oportebit* ne s'applique qu'aux engagements dont l'exécution peut être poursuivie en justice. — « *Oportet, oportebit, præsens in diemve,....* » Ces terme embrassent à la fois les dettes échues et les dettes à terme. Il n'est pas expressément question des obligations conditionnelles, mais les mots : *in diem* peuvent *lato sensu* s'y référer. — Quel est le sens de ces trois expressions : « *actio, petitio, persecutio ?* » Chacune d'elles, surtout si l'on se place sous l'empire du système formulaire, a un sens nettement défini. *Actio* se dit, en général, de toute instance poursuivie par la voie ordinaire, c'est-à-dire devant un juge nommé à cet effet ; mais on emploie plus particulièrement ce mot lorsqu'il s'agit de l'action *in personam*. Le mot *petitio* désigne les actions réelles ; enfin le mot *persecutio* est réservé pour les cas où il y a *incognitio extraordinaria* (V. Ulp. 178, § 2, D. *de verb. signif.*). — On peut s'étonner qu'il soit ici question d'actions *in rem*, les droits réels, auxquels correspondent les actions de cette espèce, ne pouvant être l'objet d'une novation. Voici comment cela peut s'expliquer : Titius détient une chose dont je suis propriétaire ; je renonce à agir contre lui par l'action en revendication, et le prix de cette renonciation entrera en ligne de compte pour la fixation de la somme qu'il me promettra par la stipulation Aquilienne. Il n'y a point ici de novation ; l'opération n'est autre chose qu'une transaction, dans laquelle l'une des parties abandonne le droit d'exercer contre l'autre l'action réelle qui lui compète, moyennant une somme qui lui est promise en retour (Comp. 15, Cod. *de transact.*) Il est bien entendu que mon droit de propriété n'est pas éteint ; je perds seulement la faculté de m'en prévaloir à l'égard de Titius ; mais je conserve celle de l'invoquer, le cas échéant, contre toute autre personne. — Quant aux mots *habes, tenes, possides,* le sens des deux derniers est facile à préciser. *Tenere* désigne la simple détention, comme celle d'un locataire ou d'un dépositaire. *Possidere* s'applique à la détention accompagnée de *l'animus sibi habendi,* à la possession proprement dite. Le mot *habere* est moins facile à expliquer. D'après la loi 1, § 33 D. *de Vi,* l'acception en serait très-générale ; il ne se référerait pas seulement à la détention physique et à la possession, il désignerait également le droit de propriété et les autres droits réels. C'est à ce dernier sens qu'il faudrait s'attacher, si l'on voulait lui donner une signification distincte de celle des termes : *tenere, possidere.* Mais l'expression *quod tu meum habes* se comprend alors difficilement. Il faut, pour l'expliquer, recourir à la distinction de la propriété *ex jure Quiritium* et de l'*in bonis.* On peut aussi la rapporter au cas où le promettant détient à titre d'usufruitier ou d'usager une chose dont le stipulant est propriétaire. — Remarquons enfin cette partie du texte : *dolove malo fecisti quominus possideas.* Elle a trait au cas où le promettant aurait fait en sorte de ne plus posséder la chose du stipulant. Une telle fraude ne met pas celui qui s'en est rendu coupable à l'abri de l'action en revendication : il est responsable de la valeur de la chose et reste exposé, de ce chef, à une condamnation pécuniaire. On comprend très-bien que cette hypothèse figure parmi celles que prévoit la formule Aquilienne.

§ *De l'obligation contractée novandi causa.*

Nous n'avons plus à nous occuper ici de la forme que doit revêtir l'obligation contractée *novandi causa.* Nous savons que cette forme est la stipulation ; nous avons admis. en outre, en nous plaçant à l'époque classique, que l'obligation dont il s'agit pouvait également résulter du contrat littéral. Il reste à étudier cette obligation au point de vue de ses conditions intrinsèques.

Gaius et les Instituts nous apprennent d'abord que la novation peut avoir lieu, alors même que la stipulation ne produit aucun résultat utile pour le créancier : « Adeo ut interdum, licet posterior stipulatio inutilis sit, « tamen prima novationis jure tollatur... » Les Instituts citent comme exemple le cas où l'on aurait stipulé d'un pupille non autorisé par son tuteur. Une telle stipulation est dépourvue d'efficacité ; le pupille, en effet, est à l'abri de toute poursuite. Mais la novation ne s'en opère pas moins, et, le débiteur primitif étant libéré, le créancier se trouve avoir perdu son ancienne créance sans compensation. A côté de cette hypothèse, nous en trouvons deux autres dans Gaius : 1°) celle où le promettant s'est engagé *post mortem suam*. C'est une règle bien connue en matière de stipulation, que l'exigibilité de la dette ne pouvait être reculée jusqu'après la mort de l'une ou de l'autre des parties ; l'addition d'une telle clause viciait le contrat Gaius, III, § 100. ; 2°) celle où la promesse émane d'une femme *sine tutoris auctoritate*. En effet, à l'époque où les femmes étaient en tutelle, elles étaient, comme les pupilles, incapables de s'obliger sans autorisation, (Gaius, III, § 103) — Ces deux hypothèses n'ont pu être reproduites dans les Instituts, car, d'une part, sous Justinien, on peut valablement stipuler ou promettre *post mortem suam* (13, Inst. *de inut. stipul.*); d'autre part, la tutelle des femmes est, depuis longtemps, tombée en désuétude.

Ainsi un premier point bien certain, c'est qu'une stipulation peut avoir l'effet de nover, bien que l'obligation qui en résulte ne soit pas valable. Les passages que nous venons de citer ne laissent aucun doute à cet égard. Mais une stipulation peut être qualifiée d'*inutilis*, bien qu'il en résulte une obligation naturelle. Or cette remarque trouve précisément son application dans les exemples donnés par nos textes. En effet, malgré les difficultés résultant de certains passages, on admet généralement que le pupille est obligé naturellement par suite des engagements qu'il a contractés sans autorisation. L'existence d'une obligation naturelle se conçoit mieux encore dans les deux autres cas ajoutés par Gaius, et on doit l'admettre sans difficulté, bien que les textes ne fournissent pas d'indications à cet égard. Du reste, la loi 1, § 1, *h. t.*, sur laquelle nous reviendrons, dit formellement que, pour qu'il y ait novation, la stipulation doit engendrer au moins une obligation naturelle.

Si une stipulation peut être nulle, suivant le droit civil, tout en donnant naissance à une obligation naturelle, l'hypothèse inverse est également possible. Il arrive fort souvent que l'engagement existe, suivant les principes rigoureux du droit civil, tandis que le débiteur n'est point tenu naturellement. En pareil cas, l'action est recevable sans doute, puisqu'il y a dette *jure civili*; mais elle est paralysée par une exception ; il y a là ce que les commentateurs appellent une obligation *mere civilis*. Supposons que la stipulation ne donne naissance qu'à une obligation de cette espèce : peut-il en résulter une novation ? Nous le croyons. C'est un point qu'il est facile d'établir. Il est certain que la femme en se portant *expromissor*, nove la dette d'autrui. Or, comme on le verra plus loin, l'expromission institue un des actes d'*intercessio* prohibés par le sénatus-consulte Velléien ; et ces actes sont frappés d'une nullité tellement absolue, qu'elle ne laisse même pas subsister une obligation naturelle (Arg. 4. pr. D. *de eond. indeb.*,; 14, § 1 D. *ad. sc. Vell.*)— On peut invoquer dans le même sens la loi 91, D. *de solut.* Ainsi, d'une part, la novation peut avoir lieu, bien que la stipulation soit nulle, bien qu'elle ne produise pas d'action, pourvu qu'elle engendre une obligation naturelle. D'autre part, en supposant la stipulation valable au point de vue du droit civil, il n'est pas nécessaire qu'elle donne naissance à un engagement sérieux et efficace. Or trouve dans la loi 1, § 1, D. *h.*, la confirmation de cette double proposition. Après avoir dit que toute obligation, quelle qu'elle soit, peut être novée, Ulpien ajoute : « Dummodo sequens obligatio aut civiliter teneat aut naturaliter.« Ce membre de phrase nous paraît résumer exactement ce que nous venons de dire. Les expressions ; *naturaliter* et *civiliter* se réfèrent chacune à l'une des deux hypothèses que nous avons distinguées. Il ne sauroit y avoir de doute quant à la première ; elle désigne évidemment le cas où la stipulation, nulle en droit civil, produit néanmoins une obligation naturelle, et le jurisconsulte ajoute un exemple que nous avons déjà rencontré aux Institutes : « ut puta si pupillus sine tutoris autoritate promiserit (1). » Maintenant quel est le sens du mot « *civiliter* » ? Selon nous, il se réfère non pas, d'une manière générale, à tous les cas où il y a obligation suivant le droit civil, mais spécialement à ceux où l'engagement existe *jure civili*, tandis que le lien naturel fait défaut. C'est ce qui nous paraît résulter avec évidence de la manière dont s'exprime le jurisconsulte, et no-

(1) Ce passage est un de ceux qu'on invoque avec le plus de succès pour prouver que le pupille qui a contracté sans l'autorisation de son tuteur est obligé naturellement.

tamment de l'opposition qu'il établit entre l'obligation du droit civil et naturel.— En résumé, il suffit, pour que la novation puisse avoir lieu, que la stipulation engendre un engagement valable soit civilement, soit naturellement. Mais il est nécessaire que la dette existe à l'un ou à l'autre de ces points de vue. Si elle était nulle à tous égards, la novation ne serait pas possible : la stipulation serait alors non avenue, et ce qui n'existe pas ne peut produire aucun effet. C'est ce qui aurait lieu, par exemple, si la demande et la réponse n'étaient pas *congruentes* (V. § 4, Inst. III, 19), si le promettant et le stipulant n'avaient pas eu en vue le même objet (V. § 23, Inst. *eod. t.*), ou si l'une des parties étaient en état de démence (V. § 12, Inst. *eo t. t.*).

Gaïus et les Institutes, après nous avoir dit que la promesse émanée d'un pupille non autorisé, peut avoir l'effet de nover, ajoutent qu'il en est autrement de la promesse d'un esclave. En pareil cas, disent-ils, l'ancien débiteur reste tenu, comme s'il n'y avait pas eu de stipulation. Quelle peut être la raison de cette différence ? On ne l'aperçoit pas bien au premier abord ; dans l'un et l'autre cas, en effet, la stipulation est inutile ; mais dans le second, aussi bien, et plus incontestablement même que dans le premier, elle donne naissance à une obligation naturelle. On ne saurait alléguer que, si l'esclave est tenu naturellement par suite des engagements qu'il contracte, cela n'est vrai qu'autant qu'il ne s'est pas obligé dans la forme de la stipulation, que la promesse faite par lui dans cette forme est dénuée de toute espèce d'effet. Cette idée ne peut se soutenir en présence des textes (V. notamment la loi 86, § 1er, D. *de fidej.*).

On a cherché une autre explication dans la règle suivant laquelle l'esclave ne peut intercéder pour autrui. En vertu de cette règle, dit-on, toute fidéjussion, toute ex-

promission émanée d'une esclave est frappée d'une nullité radicale, qui ne permet pas de reconnaître, en pareil
cas, l'existence d'un lien naturel. Mais c'est là un point
qu'il faudrait établir. En effet, les engagements contractés par l'esclave engendrent, en principe, une obligation
naturelle. Si l'on prétend qu'il en est autrement, lorsque
l'engagement présente le caractère d'une *intercessio*, il
faut que l'on établisse clairement cette exception. Or, les
textes nous apprennent simplement que, à la différence
du fils de famille, l'esclave ne peut, en intercédant pour
autrui, engager son pécule. (On excepte toutefois le cas
où la promesse aurait été faite, non pour rendre service
à un tiers, mais dans un but intéressé, par exemple, s
l'esclave avait intercédé pour un créancier du pécule,
afin de se libérer vis-à-vis de ce créancier.)(3, § 5, 6, 9;
47, § 1. D. *de pecul.* — 19; 20, D. *de fidej.*). Ainsi la
prohibition dont il s'agit signifie simplement qu'en principe les engagements que l'esclave peut contracter *intercedendi causa* ne donnent pas naissance à l'action *de
peculio* contre le maître. Mais cela n'empêche pas que
l'esclave soit obligé naturellement : peu importe, à ce
point de vue, qu'il ait ou non un pécule, peu importe
également les circonstances dans lesquelles la promesse
a été contractée. Voilà ce que l'on est obligé d'admettre,
par application des principes généraux. Nous pouvons
même invoquer en ce sens un texte formel, la loi 56, D.
de pecul. On suppose, dans ce texte, que le maître a stipulé de son esclave ce qui lui est dû par un tiers, et l'on
nous dit que le montant de ce qui a été ainsi stipulé
pourra être déduit du pécule. On sait, en effet, que le
maître poursuivi par l'action *de peculio*, avait le droit,
avant de satisfaire les créanciers qui se présentaient, de
prélever sur le montant du pécule tout ce que l'esclave

pouvait lui devoir à lui-même. Si cette faculté lui est reconnue dans l'espèce, c'est que l'esclave est obligé naturellement envers lui par suite de l'expromission. En serait-il autrement, s'il s'était porté *expromissor* vis-à-vis d'un tiers? Rien n'autoriseà le croire. Ce qu'il importe, en tout cas, de remarquer, c'est que, dans l'espèce, malgré l'existence bien certaine d'une obligation naturelle, la novation n'a pu s'opérer. On nous dit, en effet, que le débiteur primitif n'est pas libéré (*a debitore nihilominus debetur*), et le créancier pourra, s'il le préfère, exercer ses droits contre lui. Il est encore intéressant de constater que, dans l'hypothèse de la loi 56, l'*expromissio* n'a nullement le caractère d'un acte d'administration du pécule; elle constitue une véritable *intercessio*; la preuve, c'est que. dans le cas où le maître déduirait du pécule le montant de la dette, l'effet de ce prélèvement serait, d'après le texte, de rendre le pécule, pour une somme égale, créancier de l'ancien débiteur. — Ainsi, l'on peut regarder comme certain, que tout contrat formé par l'esclave, même *intercedendi causa*, a pour effet de l'obliger naturellement. D'où vient alors qu'il n'en peut résulter une novation? Cela tient à ce que les Romains n'ont pas reconnu à l'esclave la capacité de figurer *ex persona sua* dans un contrat verbal. Il peut bien y jouer le rôle de stipulant, parce qu'alors il représente son maître, qui est censé prononcer par sa bouche les paroles de la stipulation. Mais il n'en est pas de même au point de vue passif. L'esclave, en tant que promettant, est réduit à sa capacité propre : c'est alors que se manifeste l'effet de la règle qui exclut l'esclave de toute participation au contrat verbal. La stipulation, en pareil cas, n'est pas seulement inutile, en ce sens qu'elle ne donne pas naissance à une action ; elle est dépourvue de toute existence juridique : c'est comme si on avait stipulé *a nullo*. Or, nous savons que là où la stipulation fait défaut, point de novation possible. Mais cette nullité radicale ne va pas jusqu'à empêcher l'esclave d'être tenu naturellement. En effet, à côté de la stipulation, considérée comme non avenue, il y a une convention qui doit produire ses effets ordinaires, malgré la forme défectueuse dans laquelle elle a été conclue.

La novation n'ayant pas lieu, l'ancien débiteur reste exposé aux poursuites du créancier : cela est juste dans tous les cas, si l'esclave n'a pas de pécule. Mais s'il a un pécule, une distinction à laquelle nous avons déjà fait allusion, devient nécessaire : l'*expromissio* est-elle ou non intervenue dans un but désintéressé? Au premier cas, on comprend que le créancier conserve le bénéfice de sa créance primitive, car nous savons qu'alors il n'y a pas ouverture à l'action *de peculio*. Mais on ne peut équitablement le lui laisser dans l'hypothèse contraire. Cette distinction est consacrée par Gaius, qui accorde en ce cas à l'ancien débiteur le secours d'une exception (30 § 1. D. *de pactis*). Le jurisconsulte ajoute que l'action ne sera paralysée dans aucun cas, si le créancier a stipulé de l'esclave par erreur, le prenant pour un homme libre; on suppose que son intention était de n'abandonner son droit primitif qu'en échange d'une créance qui lui conférerait un droit de poursuite aussi étendu que la première.

La doctrine que nous venons d'exposer n'a, du reste, pas été admise sans opposition; et les commentaires de Gaius (III, § 179), nous apprennent que, suivant Servius Sulpicius, la novation pouvait résulter de la promesse d'un esclave. Mais cette opinion n'a pas prévalu.

— Gaius (*eod. loco*) rapproche de l'hypothèse dont nous

venons de nous occuper un cas fort analogue, celui où l'on a stipulé d'un étranger en employant la forme de la *sponsio*, forme dont l'usage était interdit aux pérégrins. L'impossibilité de la novation, dans ce cas, s'explique de la même manière que dans celui où l'on a stipulé d'un esclave.

Nous avons supposé jusqu'ici que la stipulation contractée *novandi causa* était pure et simple. La novation pourra-t-elle également s'opérer dans le cas où cette stipulation serait affectée d'une modalité, telle qu'un terme ou une condition ? — Le premier cas ne nous arrêtera pas longtemps. Nous avons déjà remarqué que le terme ne suspend pas l'existence de l'obligation, qu'il en retarde seulement l'exigibilité. L'obligation *ex stipulatu*, qui doit prendre la place de l'ancienne a donc une existence actuelle, et rien ne s'oppose à ce que la novation s'opère immédiatement. Mais bien entendu, le créancier ne pourra agir qu'à l'arrivée du terme. (5 ; 8, § 1. D. *h. t.*)

Il n'en est pas de même quand la stipulation est conditionnelle. La novation, en pareil cas, ne peut s'opérer tant que la condition ne sera pas accomplie. C'est là une conséquence nécessaire de ce principe que la condition suspend l'existence même du contrat qu'elle affecte. La stipulation, à vrai dire, n'existe pas, quant à présent : et la novation est impossible en l'état. Elle n'aura lieu que si la condition se réalise ; dans le cas contraire, la dette primitive subsistera. C'est ce que constatent Gaius (III, § 179), et les Institutes. Comp. 8, § 1 ; 21. D. *h. t.* — Il est d'ailleurs évident qu'il s'agit ici d'une condition véritable, c'est-à-dire d'un événement futur et incertain : si le fait qualifié condition devait certainement se réaliser tôt ou tard, le contrat ne serait pas suspendu, et la novation aurait lieu immédiatement. (9. § 1. D. *h. t.*). — Il paraît du reste que la doctrine dont il s'agit n'avait pas été admise sans contestation ; d'après le témoigage de Gaius (*eod. loco*), elle avait autrefois été combattue par Servius Sulpicius. D'après ce jurisconsulte, la stipulation conditionnelle faite dans le but de nover, emportait immédiatement novation ; l'obligation primitive était éteinte dès à présent et remplacée par une dette éventuelle. Comment expliquer cette manière de voir ? Est-ce à dire que Servius Sulpicius repoussât la théorie généralement admise sur les effets de la condition, et pensât que la stipulation conditionnelle engendrait immédiatement une obligation ? Il n'est pas nécessaire de le supposer. L'opinion professée par Servius se rattache simplement à ce principe, que l'effet extinctif de la stipulation *novandi causa* est indépendant de la valeur de cette stipulation. Le principe était sans doute admis par tout le monde ; mais Servius Sulpicius en tirait des conséquences extrêmes. Ainsi il enseignait, comme nous l'avons vu, que la novation pouvait résulter d'une stipulation dans laquelle un esclave aurait joué le rôle de promettant, bien qu'en pareil cas le contrat verbal n'eût aucune existence juridique. De même, dans l'hypothèse qui nous occupe, il déclare la novation accomplie au moment où les paroles ont été prononcées, bien que le contrat verbal n'existe pas encore. Les deux solutions dérivent l'une et l'autre de la même idée ; pour s'en convaincre, il suffit de considérer le lien que Gaius semble établir entre elles comme à dessein (*qui consequenter et illud respondit...*)

Rien de plus logique et de plus simple en apparence que la règle que nous venons de constater ; cependant l'application n'en est pas toujours exempte d'embarras.

Il n'y a guère de difficulté, si l'on suppose que la novation a lieu par changement soit de débiteur, soit de créancier. On comprend alors parfaitement que l'obligation primitive : ne s'éteigne que si l'obligation nouvelle prend naissance cela est conforme à l'intention probable des parties. Ainsi, lorsque Titius vient me promettre sous condition les cent qui me sont dus par Mœvius, il est raisonnable de supposer que je n'ai entendu abandonner ma première créance que pour le cas où la condition mise à la seconde se réaliserait. Il n'en est plus de même dans le cas où la novation a lieu *inter easdem personas*. La règle s'expliquerait fort bien encore, si l'on pouvait supposer un changement dans l'objet de la dette ; mais nous n'admettons pas que cette hypothèse puisse se présenter en droit romain. D'ailleurs les textes l'appliquent sans hésiter au cas où les parties restent les mêmes, et où la seule modification introduite dans leurs rapports par la novation consiste précisément dans l'adjonction de la condition. (V. notamment Gaius, III, § 177). Or on peut se demander quel est le sens de cette novation conditionnelle. Il semble qu'elle ne constitue pas un acte sérieux, car elle n'aboutit à aucun résultat. La dette, en effet, subsiste à tout événement : en vertu de la nouvelle obligation, si la condition s'accomplit, en vertu de l'ancienne, si elle fait défaut. N'était-il pas plus raisonnable de supposer que les parties ont entendu substituer, dès à présent, à l'obligation pure et simple l'obligation conditionnelle avec le caractère éventuel qui lui est propre. C'est ce que Gaius avait bien compris. Aussi pensait-il qu'il y avait lieu d'accorder une exception de dol ou de pacte au débiteur, si, la condition ayant fait défaut, le créancier voulait agir en vertu de l'obligation primitive (*loc. cit.*) Ainsi, dans l'opinion très-judicieuse de Gaius, il faut interpréter l'opération dans le sens d'une remise conditionnelle de la dette. Mais le jurisconsulte n'applique cette solution qu'au cas où la novation a lieu *inter easdem personas*; elle ne se justifierait pas, en effet, en dehors de cette hypothèse. C'est ainsi que dans la loi 30, § 2, D. *de pactis*, supposant que l'on a stipulé d'un tiers *novandi causa*, il décide, que, si la condition ne se réalise pas, l'ancien débiteur ne pourra opposer l'exception de pacte.

Le tempérament admis par Gaius n'était pas adopté par tous les jurisconsultes. Nous en trouvons la preuve notamment dans un texte qui implique bien certainement le maintien de la doctrine rigoureuse suivant laquelle le débiteur reste obligé, malgré l'inaccomplissement de la condition : c'est la loi 60, § 1, D. *de cond. indeb.* — Cette loi se réfère au cas où le débiteur, qui a promis conditionnellement ce qu'il devait *pure*, a payé *pendente conditione*, Paul se demande s'il peut agir en répétition de l'indû, et, contrairement à l'opinion de quelques jurisconsultes, il se prononce pour la négative. C'est à tort, suivant lui, qu'on assimile cette hypothèse à celle où la promesse *novandi causa* émane d'un tiers. En pareil cas, le débiteur primitif n'est plus tenu que sous la condition inverse. Mais dans le cas dont il s'agit, il n'y a qu'un seul débiteur, et ce débiteur sera tenu d'une manière certaine, quoi qu'il arrive. — Il est évident que cette décision ne s'expliquerait pas, si le jurisconsulte accordait l'exception de pacte, pour le cas où la condition ferait défaut. En effet, il ne serait pas exact alors de considérer le débiteur comme obligé à tout événement; car l'obligation primitive qui subsiste sous la condition inverse, étant paralysée par une exception perpétuelle, devrait être regardée comme non avenue, au point de vue de la *condictio indebiti*. Il n'existerait donc réellement à sa charge qu'une obligation conditionnelle, et l'on sait que le payement fait en vertu d'une telle obligation est sujet à répétition. Il y avait donc divergence à cet égard entre les jurisconsultes. L'opinion de Gaius semble n'avoir pas prévalu, car les Instituts, après avoir reproduit textuellement la première phrase du § 179, laissent de côté la partie du texte relative au tempérament que le jurisconsulte apportait à la rigueur des principes.

Nous avons vu que, au moins lorsque la novation n'avait pas lieu *inter easdem personas*, le payement fait *pendente conditione*, en l'acquit de l'ancienne dette, donnait ouverture à la *condictio indebiti*. Telle est bien la doctrine qui semble se dégager de la loi 60, § 1, D. *de cond. indeb.* A plus forte raison, le débiteur doit-il être à l'abri de toute poursuite, tant que la condition est en suspens. C'est en effet ce qu'enseigne Javolenus dans la loi 30, D. *de rebus cred.* La somme que je vous devais purement et simplement, je la promets, sur votre ordre, à Attius, sous condition. Pourrez-vous me poursuivre *pendente conditione*? Le jurisconsulte résout la question négativement, par cette raison que votre créance, de pure et simple qu'elle était, est devenue conditionnelle : je ne suis plus tenu envers vous que sous la condition inverse de celle sous laquelle je me suis engagé vis-à-vis d'Attius. — Cette doctrine semble, il est vrai, contredite par un autre texte, la loi 56, §, 8 D. *de verb. oblig.* Scius m'a promis sous condition l'esclave qui m'était dû *pure* par Titius, puis, la condition étant en suspens, l'esclave est mort après la mise en demeure de Titius. On suppose, pourrait-on dire, que Titius a été mis en demeure, et, si cette mise en demeure a pu se produire, c'est évidemment que l'ancien débiteur, Titius, malgré la novation

conditionnelle, a continué d'être tenu purement et simplement; elle eût été impossible, si Titius n'avoit été
tenu que sous condition. — Comment concilier les deux
textes? Cujas a pensé que l'on distinguait entre le cas où
la novation a lieu par changement de créancier, et celui
où c'est le débiteur qui est changé. La loi 36, en effet, se
réfère au premier cas; la loi 36, § 8, au second. Cette
conciliation paraît d.fficile à admettre, car on ne voit pas
sur quel motif reposerait une telle distinction. Il suffirait, pour faire disparaître toute difficulté, de supposer
dans la loi 56, que Titius était déjà en demeure lorsqu'est intervenue la promesse conditionnelle de Seius.
D'ailleurs, comme on le verra, il est douteux que, dans
ce texte, le jurisconsulte ait en vue l'hypothèse d'une
novation.

L'action primitive est-elle également suspendue *pendente conditione*, dans le cas où la novation a lieu *inter
easdem personas*? Dans l'opinion de Gaïus, cela n'est
pas douteux. Mais la même solution devait être admise
sans doute par les partisans de la doctrine contraire. En
effet, s'il est certain, dans ce système, que le débiteur
est obligé à tout événement, on ne peut savoir encore de
quelle action il sera tenu; il est, en quelque sorte, obligé
sub die incerta Nous pensons donc que si le créancier
intentait l'action primitive, la condition étant encore en
suspens, ses poursuites seraient entachées de plus-pétition.

Ainsi, la novation conditionnelle *inter easdem personas* dans ce système qui a prévalu, n'est pas dénuée de tout
effet pratique. Comme on vient de le voir, elle a au moins
pour conséquence de retarder l'exigibilité de la dette. Elle
présenterait encore de l'intérêt, si l'on supposait que plusieurs codébiteurs fussent engagés dans la première obli-

gation, et que la promesse *novandi causa* émanât de l'un d'eux seulement. Le résultat serait, en cas d'accomplissement de la condition, de libérer tous les autres codébiteurs; dans le cas contraire, tous resteraient obligés. — Enfin l'opération dont il s'agit, pourrait encore être utile à un autre point de vue, si l'on reconnaît à la novation cond tionnelle l'effet de purger la demeure (V. *infra.*)

Dans l'hypothèse dont nous venons de nous occuper, aussi bien que dans le cas inverse, où c'est l'obligation primitive qui est conditionnelle, la novation est impossible, si l'un des éléments dont la réunion est nécessaire pour que l'obligation puisse se former fait défaut au moment où la condition s'accomplit. Il en est ainsi, notamment, lorsque l'objet dû a péri *pendente conditione.* (14, pr. D. *h. t.*). Mais, ici encore, il faut reconnaître que la solution est, en principe, dépourvue d'intérêt. Elle n'en présenterait que dans le cas où il y aurait eu mise en demeure en vertu de l'obligation primitive (et en admettant que la stipulation conditionnelle ait pour effet de purger la demeure). En effet, l'obligation primitive se trouve perpétuée; il serait donc intéressant de constater que la novation ne peut s'opérer en pareil cas, en ce sens qu'elle ne s'applique pas aux dommages-intérês qui ont pris la place de l'objet primitivement dû. Mais l'application de notre principe paraît avoir été écartée précisément dans cette hypothèse, la seule où elle offrirait de l'intérêt. C'est ce qui résulte de la loi 31, § 1, D. *h. t.*, que nous rencontrerons plus loin. La solution contraire semble, il est vrai, consacrée par la loi 56, § 8, *de V. obl.*, que nous avons déjà eu l'occasion de citer; mais le sens de ce texte est fort douteux (V. *infra.*» Ajoutons que la décision de la loi 14, § 1, analysée plus haut, s'applique dans le cas qui nous occupe, aussi bien que dans

le cas inverse auquel elle se réfère expressément. Supposons, en effet, que celui qui a promis sous condition
novandi animo subisse la déportation *pendente conditione.*
L'obligation qu'il a contractée, ne pouvant dès lors prendre naissance, la novation n'aura pas lieu, malgré l'événement de la condition. — Il en serait autrement, suivant la loi 24, D. *h. t.*, si le promettant était mort dans
l'intervalle, quoique la condition se fût accomplie avant
l'adition d'hérédité. On pourrait objecter que, la personne
du débiteur ayant disparu, et n'étant pas encore remplacée, au moment où s'accomplit la condition, la stipulation ne peut être commise. Mais le texte ne s'arrête pas
à cette objection et répond que l'obligation passe sur la
tête, de l'héritier dont la personne est représentée par
l'hérédité jacente. On peut remarquer que cette explication est en contradiction avec la doctrine générale suivant laquelle l'hérédité représente la personne du défunt.
La fiction inverse, à laquelle paraît s'attacher la loi 24,
se rencontre également dans d'autres passages : mais elle
ne semble avoir été admise qu'en vue d'une hypothèse
spéciale, celle où l'esclave héréditaire aurait stipulé au
nom de l'héritier son maître futur. La stipulation eût été
nulle, si l'on s'en fût tenu à la maxime : *hereditas personam defuncti sustinet.* Pour empêcher ce résultat, on
se plaçait à un point de vue opposé, et l'on attribuait un
effet rétroactif à l'adition d'hérédité. Encore cette exception n'avait-elle pas été admise sans contestation (V. 16,
28, § 4; 35, D. *de stip. serv.*). — Dans l'hypothèse de
la loi 24, on ne voit pas qu'il y eût intérêt à abandonner
la fiction ordinaire. L'anomalie disparaît, du reste, si
l'on admet le texte de la Vulgate. « Stipulatio transit ad
« heredem *illius* cujus personam interim hereditas sustinet. » (V. Savigny, Tr. de Dr. R. t. II, p. 362.)

4.

On peut, au moyen d'une seule stipulation, nover à la fois plusieurs dettes. Ce point n'offre aucune difficulté (34, § 2, D. *h. t.*) Mais, au lieu de stipuler d'un tiers en ces termes : Quod Titium et Seium mihi dare oportet, id dare spondes,» supposons qu'on l'interroge de la manière suivante:« Quod Titium aut Seium mihi dare oportet...», de telle sorte que la stipulation porte, non pas à la fois sur les deux dettes, mais sur l'une d'elles seulement. Quel est, au point de vue de la novation, l'effet d'une stipulation ainsi conçue ? Trois textes de notre titre, les lois 8, § 4, 26 et 32 se réfèrent à cette question, mais ils ne la résolvent pas tous trois de la même manière. Suivant les deux premiers, la novation n'a pas lieu *hic et nunc*; elle ne s'opérera que lorsque le tiers aura désigné l'obligation qu'il entend acquitter ; c'est cette obligation qui sera novée ; l'autre subsistera. Au contraire, d'après la loi 32, la novation frappe à la fois les deux obligations, et, bien entendu, il faut sous-entendre qu'elle s'opère immédiatement. Pour concilier cette loi avec les deux premières, on a prétendu que la divergence était le résultat d'une erreur de copiste, et qu'il fallait lire *et* et non *aut,* de telle sorte que la loi 32 ne viserait pas la même hypothèse que les lois 8, §§ 4 et 26. D'autres ont supposé que le mot *aut* était employé ici dans le sens de *et.* Ces moyens de conciliation nous paraissent trop forcés pour être admissibles.

Une autre explication a été proposée. Elle part de cette idée fort juste, que l'obligation alternative contractée *novandi causa* dans l'hypothèse prévue par nos textes s'analyse, en somme, en deux obligations conditionnelles, suspendues par des conditions inverses l'une de l'autre. Cela posé, la loi 32 s'explique facilement, dit-on, si l'on suppose que le jurisconsulte auquel elle appartient partageait, sur les effets de la novation conditionnelle, l'opinion professée autrefois, comme on l'a vu, par Servius Sulpicius. Les lois 8, § 4 et 26, au contraire, sont en harmonie avec la doctrine qui a prévalu en cette matière. — Mais ici se présente une objection : comment se fait-il que deux solutions aussi opposées aient été insérées l'une et l'autre au Digeste? Il semble que les rédacteurs aient dû se prononcer dans un sens ou dans l'autre, ou pour mieux dire que, l'opinion de Servius ayant été écartée, le fragment de Paul dont il s'agit n'ait pas dû trouver sa place dans leur compilation. On a répondu en faisant remarquer que les hypothèses prévues par nos textes n'étaient pas identiques. En effet, les lois 8, §§ 4 et 26 supposent qu'un tiers est venu promettre ce qui était dû par Titius ou par Seius ; or, en pareil cas, on ne doit pas prêter au créancier l'intention d'abandonner gratuitement l'une de ses créances. — La situation est bien différente dans le cas prévu par la loi 32. Ici le créancier stipule, non d'un étranger, mais de Primus, l'un de ses débiteurs. Si l'on appliquait la même doctrine que dans l'autre hypothèse, l'opération serait illusoire ; en effet, Primus n'aurait véritablement pas le choix entre les deux obligations, puisqu'en optant pour celle de Secundus, il resterait tenu de sa dette primitive, et aurait ainsi à sa charge deux dettes au lieu d'une. On comprend donc que, pour cette hypothèse, on ait appliqué le système de Servius Sulpicius.

Cette explication est fort ingénieuse, et rend assez bien compte de l'antinomie que nous avons constatée. Remarquons toutefois que le résultat auquel on est amené de la sorte peut être contraire à l'intention des parties:

En effet, d'après la loi 32, ce n'est pas seulement l'obligation de Primus qui est éteinte dès à présent ; celle de Secundus l'est également : *utrumque novatur*. Or, il peut très-bien se faire que le créancier ait entendu se réserver le droit de poursuivre Secundus, son autre débiteur, dans le cas où Primus opterait pour l'obligation dont lui-même, Primus, était tenu. — En outre, on a peine à admettre que les rédacteurs du Digeste aient songé à faire revivre une ancienne théorie, depuis long-temps abandonnée. Quoi qu'il en soit, le système que nous venons de résumer est le seul qui donne une explication sérieuse de là difficulté, et, à ce titre, il nous paraît acceptable.

La novation, comme l'indique l'étymologie du mot, implique nécessairement une certaine modification dans un rapport obligatoire existant antérieurement. Et, en effet, il n'y a pas de novation possible, si l'obligation nou·velle ne se distingue par un trait quelconque de celle qu'elle vient remplacer. Le changement peut consister, d'abord, dans l'intervention d'un nouveau débiteur ou d'un nouveau créancier : cette substitution de personnes constitue une modification suffisante, et les deux obliga-tions qui se succèdent peuvent être d'ailleurs absolu-ment identiques. Mais, lorsque la novation s'accomplit *inter easdem personas*, il faut que la seconde diffère en un point quelconque de la première (V. les Inst., et Gaïus, III, § 177).— En quoi peut consister cet élément nouveau, cet *aliquid novi* sans lequel la novation est impossible ? Il peut d'abord y avoir changement dans la cause de l'obli-gation ; par exemple, le débiteur était obligé en vertu d'une vente ; il promet *verbis* ce qu'il doit en qualité d'acheteur. On voit aisément en quoi sa situation se trouve modifiée : il n'est pas indifférent, en effet, d'être tenu *ex empto* ou en vertu d'une stipulation. Mais ce n'est là qu'un exemple, et la novation pourra avoir lieu de cette façon toutes les fois que l'obligation primitive dérivera d'une source autre qu'une stipulation. C'était là une opération d'un usage fréquent ; et on le conçoit sans peine, si l'on considère la prédilection marquée des Romains pour l'obligation verbale. Cette forme d'engagement était éminemment conforme à l'esprit de la pratique romaine. Aussi, n'était-ce pas seulement le moyen auquel on avait communément recours pour donner force obligatoire à une convention quelconque ; elle intervenait souvent à l'occasion d'un engagement préexistant, soit pour le corroborer (V. notamment, 3 § 1, D. *de act. empt.* ; 4, D. *de usur.* ; 58, pr. D. *de fidej.* ; 126, § 2, *de verb. oblig.* ; 2, Cod, *si cert. pet.*), soit pour en prendre la place (V. notamment 71, D. *pro socio*, 8, § 1. D. *h. t.*). Nous avons trouvé dans la stipulation aquilienne une application des plus larges de cette transformation.

On comprend, dans la plupart des cas, comment la situation réciproque des parties se trouvera modifiée par la substitution d'une obligation *verbis* à l'obligation primitive. Mais dans le cas où cette obligation était garantie par une *condictio*, par exemple si le débiteur était tenu en vertu d'un *mutuum*, on peut se demander en quoi consiste l'*aliquid novi*, car l'action qui naît de la stipulation est également une *condictio*. Mais il y a entre l'obligation verbale et celle qui résulte d'un *mutuum* des différences qui expliquent la possibilité d'une novation en pareil cas. D'abord, au point de vue de la preuve : — celui qui agit *ex mutuo* doit prouver la *datio nummorum* ; celui qui agit *ex stipulatu* n'a à prouver que le fait de la stipulation. — En outre, l'obligation *verbis*, à la différence de l'obligation née du *mutuum*, peut s'éteindre par acceptilation: — Enfin, la nouvelle action pourrait encore différer de l'ancienne à un troisième point de vue. Le *mutuum* donne naissance à une *condictio certi*. Or, supposons qu'au lieu de stipuler en ces termes : *decem quæ mihi ex mutuo debes dare spondes ?* on ait employé une formule telle que celle-ci : *Quidquil mihi ex mutuo debes dare spondes ?* La stipulation en pareil cas produira une *condictio incerti* (75. § 6 D. *de verb. oblig.*), et c'est là un changement notable ; ainsi désormais la plus-pétition n'est plus possible. Autre différence : si le *mutuum* avait pour objet une somme d'argent, une *sponsio pœnalis* pouvait intervenir au début du procès (Gai. IV, § 171). Or, c'est là une particularité de la *condictio certæ pecuniæ* ; point de *sponsio pœnalis* possible, si l'action est une *condictio incerti*.

Gaïus (III, § 177) et les Institutes, passant sous silence le cas dont nous venons de nous occuper, supposent que la première obligation elle-même dérivait d'un contrat verbal. En quoi peut alors consister l'*aliquid novi* ? D'après nos textes, le changement peut consister dans l'adjonction d'un terme ou d'une condition, ou, à l'inverse, dans la suppression de l'une ou l'autre de ces modalités. Nous avons étudié ces hypothèses, et nous renvoyons à ce que nous en avons dit plus haut. Il peut encore y avoir novation, d'après notre texte, lorsqu'on ajoute ou que l'on retranche un fidéjusseur. Ces deux nouvelles hypothèses présentent plus de difficulté que les précédentes. — Supposons d'abord que les parties conviennent d'ajouter à une obligation préexistante la garantie d'un cautionnement. On connaît la règle : *fidejussor et præcedere obligationem et sequi potest* (3, Inst. 3, 20). Une dette peut être cautionnée après un laps de temps plus ou moins long ; dès lors, le but des parties peut évidemment être atteint, sans qu'il soit besoin de remplacer l'ancienne obligation par une autre. Comment exp'iquer que l'on ait, en pareil cas, recours à une novation ? Quelques commentateurs ont imaginé l'explication suivante : Si l'on rapproche du texte des Institutes le passage correspondant de Gaius, on remarque que ce jurisconsulte parle de l'adjonction, non d'un fidéjusseur, mais d'un *sponsor*. Et, en effet, dit-on, le *sponsor* devait nécessairement s'engager en même temps que le débiteur principal. On ne pouvait donc, après coup, fortifier une obligation préexistante par un cautionnement contracté dans cette forme, et force était de remplacer cette obligation par un engagement nouveau auquel pouvait s'adjoindre celui du *sponsor*. Justinien, en reproduisant le texte de Gaius, a substitué maladroitement au mot *sponsor* le mot *fidejussor*, sans s'apercevoir que ce qui était dit du premier ne pouvait s'appliquer au second.

Cette explication ne nous paraît pas admissible, car il n'est nullement prouvé que la *sponsio* ne pût intervenir qu'au moment même où la dette principale était contractée. Il n'y a là qu'une pure conjecture, laquelle, d'ailleurs, s'accorde difficilement avec la *prædictio* qui, d'après Gaius (III, § 138), devait accompagner la réception d'un *sponsor* ou d'un *fidepromissor*. Sous ce rapport donc, il n'y a point de différence entre les diverses espèces d'*adpromissiones*; mais la *sponsio* et la *fidepromissio*, diffèrent à plusieurs autres points de vue de la fidéjussion, et l'une de ces différences a suggéré une seconde explication plus plausible. Gaïus (III, § 119) nous apprend que les *sponsores* (ainsi que les *fidepromissores*) ne pouvaient accéder qu'à une obligation verbale. Si donc l'on veut garantir par une *sponsio* une dette née autrement que *verbis*, il faudra nécessairement avoir recours à une novation, comme dans le cas où il s'agit d'éteindre par acceptilation une obligation quelconque. Dans ce système, du reste, comme dans celui que nous avons écarté plus haut, on est obligé de supposer une méprise de la part de Justinien. — Quant à nous, il ne nous paraît pas impossible de donner du texte même des institutes une explication satisfaisante. Sans doute, dans la plupart des cas, lorsqu'on voudra cautionner une dette antérieure, l'on n'aura pas pour cela recours à une novation ; mais le contraire peut avoir lieu. Supposons que l'obligation primitive fût garantie par une hypothèque ou par d'autres fidéjusseurs. On comprend que l'intention des parties soit, non pas d'ajouter une garantie nouvelle à celles qui existaient déjà, mais de remp'acer celles-ci par le cautionnement nouveau. C'est là précisément le but que l'on atteindra au moyen d'une novation.

Reste l'hypothèse inverse, celle où il y a *detractio fidejussoris*. On verra que l'un des effets de la novation est d'éteindre de plein droit les garanties accessoires attachées à la dette primitive. Si donc cette dette est l'objet d'une novation, l'obligation du fidéjusseur, qui la garantissait s'éteindra (à moins d'une réserve expresse). Rien de plus simple. Mais comment expliquer que la novation intervienne uniquement dans le but de faire disparaître l'engagement accessoire de la caution ? C'est un point assez obscur.

On a proposé diverses explications plus ou moins plausibles pour l'éclaircir ; nous nous en tiendrons aux observations suivantes. Le but que se proposent les parties, et qui est de supprimer l'obligation accesssoire tout en maintenant l'engagement principal, ne peut être at teint, remarquons-le, au moyen d'une acceptilation. En effet, l'acceptilation faite avec le fidéjusseur a, comme le payement, un effet absolu, et libère le débiteur principal en même temps que la caution (13, § 7 D. de *accept*). On ne pourrait donc avoir recours qu'à un pacte *de non petendo*; mais, de cette manière la libération n'a lieu qu'*exceptionis ope*. Pour arriver à ce résultat, que le fidéjusseur soit libéré *jure civili*, sans que cette libération profite au débiteur principal, il faut nécessairement recourir à une novation. Au reste, on doit le reconnaître, l'opération présente peu d'intérêt. Qu'importe, en effet, que le fidéjusseur soit libéré *ipso jure*, ou seulement d'après le droit prétorien ? La différence n'existe guère qu'au point de vue de la forme. C'était d'ailleurs, parait-il, un point autrefois contro versé entre les deux écoles que celui de savoir si l'adjonction ou la suppression d'une caution pouvait constituer l'*aliquid novi* nécessaire en matière de novation (Gaius, III, 178). Les Proculéions enseignaient la négative ; mais l'opinion de Gaius avait prévalu.

Qu'arriverait-il maintenant, si l'*aliquid novi* faisait défaut? Ce qui est certain d'abord, c'est qu'il n'y aurait point de novation: on ne voit pas d'ailleurs quel intérêt il pourrait y avoir à ce qu'une obligation fût remplacée par une autre obligation absolument identique. Le débiteur reste donc tenu de la première obligation. Mais que décider, quant à la seconde ? Si on la déclare valable, le créancier aura à sa disposition deux actions garantissant le même droit, ce qui, du reste, pourrait lui être avantageux, dans le cas où l'une de ces actions serait perdue (notamment par plus pétition). Mais cette éventualité ne pouvait être prise en considération ; et il est bien certain que la seconde stipulation, au moment où elle intervient, est absolument dénuée d'intérêt. Aussi était-elle considérée comme non avenue. Les textes sont formels à cet égard. « Qui bis idem promittit, dit Pomponius, (18, D. *de verb oblig.*) amplius quam semel non tenetur. » Cela est conforme à ce principe, que « bis de eadem re actio non est. » Ainsi celui qui s'engage successivement par deux stipulations identiques n'est tenu que d'une action. Maintenant en vertu de quelle stipulation est-il tenu? En vertu de la première, car la seconde est nulle. Cela résulte notamment de la loi 58, D. *de verb. oblig.* Nous y voyons que si, après avoir promis dix on promet cinq, on fait un acte nul (*nihil agit*). Pourquoi? C'est évidemment parceque la seconde promesse est, *parte in qua*, la répétition de la première. C'est ainsi, croyons-nous qu'il faut expliquer la loi 9, § 2. D. *h. t.* Ce texte suppose qu'après avoir stipulé une servitude d'*actus*, on stipule l'*iter* sur le même fonds ; et il décide que cette stipulation est nulle. (Il en dit autant du cas où l'on aurait stipulé successivement l'usufruit et l'usage du même fonds. Ces solutions tiennent évidemment à ce que l'*iter* est compris dans l'*actus*, l'*usus* dans l'*ususfructus*, et que, par conséquent, on a stipulé deux fois la même chose (1). — On peut ajouter la loi 25, D. *de verb. oblig.* où l'on voit que, lorsqu'on stipule ce qui était déjà dû *ex stipulatu*, cette seconde stipulation sera valable, si l'action primitive était paralysée par une exception. Donc *a contrario* elle est nulle, si la

---

(1) A l'inverse, si l'on avait stipulé d'abord l'*iter*, puis l'*actus*, la stipulation serait valable : elle aurait, en effet. de l'intérêt pour le créancier, puisqu'elle contiendrait quelque chose de plus que la première (*aliud magis stipulatur.*)

première stipulation était, comme nous le supposons, efficace entre les mains du créancier.

Dans l'énumération que nous avons faite des cas où se rencontre l'*aliquid novi*, nous n'avons pas compris celui où le changement porterait sur l'objet de la dette. Cette hypothèse, en effet, doit être écartée, si l'on admet les vues que nous avons émises sur les caractères de la novation en droit romain. On se rappelle, en effet, que, dans notre introduction, nous avons cherché à établir que l'obligation novée et celle qui la remplace avaient toujours nécessairement le même objet. Quelques observations sont nécessaires pour préciser la portée de ce principe.

Remarquons d'abord qu'il ne doit pas être entendu d'une façon trop étroite. Ainsi il paraît certain que l'on peut stipuler *novandi causa* la valeur estimative de l'objet dû, et cela se comprend : au point de vue juridique, en effet, l'objet de la dette se confond en quelque sorte avec son équivalent pécuniaire. N'est-ce point à obtenir cet équivalent, qu'aboutit, en somme le droit du créancier lorsqu'il est obligé d'en venir à des poursuites judiciaires? Ce point qui, d'ailleurs, paraît avoir été l'objet de quelques doutes, ressort des lois 96, § 6, D. *de verb. oblig.* et surtout de la loi 28 *h. t.*

De ce que l'objet dû doit être identique dans les deux obligations, s'en suit-il que l'on ne puisse nover une obligation en partie? La réponse ne saurait être douteuse : il est évident qu'il y a identité d'objet, puisque le tout comprend la partie. Par ex., débiteur de vingt, je puis promettre dix *novandi causa*. Si ma dette a pour objet un fonds, un esclave, la novation peut avoir lieu pour une portion du fonds ou de l'esclave. Mais remarquons que la partie de l'objet qui n'a pas été comprise dans la stipulation reste due en vertu de l'obligation primitive, car la novation ne peut avoir lieu pour cette partie. On trouve dans la loi 4, § 1, D. *de usuris*, une application de cette proposition.

Que décider, si, à l'inverse, l'obligation primitive portait sur une partie quelconque de l'objet, et que la stipulation *novandi causa* comprît l'objet tout entier ? La novation serait possible sans doute, mais elle n'aurait lieu que pour la portion primitivement due : en effet, l'identité n'existe que jusqu'à concurrence de cette portion.

Il nous reste maintenant à présenter une remarque importante. L'opération qui consiste à changer l'objet de la dette est tellement naturelle, tellement pratique, qu'il est impossible de croire que la législation romaine ne fournît aucun moyen de l'effectuer. Et, en effet, les principes introduits par le droit prétorien devaient permettre aux parties d'arriver indirectement à un résultat analogue à celui qui eût été produit par une novation véritable. Supposons que, Titius me devant un cheval, nous convenions qu'au lieu de ce cheval il me devra une somme d'argent. Je stipule de lui la somme fixée : il n'y aura point novation, et Titius, *ipso jure*, me devra à la fois le cheval et l'argent. Mais, en réalité, je lui ai fait remise de la première dette ; or, ce pacte tacite sera pris en considération, et si je le poursuis, il m'opposera une exception de pacte ou de dol. C'est un point qui ne peut être contesté. Nous en trouvons d'ailleurs la confirmation dans un texte intéressant, que nous avons déjà cité plus haut, et dont nous allons achever ici l'explication ; c'est la loi 4, **D.** *h. t.* Rappelons l'hypothèse prévue par ce texte. Primus a contre Secundus une créance ayant pour objet un droit d'usufruit ; il délègue sa créance à Tertius : le jurisconsulte déclare que la novation ne pourra s'opérer. Nous avons vu pourquoi il en était ainsi, et nous ne reviendrons pas sur ce point. Il nous reste à examiner quelle sera la situation des parties. Le débiteur est tenu *jure civili* de deux dettes d'usufruit ; mais sera-t-il obligé d'acquitter l'une et l'autre ? Non ; cela serait injuste, et contraire à la volonté des parties. Aussi le jurisconsulte, après avoir constaté que la dette primitive n'est pas novée, a-t-il soin d'ajouter que le débiteur sera protégé contre les poursuites du premier créancier par une exception de dol. Cette solution doit être généralisée, et appliquée dans tous les cas où, contrairement à la volonté des contractants, la novation n'aura pu s'opérer. Maintenant le texte ajoute une observation qui s'applique spécialement à l'hypothèse dont il traite. Tant que vit Tertius, il va de soi que Secundus soit à l'abri de toute réclamation de la part de Primus ; mais en sera-t-il encore de même, après sa mort ? Primus ne pourra-t-il pas, dès lors, invoquer son droit de créance ? Voici, en effet, ce qu'on dirait à l'appui de sa prétention : Tertius, tant qu'il vivait, tenait en quelque sorte la place de Primus, qui, par conséquent, ne pouvait rien réclamer. Mais, une fois Tertius décédé, son droit reparaît, et désormais on ne peut plus dire qu'en invoquant sa créance (laquelle n'est pas éteinte *ipso jure*), il fasse tort à Secundus. Mais un tel raisonnement est facile à réfuter. Les parties, en transportant la créance d'usufruit de la tête de Primus sur celle de Tertius, ont fait un changement qui, dans leur pensée, pouvait, suivant les cas, profiter ou nuire à Secundus. En supposant que Primus fût mort le premier, il n'en eût pas moins continué à être tenu envers Tertius. Réciproquement : c'est Tertius qui prédécède, on ne doit pas le priver de l'avantage qui résulte pour lui de cette circonstance. Ces idées se trouvent au surplus résumées dans notre texte.

Nous avons vu que la novation pouvait porter sur une partie de l'objet dû, et qu'en pareil cas tout ce qui n'avait pas été compris dans la stipulation restait dû en vertu de l'obligation primitive. Ce résultat, auquel les principes conduisent forcément peut, on le conçoit, être tout-à-fait contraire à la volonté des parties. Par exemple, Titius, qui me doit dix, me promet cinq *novandi causa*: il est très possible que mon intention ait été d'abandonner complétement ma première créance, pour m'en tenir aux cinq qui ont été compris dans la stipulation. En pareil cas, l'action primitive subsistera bien pour la partie qui n'a pas été novée; mais elle sera paralysée par une exception de dol.

§ 3. *De l'Intention de Nover.*

Jusqu'ici nous avons omis de parler d'une condition qui doit nécessairement se rencontrer dans toutes les hypothèses possibles, pour qu'il y ait novation; nous voulons parler de l'élément intentionnel, de ce que les commentateurs désignent par l'expression : *animus novandi*. Il est facile de se rendre compte du rôle qui appartient à cet élément dans la matière qui nous occupe. Toute novation, comme on l'a vu, suppose nécessairement une stipulation portant sur l'objet d'une dette précédente. Mais, à l'inverse, il ne serait pas exact de dire qu'il y a novation toutes les fois que l'on a stipulé ce qui était antérieurement dû. En effet, l'intention des parties peut être, on le conçoit, non pas de remplacer l'obligation préexistante par celle qui résulte du contrat verbal, mais d'ajouter la seconde à la première. Ainsi, supposons que, ayant Titius pour débiteur, je stipule de Mœvius ce que me doit Titius. Y aura-t-il novation en pareil cas ? Cela est possible, mais l'opération peut être intervenue dans un but tout différent. J'ai pu, en effet, recevoir Mœvius à titre de débiteur accessoire, de caution, ou même de débiteur principal tenu *in solidum* concurremment avec Titius. Alors même que la stipulation intervient *inter easdem personas*, elle n'a pas toujours nécessairement l'effet de nover. Souvent, comme nous l'avons déjà remarqué, les parties avaient recours au contrat verbal, non pour remplacer, mais pour corroborer une obligation préexistante ; le créancier pouvait alors user à son choix, de l'action primitive ou de l'action *ex stipulatu*.

Cela posé, comment distinguer, dans chaque espèce, si la stipulation a eu lieu, ou non, *novandi animo* ? La question serait bien simplifiée, si une forme particulière avait été affectée à l'hypothèse où il s'agit d'opérer une novation. Mais il n'y avait point ici de termes sacramentels : une stipulation pouvait opérer novation, dans quelques termes qu'elle fût conçue. Le seul moyen de savoir s'il y a novation, dans tel cas donné, c'est de rechercher quelle a été la volonté des parties. Un grand nombre de textes font allusion à cette question d'intention. C'est ainsi que, dans la loi 2, D. *h. t.*, Ulpien, après avoir dit que toute espèce d'obligation peut être transformée, au moyen d'une novation, en une obligation *verbis*, a soin d'ajouter : « dummodo sciamus novationem ita demum « fieri, si hoc agatur, ut novetur obligatio. » Même observation sur la loi 8, § 5. Il est entendu, au surplus, ainsi que cela résulte de cette dernière loi, que le créancier,

bien que nanti d'une double action; ne peut prétendre
être payé deux fois. Le jurisconsulte suppose que le mari,
à qui un tiers avait promis une dot, stipule ensuite cette
même dot de sa femme. La dot n'est pas doublée, nous
dit-il ; c'est-à-dire que le mari ne pourra se faire payer
successivement en vertu des deux promesses qui lui ont
été faites. Maintenant, il y a novation, si telle est l'intention
des parties, (*si hoc actum est*). Que si l'on n'a pas voulu
que l'obligation du tiers fût novée, le mari a deux débiteurs ; mais le payement fait par l'un d'eux éteint à la
fois les deux obligations. Comp. 8, § 2, 26, 28. D. *h. t.*
3, pr. D. *de duob. reis* ; etc...

Ainsi l'intention de nover est une condition essentielle
pour qu'il y ait novation. Cela résulte bien évidemment
des textes que nous avons cités. On peut y ajouter le témoignage des Institutes : ... « Hoc inter veteres constabat,
« tunc fieri novationem, cum novandi animo in secundam
« obligationem itum fuerat...» Toutefois, chose singulière,
on ne trouve pas la mention de cette condition dans les
commentaires de Gaius, et cependant le manuscrit no
présente aucune lacune dans la partie consacrée à notre
matière. Faut-il conclure de ce silence que, dans le droit
très-ancien, et encore à l'époque de Gaius, il y avait des
formules spécialement réservées pour le cas où la stipulation intervenait *novandi animo*, et que par conséquent
la question d'intention ne pouvait alors se présenter?
Cette conjecture paraît assez plausible, si l'on considère
le caractère essentiellement formaliste que la législation
romaine a longtemps conservé. Mais, à raison du peu de
renseignements que nous possédons, il nous paraît difficile de rien affirmer à cet égard.

Le point de savoir si les parties ont eu, ou non, la volonté de nover constitue une question de fait qu'il appar-

tient au juge de trancher ; toutefois, le Digeste contient, relativement à certaines hypothèses, des décisions auxquelles il devra, croyons-nous, se conformer en principe. Nous en citerons quelques-unes.

a) Ulpien, dans la loi 6, pr. D. *h. t.*, suppose que j'ai stipulé d'un tiers ce que je ne pourrai obtenir de mon débiteur Titius. « Quanto minus a Titio debitore exegis-« sem. » Il n'y a pas novation, nous dit-il ; l'obligation résultant de la stipulation viendra donc s'ajouter à celle de Titius. Maintenant à quel titre Titius sera-t-il tenu ? A titre de fidéjusseur. Remarquons qu'il ne s'agit pas ici d'un cautionnement ordinaire, mais de cette espèce particulière de cautionnement que les commentateurs désignent sous le nom de *fidejussio indemnitatis*. On connaît le but de cette institution. Dans l'ancien droit, le créancier pouvait agir, à son choix, contre le débiteur principal ou le fidéjusseur, mais non les poursuivre successivement ; il n'avait qu'une seule action, et la *litis contestatio* une fois engagée avec l'un d'eux, l'autre était libéré. Cela tenait à ce que l'obligé principal et la caution étaient regardés comme tenus de la même dette. Il en était autrement, lorsque le fidéjusseur s'engageait, non pour la dette entière, mais pour ce que le créancier ne pourrait obtenir du *reus*. En pareil cas, il n'y a pas *duo rei ejusdem obligationis*; le créancier a deux actions distinctes, qu'il peut exercer successivement. Grâce à cet expédient on arrivait à peu près au résultat que produisit plus tard le bénéfice de discussion établi par Justinien. En effet, le débiteur principal devait être poursuivi le premier, car le fidéjusseur n'était tenu que sous la condition que le débiteur principal ne payerait pas, et dans la mesure de ce qui ne pourrait être obtenu de lui. (116. D. *de verb. oblig.*) Qu'entend-on précisément quand l'on dit que, dans cette hypothèse, il n'y a pas novation ? Remar-

quons que, lorsque Mævius me promet : « Quanto mi -
« nus a Titio debitore exegissem, » il fait une promesse
conditionnelle ; il n'y a donc pas de novation possible
quant à présent. Supposons maintenant que la condition
s'accomplisse, c'est-à-dire que mes poursuites contre
Titius restent infructueuses en tout ou en partie : alors la
novation pourrait avoir lieu ; de sorte que si, sur une
dette de cent, j'ai pu obtenir 20, ma dette primitive,
pour les 80 qui restent dus serait remplacée par l'obliga·
tion de Mævius. Mais, comme on décide qu'il n'y a
point novation, mon ancienne créance subsiste, et la
solution peut présenter de l'intérêt, notamment si cette
créance était munie de garanties telles qu'une hypotaè·
que, etc... : je conserverai ces garanties, qui pourront
m'être utiles le cas échéant, tandis qu'elles disp araîtraient,
en admettant la solution contraire. — La raison pour laquelle il n'y a pas novation, dans l'hypothèse de la loi 6,
pr. c'est, suivant le texte, que tel n'a pas été le but que
que l'on s'est proposé : «quia non hoc agitur ut novetur.»
Ne pourrait-on pas ajouter cet autre motif, que l'identité
d'objet fait défaut dans l'espèce, ce qui rend la novation
impossible ? Ce serait là, croyons-nous, un point de vue
inexact. En effet, promettre ce qui ne pourra être re-
couvré contre Titius c'est bien promettre en partie, ce
que doit Titius ; il y a donc *idem debitum*, et il faut s'en
tenir à la raison tirée de l'intention des parties.

b) La loi 8, § 3, D. *h. t.* écarte encore l'idée de novation
dans une autre hypothèse. « Idem Celsus ait, judicatum
solvi stipulatione actionem judicati non novari. » On sait
que l'action *judicati* naît du jugement, et est destinée à en
garantir l'exécution. Cette action, nous dit-on, n'est pas
novée par la stipulation *judicatum solvi*. Pour comprendre
escus de ce e décision, il faut se rappeler, que dans cer-
tians cas, le défendeur était tenu de *satisdare*, c'est-à-dire

de fournir des fidéjusseurs qui garantissaient l'exécution de certaines obligations découlant du procès engagé. Le défendeur se soumettait à ces obligations au moyen d'une stipulation, à laquelle les fidéjusseurs venaient ensuite accéder. La *satisdatio*, dans le droit classique, était imposée notamment au défenseur à l'action *in personam*, lorsqu'il plaidait *alieno nomine* (pr. et § 1, Inst. IV, 11). C'est de cette promesse, garantie par des cautions que notre texte veut parler. Comment aurait-on pu lui attribuer l'effet d'éteindre l'action *judicati*? Cela est facile à concevoir La *satisdatio* porte sur trois chefs distincts : *de re judicata, de re defendenda, de dolo malo.* (G. D. *iudic. solvi*) Ainsi en première ligne, le défendeur et ses cautions promettent d'exécuter la condamnation. Or, c'est là précisément, comme nous l'avons dit, l'objet de l'obligation garantie par l'action *judicati*. La stipulation dont il s'agit, en tant qu'elle porte sur l'exécution du jugement aurait donc pu avoir l'effet de nover l'obligation résultant directement de la condamnation. Mais le jurisconsulte décide qu'il ne s'opère pas de novation en pareil cas ; le demandeur, en effet, en se ménageant un recours contre des fidéjusseurs, n'a sans doute pas entendu, pour cela, renoncer au bénéfice de l'action *judicati*, d'autant plus que cette action présente un avantage particulier, celui de donner lieu à une condamnation *in duplum*, en cas de dénégation (Gai. IV, § 171). Il jouira donc, à la fois, et de l'action résultant de la satisdatio, et de l'action *judicati*.

c) « In duobus reis promittendi, dit Ulpien (3. pr. D. *de duob. reis*), frustra timetur novatio. » — Pour qu'il y ait corréalité entre deux codébiteurs, il faut, suivant l'opinion généralement admise, que les deux interrogations aient eu lieu avant qu'aucun des promettants ait répondu. Ainsi le stipulant les interrogera d'abord, soit séparément (Primo, decem dares pondes? Secunde, eadem decem dare spondes)? soit cumulativement(Prime etSecunde, eadem decem dare spondetis? Puis chacun répondra séparément: Spondeo. Du reste, il n'est pas nécessaire comme cela résulte du texte, que les deux réponses se succèdent sans intervalle. Il y aura corréalité, alors même qu'un certain temps se serait écoulé entre la réponse de Primus et celle de Secundus. Dans ce dernier cas, on pourrait croire qu'il se produit une novation. Il ne faut pas objecter que ce résultat est impossible, parceque, la réponse de Secundus n'étant pas précédée d'une interrogation, il n'y a pas eu de stipulation. L'interrogation a eu lieu antérieurement, et peu importe qu'elle n'ait pas précédé immédiatement la réponse. Il n'y a donc aucun obstacle juridique à ce que la promesse de Primus soit novée par celle de Secundus. Mais il est fort probable que telle n'a pas été l'intention des parties ; cette circonstance, que les deux promettants ont été interrogés avant qu'aucun d'eux ait répondu, indique clairement la volonté d'établir entre les débiteurs un lien de corréalité.

d) Citons enfin les lois 6, § 2 et 7, D. *h. t.*, relatives à une hypothèse qui paraît s'être présentée fréquemment dans la pratique romaine, celle où une stipulation se trouvait jointe à un prêt de consommation. La stipulation pouvait précéder ou suivre la numération des espèces. Au second cas, on pourrait croire qu'il s'opérait une novation ; nos textes écartent cette idée. Est-ce à dire maintenant que le créancier ait deux actions, et qu'il puisse agir à son choix soit *ex mutuo*, soit *ex stipulatu?* Non. L'opération est regardée comme ne constituant qu'un seul acte ; il n'y a point de *mutuum*, il y a seulement un contrat verbal. Comment se fait-il qu'il ne naisse point de *mutuum* dans l'espèce, puisqu'il y a *numeratio pecuniæ* ? C'est que, pour qu'il y ait *mutuum*, il ne suffit pas que des espèces aient été comptées ; il faut encore que les parties aient eu l'intention de conclure un contrat de cette nature. La *datio pecuniæ* peut, en effet, intervenir dans des buts divers, par exemple *donandi animo* : ici elle sert de cause à la stipulation qui la précède ou qui la suit. — La décision suivant laquelle le débiteur est tenu non pas *ex mutuo*, mais *ex stipulatu*, ne laisse pas de présenter quelque intérêt pratique. Nous n'avons pas à insister ici sur ce point, car nous avons déjà eu l'occasion d'indiquer les différences qui existent entre l'obligation résultant d'un *mutuum* et celle qui dérive d'une stipulation (V. *supra*).

Au reste, la solution contenue dans nos textes semble contredite par la loi 52, § 3 D. *de oblig. et act.* D'après cette loi, lorsqu'un contrat *re* est accompagné d'un contrat *verbis*, chacun de ces contrats donnerait naissance à une obligation. Nous ne croyons pas qu'il soit possible de faire disparaître l'antinomie. Contentons-nous de remarquer que la loi 52 appartient à Modestin, le plus moderne parmi les jurisconsultes dont les textes figurent au Digeste. On était sans doute arrivé peu à peu à permettre au créancier d'invoquer indifféremment, à son choix, l'une ou l'autre action.

La règle qui, dans chaque espèce, fait dépendre de la volonté des parties la question de savoir s'il y a, ou non, novation, est, en théorie, aussi simple que raisonnable. Mais l'application en devait être fort embarrassante. Sans doute, on avait posé en principe que la novation ne se présumait pas : c'est ce qui résulte de la manière dont s'expriment un grand nombre de textes

(2, 5, D. *h. t.*, etc...). Mais la preuve de cette intention n'était soumise à aucune règle précise ; elle pouvait résulter des circonstances ou d'indices quelconques, aussi bien que de la déclaration des parties. En un mot, le juge avait en cette matière un pouvoir illimité d'appréciation. On devine les difficultés auxquelles un tel système devait donner lieu. Justinien voulut combler la regrettable lacune que présentait, en cette matière, la législation romaine ; tel est le but de la Constitution 8, Cod. *de novat.*, dont nous trouvons le résumé aux Instilutes. — En quoi consiste précisément la réforme introduite par cette loi ? Le texte dont il s'agit n'est pas rédigé avec toute la clarté désirable ; aussi a-t-il donné lieu à des interprétations diverses. Il y a peu d'intérêt à exposer les différents systèmes qui ont été imaginés par les commentateurs. — Suivant l'opinion généralement admise aujourd'hui, l'innovation consiste en ce que désormais la preuve de l'*animus novandi* ne pourra résulter que de la déclaration expresse des parties. Le texte des Institutes, conçu en termes beaucoup plus clairs que la constitution du Code, ne laisse à notre avis subsister aucun doute à cet égard «... Nostra processit constitutio, quæ apertissime definivit, tunc solum novationem fieri, quotiens hoc ipsum inter contrahentes expressum fuerit, quod propter novationem prioris obligationis convenerunt;...» Au reste, peu importent, croyons-nous, les expressions dont on se sera servi. Il n'y a point de termes sacramentels imposés aux parties ; ce qui est nécessaire seulement, c'est que leur intention de nover soit exprimée dans l'acte. Notre Code civil n'a pas adopté, en cette, matière le principe rigoureux établi par Justinien ; il se contente d'exiger que l'intention de nover résulte clairement de l'acte (art. 1273). Il paraît, d'ailleurs, que, déjà dans notre ancienne jurisprudence, ce principe n'était pas appliqué à la lettre. (Poth. *des oblig.* n° 594). — Dans quelques textes du Digeste, il est question de la déclaration expresse exigée par Justinien (V. notamment 58. *de verb. oblig.*; 31, § 1, D. *de novat*). Cette mention a évidemment été ajoutée après coup par les rédacteurs des Pandectes, afin de mettre les textes dont il s'agit d'accord avec la législation nouvelle.

§ 4. *Du pouvoir et de la capacité en matière de novation.*

La question que nous avons à examiner dans ce paragraphe est celle de savoir, une créance étant donnée, quelles sont les personnes qui ont le pouvoir ou la capacité de disposer de cette créance au moyen d'une novation. La novation présente avec le payement une grande analogie; mais c'est surtout dans la matière qui va nous occuper que cette analogie se manifeste d'une manière frappante. Il semble même, au premier abord, qu'il n'y ait qu'à appliquer purement et simplement à la novation les règles du paiement, et de poser en principe que toute personne qui peut recevoir le paiement d'une créance peut également en faire novation. Telle est, en effet, la doctrine que nous trouvons brièvement énoncée dans la loi 10, D. *h. t.* : « Cui recte solvitur, is etiam novare potest. » Cependant il ne faudrait pas donner à cette maxime une portée trop absolue. Si le paiement et la novation sont, en général, soumis aux mêmes règles, au point de vue qui nous occupe, cela n'est pas toujours vrai. Et il ne faut pas s'en étonner : il est évident que ces deux actes, malgré l'analogie qui existe entre eux, sont loin d'avoir les mêmes conséquences partiques. Celui qui reçoit un paiement aliène sa créance, comme celui qui nove; mais le premier recueille, en retour de l'abandon qu'il fait, un bénéfice immédiat et certain; il est désintéressé, et ne court désormais aucun risque, si ce n'est celui de perdre, par sa négligence ou sa mauvaise gestion l'émolument dont son patrimoine se trouve enrichi. Le second, après la novation, conserve sa situation de créancier : il n'a fait que transformer son droit. Ce changement peut, suivant les circonstances, lui être avantageux ou nuisible. Il y a donc entre les deux actes une différence réelle, et l'on ne doit pas être surpris, si l'on rencontre, en certains cas, des solutions plus restrictives en matière de novation qu'en matière de paiement.

Le principe fondamental est le même en ce qui touche les deux actes : régulièrement, le créancier, d'une part, a le droit de nover, comme il a celui de recevoir le payement; d'autre part, l'un et l'autre droits n'appartiennent qu'à lui seul. Ces deux règles n'ont pas besoin d'être démontrées; 'mais elles subissent toutes deux un certain nombre de dérogations.

En premier lieu, le créancier ne peut pas toujours nover sa propre créance. Dans quels cas en est-il ainsi? C'est là une question de capacité, qui se pose à propos de la novation comme de tout autre acte juridique.

Supposons d'abord que le créancier soit en état de démence. Cette hypothèse n'offre aucune difficulté : le fou, n'ayant pas conscience de ce qu'il fait, ne peut figurer dans aucune opération juridique (8, Inst. *de inut. stip.*). Il faut seulement remarquer qu'il n'y a pas ici, à vrai dire, incapacité légale. Le vice qui entache l'acte émané du fou, c'est plutôt l'absence de consentement que l'incapacité : d'où cette conséquence que, si le fou a agi dans un intervalle lucide, l'acte est valable. Un fou peut donc nover la créance qui lui appartient, à la condition d'avoir, au moment où l'acte intervient, l'usage de ses facultés mentales. En dehors de cette hypothèse, point de novation possible. (V. 1, § 12, D. *de obl. et act.*). Ce que nous venons de dire du fou s'applique également à l'*infans*, (V. 10, Inst. 3, 19. — 1, § 13, D. *de oblig., et act.*), avec cette différence, bien entendu qu'il n'y a aucune distinction à faire ici, et que l'impossibilité de nover existe d'une façon permanente.

Le muet et le sourd ne peuvent figurer dans une stipulation (7, Inst. III, 19). Or, la novation ne pouvant, au moins dans le dernier état du droit, s'accomplir qu'au moyen d'une stipulation, il en résulte que cet acte leur est interdit. Au contraire, rien ne s'oppose à ce qu'ils puissent recevoir un payement. La différence, comme on le voit, tient à des motifs purement physiques.

On sait que la théorie romaine sur la capacité du pupille peut se résumer en ces deux propositions : 1° le pupille peut faire seul tous les actes qui ont pour effet de rendre sa condition meilleure ; 2° ceux, au contraire, qui aboutissent à rendre sa condition pire, il ne les peut faire qu'avec l'autorisation de son tuteur. Le payement est au nombre de ces derniers, car il implique aliénation de la créance, et toute aliénation est interdite au pupille non autorisé. Aussi voyons-nous que le payement fait entre ses mains n'est pas valable. La créance subsiste, et le débiteur est exposé à être poursuivi de nouveau ; mais dans le cas où le pupille se trouverait enrichi par suite de ce payement, l'action serait paralysée par une exception de dol (Gaius II, § 84). — Si le pupille ne peut recevoir un payement, il doit nécessairement aussi être incapable de nover, puisque la novation, comme le payement, entraîne aliénation d'une créance. C'est en effet ce que décide la loi 20, § 1", D. *h. t.*

Il est une autre classe d'incapables dont la situation juridique est assimilée à celle des pupilles ; nous voulons parler des prodigues frappés d'interdiction. Ils ne peuvent faire aucun acte d'aliénation sans être assistés de leur curateur ; et, par conséquent, la faculté de nover leur est également refusée (3, D, *h. t.*).

Il faut maintenant examiner les conséquences pratiques de l'incapacité que nous venons de constater. Nous supposerons qu'il s'agit d'un pupille ; mais ce que nous dirons s'appliquera tout aussi bien au prodigue. — Un premier point certain, c'est que, la novation n'ayant pas lieu, la créance primitive subsiste au profit de l'incapable. Cela posé, il semble que, la novation ne pouvant s'opérer, la stipulation contractée *novandi animo* ne doive produire aucun effet. Mais il n'en est pas ainsi : le pupille devient créancier en vertu de cette stipulation, car nous savons qu'il n'a pas besoin de l'autorisation de son tuteur pour acquérir un droit. Est-ce à dire maintenant qu'il pourra cumuler le bénéfice des deux créances ? Non, évidemment ; cela serait injuste. Quel sera donc précisément sa situation ? Molitor, dans son Traité des Obligations, résout la question en disant que le pupille aura le choix entre les deux actions ; mais, une fois qu'il se sera fait payer en vertu de l'une d'elles, il serait repoussé par une exception de dol, s'il prétendait user de l'autre. Cette doctrine ne nous paraît pas complètement exacte. — Voici, suivant nous, comment les choses se passeront. La solution à laquelle nous nous attachons a son point de départ dans la loi 3, D. *h. t.* Ce texte, après avoir déclaré, comme nous l'avons vu, que le prodigue est incapable de nover, ajoute : « *Nisi melio-rem conditionem suam fecerit.* » Cette restriction (qui doit évidemment s'appliquer aussi bien à l'incapacité du pupille), signifie sans aucun doute que la novation est validée, lorsqu'elle produit un résultat avantageux pour l'incapable. Or, c'est là une question qui, dans chaque espèce, devra être tranchée par le juge. Supposons que le pupille, se fondant sur la nullité de la novation, agisse en vertu de l'action primitive : plusieurs hypothèses peuvent se présenter. Peut-être le pupille a-t-il reçu le payement de la créance nouvelle ; en pareil cas, il est évident que l'action devra être écartée. Il se peut qu'au contraire il ait agi déjà en vertu de cette créance, sans pouvoir en tirer aucun émolument, par suite de l'insol-vabilité du débiteur, ou par tout autre motif ; en pareil cas, si l'on regardait la novation comme s'étant opérée, le pupille serait lésé ; la demande devra donc être accueillie. Mais il est possible que l'action dérivant de la stipulation n'ait pas été exercée ; ce sera alors au juge à décider si l'opération est, ou non, avantageuse au pupille. Ainsi notamment, s'il s'agit d'une novation par change-ment de débiteur, il aura à rechercher si le nouvel obligé présente les mêmes garanties de solvabilité que l'ancien, et, suivant les circonstances, il regardera la novation comme effectuée ou non. C'est le même système qu'en matière de payement, il diffère, comme on le voit, de celui de Molitor en ce que nous n'admettons pas que le sort de l'opération dépende du caprice du pupille ou de ses représentants. C'est le juge qui décide si l'acte doit ou non être validé.

Le pupille, après avoir exercé son droit primitif, n'en conserve pas moins, en principe, l'action *ex stipulatu*. Mais, bien entendu, s'il prétendait l'exercer plus tard, i serait repoussé par une exception de dol. Quelquefois il sera de plein droit privé du bénéfice de cette action. En effet, il paraît résulter de la loi 9, *pr.* D. *h. t.* que le juge de l'action primitive peut obliger le pupille à libérer le débiteur par acceptilation. Cela ne s'applique bien entendu, que si la novation a eu lieu inter *easdem personas.*

Quelle était, en matière de novation, la capacité des adultes, mineurs de vingt-cinq ans? Il y a tout d abord à distinguer entre les mineurs qui ont un curateur et ceux qui n'en ont point. Quant à ces derniers, il ne saurait y avoir de doute : ils ont, en effet, la capacité de s'obliger, d'aliéner ; ils peuvent donc incontestablement nover leurs créances. Toutefois si l'acte est inattaquable *jure civili,* il n'en est pas de même suivant le droit prétorien : le mineur, à condition de prouver qu'il a été lésé, pourra suivant la règle générale, obtenir une *in integrum restitutio.*

La question est moins simple en ce qui concerne les mineurs placés en curatelle. On sait que la capacité de cette classe d'adultes est l'objet d'une controverse assez sérieuse. La difficulté résulte notamment de l'antinomie qui paraît exister entre les lois 101, D. *de verb. oblig.,* et 3, Cod. *de in int. rest.* D'après le premier de ces textes, le mineur pourvu d'un curateur pourrait s'obliger sans l'assistance de celui-ci. Le second contient une décision absolument contraire; il assimile le mineur placé en curatelle au prodigue interdit. On a proposé divers systèmes pour concilier ces textes ; le plus plausible, selon nous, consiste à supposer un changement survenu dans la doctrine relative à la capacité du mineur. La loi 3, Cod. *de in int. rest.,* résumerait, en cette matière, le dernier état du droit. — Dans une autre opinion, on distingue entre les contrats et les actes d'aliénation. Ces derniers seraient interdits au mineur (la loi 3 se réfère à cette espèce d'actes), tandis qu'il pourrait valablement s'obliger sans l'assistance de son curateur (loi 101). D'après cette doctrine, le mineur n'aurait pas la capacité de nover, puisque c'est là faire un acte d'aliénation. Que si l'on préfère la conjecture dont nous avons parlé plus haut, il n'en serait ainsi que dans le dernier état du droit. — Il s'agit ici, remarquons-le, d'une incapacité civile : on appliquera donc à cette hypothèse tout ce qui a été dit à propos du pupille et de l'interdit.

Nous venons de rencontrer un certain nombre de cas où le créancier lui-même ne peut nover sa créance. A l'inverse, la novation peut quelquefois être valablement faite par d'autres que le créancier. On peut diviser en deux classes les hypothèses où le pouvoir de nover se trouve ainsi dévolu à un tiers. Ce pouvoir résulte toujours soit de la loi, soit d'un mandat exprès ou tacite.

De la loi... C'est ainsi que le tuteur peut nover les créances appartenant au pupille, de même qu'il a le pouvoir de recevoir un payement au nom de celui-ci, (22 D. *de adm. et per. tut.* ; 20, § 1er, D. *h. t.*). On considère cet acte comme n'excédant pas les larges pouvoirs d'administration qui lui sont conférés. Il faut en dire autant du curateur au fou, au prodigue (34, § 1er· D. *h. t.*) ou au mineur de vingt-cinq ans. Quel est le sens de cette restriction placée à la suite de la règle, dans la loi 20 : *si hoc pupillo expediat,* restriction que l'on retrouve, en ce qui touche le curateur, dans la loi 34 ? Elle ne porte aucune atteinte à la validité de la novation faite par le représentant de l'incapable. Il faut, croyons-nous, l'interpréter en ce sens, que, si cette novation n'est pas avantageuse à ce dernier, un recours lui sera ouvert contre le tuteur ou le curateur. En outre, si, par suite de l'insolvabilité de ce dernier, ce recours était illusoire, nous pensons, que son ancienne créance lui serait restituée.

Le pouvoir de nover, avons-nous dit, peut résulter aussi d'un mandat exprès ou tacite. — Le cas le plus simple est celui où le créancier a expressément chargé un tiers de nover sa créance (Pauli *sent.* V. 8, *in fine*). Il faut rapprocher de ce cas celui où la novation ayant eu lieu en son absence et à son insu, le créancier ratifie l'acte postérieurement (22. D. *h. t.*) — Le *procurator omnium bonorum*, c'est-à-dire celui à qui le créancier a conféré d'une manière générale l'administration de ses biens, a le pouvoir de nover (20. § 1, D. *h. t.*) — Comp. 88, D. *de procurat.*) — Mais, le mandat de toucher le payement ne renferme pas celui de faire novation (21. D. *h. t.* — 4. Cod. *de noval.*) Cela s'explique très bien par la différence que nous avons signalée entre les conséquences pratiques du paiement et celles de la novation. Le créancier peut avoir assez de confiance dans une personne pour la charger du recouvrement de sa créance, mais non pour lui en abandonner la disposition. — La même règle s'applique à l'*adjectus solutionis gratia*. On sait que cette expression désigne le tiers dont le nom a été joint, dans une stipulation, à celui du créancier. (4. Inst. III, 19). L'*adjectus solutionis gratia* n'est pas créancier lui-même; il est simplement désigné pour recevoir au besoin le payement, à la place du créancier. Le plus souvent, il aura reçu d'avance un mandat à cet effet. D'ailleurs, dans le cas contraire, bien qu'il ne soit pas vraiment mandataire, il est traité comme tel, et le créancier a contre lui l'action *mandati*. (131, § 1, D. *de verb. oblig.*). Ainsi cette hypothèse se confond, pour ainsi dire, avec la précédente, et, alors même qu'aucun texte ne pouvait être cité en ce sens, il faudrait, sans hésiter, refuser à l'*adjectus solutionis gratia* le pouvoir de nover. Au reste le jurisconsulte Paul s'explique à cet égard dans la loi 10, D. *h. t. Adde* 10, D. *de solut.*

On compare souvent à l'hypothèse précédente celle où un tiers s'ipule accessoirement la même chose que le créancier principal. (Gaius, III, § 110-115). Il y a entre l'*adstipulator* et l'*adjectus solutionis gratia* des différences profondes qui dérivent notamment de ce que le premier, à la différence du second, acquiert un véritable droit de créance. Sans doute, dans ses rapports avec le stipulant principal, l'*adstipulator* n'est qu'un mandataire, qui doit compte de ses actes. Mais vis-à-vis du débiteur, il joue, à tous égards, le rôle d'un créancier : il peut non-seulement recevoir le paiement, mais aussi agir en justice, et disposer de la créance par acceptilation, sauf bien entendu, la responsabilité qu'il encourt de ce chef. (Gai. III, § 215). Nul doute, dès lors, qu'il n'ait également le pouvoir de nover. — Ce pouvoir appartient incontestablement au *procurator in rem suam.* En effet, le cédant a entendu se dessaisir à son profit de tous les droits que lui conférait son titre de créancier. D'ailleurs, n'ayant pas de comptes à rendre, le *procurator in rem suam* jouit d'une liberté complète.

Enfin les individus *alieni juris,* esclaves ou fils de famille, peuvent-ils nover les créances qui font partie de leur pécule? Dans l'examen de cette question, nous allons trouver une nouvelle application de cette idée que les personnes qui peuvent recevoir un payement n'ont pas toujours par cela même le droit de nover. On peut, en effet, poser en principe que l'esclave (1) pourvu d'un

____

(1) Ce que nous disons de l'esclave s'applique, en même temps, au fils de famille.

pécule peut recouvrer le montant des créances qui y sont comprises, (19; 35, D. *de solut.*), tandis qu'il n'a pas le pouvoir de nover ces créances (25. D. *h. t. adde :* 27, pr. D, *de pactis*). — Il importe maintenant de bien comprendre la portée de la règle. Elle repose uniquement sur la volonté présumée du maître; on suppose qu'il n'a pas entendu conférer à son esclave le pouvoir de nover. Si donc la novation avait eu lieu sur son ordre, ou même à a connaissance et sans qu'il s'y fût opposé (arg. 23, *h. h. t.*) elle serait valable. — Le consentement du maître est présumé, dans le cas où il a confié à l'esclave la libre administration du pécule. Cela résulte de plusieurs textes, des lois 48, § 1, D. *de peculio*, 21, D. *de jurejur.*, et surtout de la loi 32, pr. D. *h. t.* Remarquons la distinction que fait le jurisconsulte dans ce dernier texte. Il n'y a pas de difficulté, quand la nouvelle promesse est faite à l'esclave lui-même : en pareil cas, la novation constitue toujours un acte à titre onéreux. Mais en est-il de même, lorsque l'esclave a délégué son débiteur à un tiers? Il faut distinguer : l'acte sera nul, si la délégation a eu lieu *donandi animo*. En effet, si larges que soient ses pouvoirs, on ne reconnaît jamais à l'esclave, non plus qu'au fils de famille, le droit de faire une donation (7, *in princ.* D. *de donat.*; 1, § 1, D. *quæ res pign.*; 28, § 2 , D. *de pactis*). Il en sera autrement si le délégataire doit employer les fonds qu'il recevra aux affaires de l'esclave : il n'y a point de libéralité, en pareil cas; le tiers devra compte de ce qu'il aura reçu, et le pécule acquiert contre lui l'action de mandat.

Il nous reste à dire quelques mots d'une des questions les plus délicates que soulève notre matière. Une créance peut appartenir pour le tout à plusieurs personnes à la

fois; c'est ce qui a lieu notamment en cas de corréalité.
Il est évident que les différents *correi stipulandi*, s'ils
sont d'accord sur ce point, peuvent tous ensemble nover
leur créance; mais le droit de nover appartient-il à chacun d'eux en particulier? Si nous nous plaçons dans
l'hypothèse inverse où il y a plusieurs débiteurs corréaux, il n'y a aucune difficulté à décider que la novation peut intervenir entre le créancier et l'un d'eux, de
façon à libérer tous les autres *correi*. (arg. 20, D. *ad. sc.*
Velleian) Mais la question qui va nous occuper est loin
d'être aussi simple. On trouve, en effet, relativement à
cette question, deux textes qu'il paraît difficile de concilier. Venuleius, dans la loi 31, § 1, D. *h. t.* reconnaît
positivement à chacun des créanciers le droit de nover,
à lui seul, la créance corréale, tandis que Paul, dans la
loi 27, pr. D. *de pactis*, paraît se prononcer en sens
contraire. Il faut reconnaître tout d'abord qu'aucun
doute n'est possible sur le sens du premier de ces textes:
le jurisconsulte, en effet, s'exprime avec une clarté et
une précision remarquables. Il se demande quelle est au
juste la mesure du droit qui appartient à chacun des
créanciers corréaux, et il commence par constater que,
suivant l'opinion unanime, il peut, à lui seul, recevoir le
payement, déduire en justice la créance toute entière,
qu'enfin l'acceptilation par lui faite éteint l'obligation
d'une façon absolue. Il conclut de là que la situation
de chaque *correus* est exactement la même que s'il avait
figuré seul dans la stipulation, avec cette différence toutefois qu'il peut être privé de son droit par le fait de son
cocréancier, (dans le cas où celui-ci userait de la faculté
qui lui appartient de recevoir le payement, de faire acceptilation, etc...). Puis arrivant au point qui nous intéresse,
il tire de ce qui précède cette conséquence naturelle, que le

correus peut disposer de la créance au moyen d'une novation, de façon à libérer le débiteur non-seulement vis-à-vis de lui-même, mais aussi à l'égard de l'autre créancier. On remarquera la force du raisonnement sur lequel repose cette solution : chaque *correus* a les mêmes pouvoirs que s'il était seul créancier ; or, s'il était seul créancier, il aurait évidemment le droit de nover : donc ce droit lui appartient. Rien de plus logique ; et cela est d'autant plus vrai, dit le jurisconsulte, que l'on regarde la novation comme quelque chose d'analogue au payement. — Quel est le sens de ces mots : « si id specialiter agit » ? Ils signifient évidemment : « Quand on a exprimé la volonté de nover » ; et ils ont dû être ajoutés après coup. Nous avons, en effet, remarqué plus haut que, dans plusieurs passages, les rédacteurs avaient intercalé cette mention, pour se conformer à l'innovation récemment introduite par la loi 8, C. *de noval,* ; on en trouve ici un exemple.

Sur la fin du texte, nous ne ferons qu'une observation. Dans les deux dernières hypothèses que l'on y trouve, il est question de promesse de dot. Or, il est très-probable que le jurisconsulte avait en vue des cas de *dictio dotis*. En effet, quant à la première, à celle où la femme, créancière corréale, délègue à son mari, *dotis causa*, le débiteur commun, on ne voit pas, à prendre le texte à la lettre, en quoi elle diffère de la précédente. Venuleius avait écrit sans doute : « *doti dicere viro* ; » mais les compilateurs n'ont pas voulu laisser subsister cette trace d'une forme d'engagement qui n'était plus en usage. — Enfin il suppose, en dernier lieu, que la femme, épousant le débiteur commun, lui promet, à titre de dot, le montant de sa dette. Ici la correction est encore plus évidente. S'il s'agissait, comme le porte le texte, d'une simple promesse par stipulation, on ne voit pas comment la dette corréale pourrait être éteinte ; le débiteur ne serait libéré que par voie de compensation, c'est-à-dire qu'il pourrait opposer à la femme une exception de dol, mais il continuerait à être tenu vis-à-vis de l'autre créancier. Pour qu'il y ait véritablement extinction de la dette, comme le suppose le jurisconsulte, il faut nécessairement admettre qu'il y a eu *dictio dotis*. Cette forme pouvait, en effet, être employée non-seulement pour créer une obligation au profit du mari, mais aussi lorsque la dot consistait dans la libération d'une dette dont celui-ci était tenu envers la femme, et produisait en pareil cas, du moins d'après certains textes, les mêmes effets que l'acceptilation (V. en sens contraire, la loi 44, § 1 *de jure dotium* d'après laquelle le mari ne serait libéré qu'*exceptionis ope*).

Passons à la loi 27, pr. *de pactis*. Ce texte n'a pas directement trait à notre question. Ce n'est qu'indirectement qu'il semble admettre une solution opposée à celle de la loi 31. La question que se pose le jurisconsulte est celle de savoir si, lorsqu'une même créance existe au profit de deux banquiers associés, le pacte *de non petendo* consenti par l'un d'eux est opposable à l'autre. Il s'agit ici, comme le fait remarquer M. Demangeat (*Des ob. solid. en droit romain*), d'*argentarii* devenus créanciers au moyen d'une *expensilatio*, hypothèse qui, d'ailleurs, ne peut plus se présenter dans le dernier état du droit. On sait que le contrat littéral était surtout employé par les *argentarii*, et qu'ils en conservèrent assez longtemps l'usage. — Paul cite, en paraissant l'adopter, l opinion de plusieurs jurisconsultes, suivant lesquels le pacte, fût-il conçu *in rem*, ne peut nuire à celui qui n'y a pas été partie ; en effet, tout ce qui a été établi, c'est que chacun pourrait, à lui seul, poursuivre le payement pour le tout. — Nous arrivons maintenant à la partie du texte qui fait naître la difficulté. On y voit que Labéon professait, sur la question dont il s'agit, la même doctrine que les autres jurisconsultes cités par Paul, et l'on nous indique en même temps quelle était, selon lui, la raison de décider : « Idem Labeo, nam nec novare alium « posse, quamvis ei recte solvatur. Sic enim et his, qui « in nostra potestate sunt, recte solvi quod crediderint, « licet novare non possint : quod est verum. » Enfin Paul termine ainsi : « Idemque in duobus reis stipulandi dicendum est. » — Le sens le plus naturel de ce passage semble être celui-ci : Labéon est du même avis, et il se fonde sur ce que l'un des *argentarii* n'a pas le pouvoir de nover, bien qu'il ait celui de recevoir le payement. Sa situation, sous ce rapport, peut être comparée à celle des personnes *alieni juris*. Et tout ce qui vient d'être dit s'applique tout aussi bien aux *correi stipulandi*. Paul paraît bien admettre cette doctrine, émise incidemment par Labéon, que l'un des *argentarii socii* n'a pas le droit de nover à lui seul la créance commune, et la phrase finale semble indiquer que, d'après lui, la même doctrine s'applique à celui qui est créancier corréal en vertu d'une stipulation. — Ainsi entendu, le texte est en contradiction formelle avec celui de Venuleius, que nous avons analysé plus haut. Faut-il admettre en effet que les deux jurisconsultes différaient d'opinion sur le point dont il s'agit ? Tel est l'avis de quelques interprètes d'une grande autorité, de Cujas entre autres. A leurs yeux il existe entre les deux lois une antinomie qu'il est impossible de faire disparaître. D'autres, au contraire, ont pensé qu'on pouvait les concilier. Nous allons résumer brièvement les diverses explications qui ont été proposées à cet effet.

PREMIER SYSTÈME. — Il faut distinguer suivant qu'il y a, ou non, société entre les *correi*. Au second cas, chacun d'eux a le pouvoir de nover en toute liberté, la créance commune : c'est celui que prévoit la loi 31. Lorsque les *correi* sont associés, ce pouvoir ne leur appartient pas : telle est l'hypothèse à laquelle se réfère la loi 27. On peut ajouter que ce n'est pas là une simple conjecture ; en effet, au commencement de ce dernier texte, il s'agit d'*argentarii socii*, et il est probable que, dans la dernière phrase, Paul n'entend parler également que des *correi* qui sont unis par un lien de société. — Cette explication ne nous paraît pas admissible En effet, le texte de Venuleius, qui est rédigé avec une grande précision, s'exprime en termes absolus, et ne fait aucune distinction. D'ailleurs celle que l'on propose serait fort difficile à justifier. La situation du débiteur ne doit pas dépendre de la nature des rapports qui peuvent exister entre ses créanciers ; aussi, lorsqu'il s'agit de déterminer l'étendue des pouvoirs de chaque *correus*, ne voyons-nous jamais intervenir la distinction dont il s'agit ; elle n'a d'importance qu'au point de vue de la corréalité passive.

DEUXIÈME SYSTÈME. — D'après M. de Savigny, l'assimilation que Paul établit, à la fin du texte, entre le *correus stipulandi* et l'*argentarius* n'a trait qu'au pacte de remise, et non pas à la novation : Voici que le serait la suite des idées : suivant Nératius, etc... l'un des *argentarii* n'a pas le droit de faire, à lui seul, un pacte *de non petendo*. Lebéon est du même avis, et il fonde son opinion sur ce que l'*argentarius*, bien qu'il puisse recevoir le payement, n'a cependant pas le pouvoir de nover.

Maintenant Paul ajoute : la même solution doit être donnée en ce qui concerne le *correus stipulandi*. Cette dernière phrase ne signifie pas que tout ce qui vient d'être dit s'applique au *correus* : elle veut dire seulement que le *correus*, pas plus que l'*argentarius*, ne peut faire un pacte de remise. Mais rien ne prouve qu'aux yeux de Paul l'argument emprunté à la matière de la novation soit applicable au premier comme au second. On a objecté avec raison qu'il était arbitraire de distinguer ainsi entre les diverses parties du texte, et que, suivant toute vraisemblance, la dernière phrase, dans la pensée du jurisconsulte, se référait d'une manière générale à tout ce qui la précède. — Ajoutons que, dans ce système, on est conduit à faire une distinction que rien ne justifie : on ne s'explique guère, en effet, pourquoi le pouvoir de nover serait refusé à l'*argentarius*, tandis qu'il appartiendrait au *correus stipulandi*.

TROISIÈME SYSTÈME. — L'argument emprunté par Paul à Labéon ne consiste nullement en ce que l'un des *argentarii socii* n'aurait pas le droit de nover la créance commune. Cette phrase : « nec alium novare posse, quamvis ci recte solvatur, » a une portée générale : elle signifie que toute personne à qui l'on peut valablement payer n'a pas nécessairement le pouvoir de nover ; c'est la reproduction, en d'autres termes, de cette proposition de la loi 25 que nous avons citée plus haut : « nec ideo novare veterem « obligationem quisquam potest, quod interdum recte ci « solvitur. » Le mot : *alium* désigne, non pas l'un des *argentarii*, mais une personne quelconque ; il est employé dans le sens du pronom *quisquam*. Cela posé, le raisonnement de Labéon est celui-ci. De ce qu'une personne peut recevoir le payement, il n'en résulte pas qu'elle puisse nover, et la preuve, c'est ce que l'on décide à l'é gard des personnes *alieni juris.* A plus forte raison, n'en peut-on pas conclure qu'elle ait le pouvoir de faire un pacte *de non petendo,* car (ceci est évidemment sous-entendu par le jurisconsulte) c'est là un acte qui diffère encore plus du payement que la novation. Ainsi Labéon ne résout nullement la question de savoir si l'un des *argentarii* a le pouvoir de nover, et, par suite, cette question n'est pas tranchée non plus par Paul, en ce qui touche les *correi stipulandi.*

On a reproché à ce système, peut-être avec raison, d'avoir quelque chose de forcé, et de prêter gratuitement au jurisconsulte Labéon un raisonnement qui a pu n'être pas dans sa pensée. — En outre, il est plus naturel de rapporter le mot : *alium,* aux personnes dont il vient d'être question que de lui donner un sens vague et général, comme on le fait dans ce système. Toutefois on reconnaîtra qu'en ce cas c'est plutôt : *alterum* qu'il eût fallu dire. En effet, le jurisconsulte suppose évidemment qu'il n'y a que deux *correi stipulandi,* et précisément il vient de se servir à deux reprises du mot *alter.* Sans doute on trouve le mot *alius* employé quelquefois, alors même que deux personnes seulement sont en jeu, (v. notamment 7, D. *de duob reis* ; 31, pr. D. *de receptis*) ; mais c'est là une irrégularité grammaticale qu'il ne faut pas supposer facilement.

Il est certain qu'aucune des trois explications que nous venons de résumer n'est entièrement satisfaisante. Faut-il donc se borner à constater une antinomie entre les deux lois ? Si la question dont il s'agit était réellement controversée entre les jurisconsultes romains, comment se fait-il que Venuléius soit si affirmatif ? Il faut bien remarquer d'ailleurs que la solution que l'on attribue à Paul constituerait une anomalie, une bizarrerie inexpli-

cable : comment admettre que le *correus*, qui a incontestablement le pouvoir de consommer le droit de créance
en le déduisant en justice, d'en disposer à titre gratuit
par acceptilation, n'ait pas celui de le transformer au
moyen d'une novation? — Il nous paraît donc difficile
d'admettre que Paul ait professé sur la question qui nous
occupe, une opinion contraire à celle de Venuléius. Maintenant, s'il fallait choisir entre les divers systèmes qui,
ont été proposés pour concilier les lois **27**, *de pactis* et
31 *de noval*, nous donnerions la préférence au troisième,
qui malgré les objections qu'il soulève, nous paraît rendre un compte assez satisfaisant du texte de Paul.

§ 6. *Des effets de la novation.*

On sait que la novation consiste à transformer en obligation verbale un engagement dérivant d'une source
quelconque. Toute novation produit donc nécessairement les deux effets suivants : 1· d'une part,
extinction d'une dette antérieure ; 2· d'autre part, création d'une dette nouvelle, au moyen d'une stipulation.
Nous avons peu de chose à dire de ce second effet :
l'obligation qui prend naissance présentera tous les caractères, et sera soumise à toutes les règles propres aux
obligations contractées *verbis*. Ainsi, elle sera sanction-
née par une *conditio*. — Maintenant, la *conditio* est *certi*
ou *incerti*, suivant que l'objet dû se trouve ou non, suffisamment déterminé par les termes mêmes de la stipulation. On connaît la distinction que faisaient, à cet égard,
les jurisconsultes : « Stipulationum quædam certæ sunt,
dit Gaius, quædam incertæ. Certum est, quod ex ipsa
pronunciatione apparet, quid, quale, quantumque sit :
ut ecce aurei decem, fundus Tusculanus, homo Stichus,

tritici Africi optimi modii centum, vini Campani optimi amphoræ centum. —Ubi autem non apparet, quod, quale, quantumque est in stipulatione, incertam esse stipulationem dicendum est. » (74 et 75, pr. D. *de verb. oblig.*). Quelle est celle des deux *conditiones* qui résultera de la novation ? Il faut distinguer. D'abord il est possible que l'objet dû, par sa nature même, ne puisse fournir la matière d'une *stipulatio certa* : c'est ce qui arrivera notamment lorsque la dette aura pour objet un fait, une abstention (75, § 1. D. *eod. l.*) ou un genre (75, § 1. D. *eod. l.*), etc... L'action qui prendra naissance sera alors nécessairement une *conditio incerti*. Supposons, au contraire, que l'obligation novée ait un objet bien déterminé, par exemple : l'esclave Stichus, ou une somme de dix sous d'or. Même dans cette hypothèse, l'action ne sera pas toujours une *conditio incerti*. C'est ce qui arriverait notamment si la promesse *novandi causa* avait lieu au moyen d'une formule telle que celle-ci : « Quod mihi « Seius debet, dare spondes ? Quod ex testamento mihi « debes, dare spondes? » En effet, on ne peut dire, en pareil cas, que « ex ipsa pronunciatione apparet, quid, quale, quantumve debetur. » Les termes dont les parties se sont servies ne permettent pas, par eux-mêmes, de préciser en quoi consiste l'objet dû. La stipulation est donc *incerta*, et l'action qui en résulte est une *condictio incerti.* — Là se borneront nos observations au sujet de l'obligation nouvelle.

Passons à l'autre effet que nous avons signalé en commençant, c'est-à-dire l'extinction de la dette primitive, qui sert de base à la novation. Cette dette est éteinte *ipso jure*, comme si elle elle avait été l'objet d'un payement. C'est là un nouveau trait de ressemblance entre les deux actes. Que la novation ait, au point de vue dont l s'agit, la même vertu que le payement, c'est ce qui résulte d'une foule de textes, notamment du paragraphe des Instilutes relatif à notre matière, et de la loi 2, Cod. *h. t.* Nous n'insisterons donc pas sur ce principe fondamental, qui ne donne lieu à aucune difficulté. Mais il est à propos de rappeler brièvement ici les principales conséquences qui en découlent.

On sait qu'une obligation peut s'étendre soit *ipso jure*, soit *exceptionis ope*. Quand l'extinction a lieu *ipso jure*, l'obligation disparaît d'une façon absolue, en ce sens que si le créancier voulait néanmoins par la suite, se prévaloir de son droit de créance, le défendeur pourrait directement contredire l'*intentio* de l'action exercée contre lui; le juge l'écouterait, bien qu'il n'y eût pas été spécialement autorisé par le magistrat. Lorsque, au contraire, le débiteur n'est libéré qu'*exceptionis ope*, l'obligation n'est pas éteinte à proprement parler; l'*intentio* ne cesse pas d'être vraie; seulement le magistrat, tenant compte de telle ou telle circonstance, qui, à ses yeux, doit faire considérer le débiteur comme libéré, ordonne au juge de prononcer l'absolution, alors même que l'*intentio* se trouverait justifiée, si la circonstance dont il s'agit s'est réellement produite dans l'espèce. C'est ce qui a lieu, par exemple, dans le cas où la dette a été remise par un simple pacte : l'obligation n'en subsiste pas moins *jure civili*, et si le créancier agit en justice, on ne pourra pas dire que l'*intentio* de la formule soit fausse. Mais, sur l'ordre du magistrat, le juge tiendra compte du pacte dont il s'agit, de sorte que le défendeur sera absous, comme si l'obligation n'existait en aucune façon.

Quel intérêt pratique y a-t-il à savoir si un mode d'extinction opère *ipso jure* ou *exceptionis ope?* D'abord (et cela résulte de ce que nous venons de dire), les modes d'extinction *ipso jure* peuvent être invoqués *de plano* devant le juge, sans qu'il en soit aucunement question dans la formule. Au contraire, le débiteur qui veut se prévaloir d'un mode d'extinction *exceptionis ope*, doit avoir soin de le faire mentionner dans la formule ; autrement le juge ne pourrait, en général, en tenir compte. Nous disons : *en général*, car les exceptions, du moins celles qui impliquent un manque de bonne foi de la part du demandeur, sont sous-entendues dans les actions de bonne foi (1). — Au reste, le débiteur qui n'avait pas invoqué en temps utile l'exception qui lui appartenait était assez facilement admis à réparer son omission, du moins lorsque l'exception était *peremptoria*. Il n'en était pas de même quand il s'agissait d'une exception dilatoire, du moins y avait-il doute à ce sujet. Cela tient vraisemblablement à ce que, en pareil cas, le préjudice résultant de l'omission est beaucoup moins grave : en effet, le débiteur n'était protégé que pour un certain temps, et il se trouve à peu près dans la même situation que si le créancier n'avait agi qu'après l'expiration du délai (Gai. IV, — 125). La différence que nous venons de signaler n'existe que sous le système formulaire. Toutefois la distinction offre encore un certain intérêt, même au point de vue de la procédure, dans le dernier état du droit.

En second lieu, lorsqu'une obligation est dissoute *ipso jure*, on peut dire avec certitude qu'elle ne renaîtra

---

(1) Pour les exceptions fondées sur un motif différent, par exemple, les exceptions « *retrésidœ, rei judicatœ,* »(V. Gaius, IV, § 121-122), celle du S.-C. Velléien, la question est controversée.

jamais ; rien ne peut la faire revivre (1). Au contraire, quand l'extinction n'a lieu qu'*exceptionis ope*, elle est plutôt paralysée que détruite : or, la cause d'où dérive son inefficacité peut disparaître, et l'obligation reprend alors toute sa force. Exemple : le créancier fait avec le débiteur un pacte *de non petendo* : il résulte de ce pacte une exception qui rend l'action inefficace. Mais supposons qu'il intervienne ensuite un autre pacte en sens contraire : ce nouveau pacte pourra être invoqué au moyen d'une réplique, et l'effet du premier étant ainsi neutralisé, créancier pourra agir sans entrave. (27, § 2, D. *de pactis.*)

Il y aurait encore à un troisième point de vue intérêt à distinguer les modes d'extinction *ipso jure* de ceux qui n'opèrent qu'*exceptionis ope*. Les premiers, dirait-on, peuvent en général être invoqués par tout intéressé, tandis que le bénéfice des seconds est souvent limité à certaines personnes. Mais il faudrait se garder d'attacher une portée trop grande à cette distinction. Il est des cas, en effet, où l'extinction de l'obligation, bien qu'elle ait lieu *ipso jure*, n'a point l'effet absolu dont nous parlons. Ainsi la confusion est certainement regardée comme un mode d'extinction du droit civil, opérant de plein droit (107, *in fine*, D. *de solut.*), et néanmoins il peut arriver qu'elle ne profite pas à tous les intéressés. Ainsi dans le cas où il y a confusion entre la personne du créancier et celle du fidéjusseur, le débiteur principal n'en reste pas moins obligé. De même, supposons que

(1) Remarquons cependant que lorsque l'extinction résulte de la perte de la chose due, elle n'est pas toujours irrévocable : en effet l'obligation revit, si l'objet reparaît. Mais on pourrait dire qu'en pareil cas l'obligation en réalité, n'est pas éteinte, mais qu'il y a plutôt impossibilité de l'exécuter. « Ut videatur magis obligatio cessare quam extincta esse. » (98, § 8, D. *de solut.*)

l'un des *correi debendi* succède au créancier, ou réciproquement ; l'autre *correus* restera tenu, soit pour le tout, s'il n'y avait pas de société entre lui et son codébiteur, soit pour partie, s'ils étaient associés (71, pr. D. *de fidei.*). — Autre exemple : la *capitis deminutio* qui dissout l'obligation *ipso jure* (Gaius, IV, 38), ne profite cependant qu'à celui qui en est atteint, non aux autres obligés. — Enfin il peut arriver que la perte de la chose due elle même ne profite pas indistinctement à tous les intéressés ; c'est ce qui arriverait dans le cas où, de deux *correi*, l'un aurait été mis en demeure ; en pareil cas, si l'objet périt, l'autre seul est libéré. — A l'inverse, il y a des modes de libération *exceptionis ope* dont l'effet est absolu. Nous nous contenterons de citer celui qui résulte du serment prêté ; en effet, l'exception *jurisjurandi* peut être opposée par toute personne intéressée ; la situation est la même que s'il y avait eu payement *Jusjurandum etiam loco solutionis cedit* (27, D. *de jure jur.*).

Maintenant l'extinction de l'obligation primitive entraîne avec les conséquences suivantes : 1° Si cette obligation était garantie par des sûretés réelles, telles qu'un gage, une hypothèque, la novation les fait disparaître de plein droit. *Novatione legitime facta*, nous dit Paul dans la loi 18, D. *h. t.*, *liberantur hypothecæ et pignus...* Cette extinction du gage, de l'hypothèque, n'est pas, remarquons-le, une conséquence de ce que l'obligation est éteinte *jure civili*. La durée de l'action hypothécaire a été réglée par le droit prétorien, auquel appartient exclusivement l'institution du *pignus*. Or, le préteur avait posé en principe que l'extinction de cette action ne pouvait résulter que du payement, ou d'une autre satisfaction semblable (13, § 4, D. *de pign. et hypoth.*). Si donc cette extinction se produit en cas de novation, c'est à cause de l'analogie qui existe entre cet acte et le payement.

Ce n'est point là, du reste, une conséquence essentielle de la novation ; les parties peuvent convenir que le *pignus* sera maintenu et garantira l'obligation nouvelle. « Novata autem debiti obligatio pignus perimit : nisi « convenit, ut pignus repetatur » (11, § 1, D. *de pign.* *act.*). Cette restriction n'a rien que de parfaitement logique. En effet, si l'hypothèque disparaît en cas de novation, c'est parce que l'on présume que le créancier est satisfait, qu'il a jugé suffisantes les garanties résu'tant pour lui de la nouvelle obligation. Mais il n'y a là qu'une présomption, qui tombe devant une manifestation de volonté contraire. — Il faut noter qu'en pareil cas le rang hypothécaire qui appartenait à l'ancienne créance sera dévolu à celle qui la remplace (3 *pr.* D. *qui pot. in pign.*). On a coutume de faire remarquer que cela n'est vrai qu'autant que le chiffre de la nouvelle dette n'excède pas celui de la dette primitive, que, s'il en est autrement, le rang primitif ne sera conservé que jusqu'à concurrence de ce qui était originairement dû, et l'on invoque en ce sens la loi 12, § 5, *eod. t.* — Cela est incontestable, en effet ; mais il y a, selon nous, dans la manière dont on présente cette observation, une certaine inexactitude. En effet, dans notre opinion, le montant de la dette contractée *novandi causa* ne peut être supérieur à celui de l'obligation novée, car il est évident que, pour l'excédant, l'identité d'objet ferait défaut. Donc, pour tout ce qui excéderait le *quantum* de l'obligation primitive, il n'y a point de novation, et la créance, dans cette mesure, ne se rattachant à aucun lien de droit préexistant. il va de soi qu'elle ne puisse être garantie par une hypothèque remontant à une date antérieure, au préjudice des créanciers intermédiaires. C'est ainsi qu'il faut entendre la loi 12, § 5. L'analyse de ce texte n'offre aucune difficulté : un débiteur a deux créanciers, Primus et Secundus, auxquels il a successivement constitué hypothèque sur le même bien ; supposons qu'il doive 100 à Primus, 60 à Secundus. Postérieurement, Primus nove sa créance, et en même temps il devient, par suite d'un prêt, créancier du même débiteur pour une nouvelle somme de 40 ; (peut-être les 100 qui formaient le montant de l'obligation primitive et les 40 prêtés après coup sont-ils compris dans une même stipulation). Ajoutons que Primus se réserve son hypothèque primitive, tout en recevant de nouvelles sûretés réelles. Telle est l'hypothèse que suppose Papinien. Que va-t-il arriver? *In suum locum eum succedere*, nous dit le texte ; c'est-à-dire que la créance nouvelle de Primus est garantie par la même hypothèque, et au même rang que l'ancienne. Mais cela n'est vrai que pour ce qui était dû primitivement ; si donc Secundus, n'usant pas du *jus offerendi*, Primus fait vendre la chose hypothéquée, il pourra bien prélever sur le prix les 100 dont il était créancier dans le principe, mais non les 50 qu'il a prêtés plus tard ; tout ce qui excédera les 100 dans le produit de la vente, il en devra compte à Secundus.

La réserve dont il s'agit n'offre aucune difficulté, lorsque le débiteur qui a consenti l'hypothèque n'est pas changé. Mais on s'est demandé si elle pouvait avoir lieu même dans le cas où la novation est faite avec un tiers. En pareil cas, les sûretés réelles que le débiteur primitif avait consenties sur ses biens peuvent-elles être rattachées, sans le consentement de celui-ci, à la dette nouvelle? Cujas, et après lui, Pothier, ont résolu négativement cette question, en se fondant sur la loi 30, D. *h. t.* Si l'on adopte cette opinion, il faut décider également que, lorsque la chose hypothéquée est entre les mains d'un tiers détenteur, le consentement de ce tiers est indispensable pour que le *pignus* puisse être réservé; et, en effet, Pothier enseigne, d'une manière générale, que « cette translation des hypothèques de l'ancienne créance à la nouvelle ne peut se faire qu'avec le consentement de la personne à qui les choses hypothéquées appartiennent. » (*Traité des Obl.* n. 599). Cette doctrine semble avoir été adoptée par notre Code civil; du moins l'art. 1280 en fait-il l'application, dans l'hypothèse où il y a plusieurs codébiteurs solidaires, et où la novation n'a lieu qu'avec l'un d entre eux. — Mais l'opinion de Pothier repose sur une fausse interprétation de la loi 30. Dans l'hypothèse que suppose ce texte, la novation a eu lieu sans aucune réserve, de telle sorte que le créancier est censé avoir renoncé d'une manière générale à tout ce qui touchait à l'ancienne obligation : « ita ut a prima obligatione in universum discederetur. » Puis, par une convention postérieure, les parties ont voulu réparer leur omission, et stipuler la conservation des hypothèques existant sur les biens du premier débiteur. Voilà ce qui ne peut avoir lieu sans le consentement de ce débiteur, et on le conçoit sans peine : en effet, les hypothèques s'étant évanouies de plein droit, en même temps que la dette qu'elles garantissaient, il est évident qu'elles ne peuvent revivre: tout ce qu'on peut faire, c'est en constituer de nouvelles, et, pour cela, l'assentiment du débiteur primitif est indispensable, parceque la constitution d'hypothèque n'est valable que si elle émane du propriétaire de la chose hypothéquée. Mais on ne voit pas pourquoi on ne pourrait convenir, au moment où la novation s'opère, que le *pignus* subsistera. En quoi cela nuirait-il?

au débiteur primitif? La novation, même accompagnée de la réserve dont il s'agit, ne peut qu'améliorer sa condition, et elle a du moins pour effet de le libérer de l'action personnelle dont il était tenu. Maintenant, il faut le reconnaître, la situation n'est plus tout-à-fait la même, quand la chose hypothéquée est entre les mains d'un tiers détenteur : ce tiers peut avoir intérêt, jusqu'à un certain point, à ce que l'assiette de l'obligation ne soit pas changée : cela est vrai surtout quand la novation a lieu par changement de débiteur, car peut-être le nouvel obligé ne présentera-t-il pas les mêmes garanties de solvabilité que l'ancien. Quoi qu'il en soit, la question n'est nullement tranchée par la loi 30. Elle ne l'est pas non plus, suivant nous, quoiqu'on l'ait soutenu, par la loi un., Cod. *etiam ob chir.* ; et, en l'absence de textes probants, nous pensons qu'en droit romain la réserve du *pignus* était possible, bien que la chose hypothéquée n'appartînt pas au promettant lui-même.

2· Si un privilége était attaché à la créance primitive, cette garantie disparaît avec elle, et la stipulation *novandi causa* n'engendre qu'une simple créance chirographaire. C'est ce que Paul dit en particulier des priviléges accordés à la femme pour la restitution de sa dot, au pupille contre son tuteur 29 (D. *h. t.*) A l'époque classique, la femme et le pupille n'avaient pas d'autre prérogative que celle de se faire payer ainsi préférablement aux créanciers chirographaires. Mais plus tard, ceurs droits furent sauvegardés d'une manière plus efficace. Quant au pupille, il jouit d'assez bonne heure d'une hypothèque tacite sur les biens de son tuteur. On a même prétendu que cette hypothèque existait déjà du temps des jurisconsultes ; mais l'opinion générale en attribue l'établissement à Constantin (20, Cod. *de adm.*

tut.). La même garantie fut accordée à la femme, en l'an 530, par Justinien (I. un. C. *de rei uxor. actione*). Cet empereur alla même plus loin, et décida, l'année suivante, que l'hypothèque dont il s'agit serait privilégiée (12, Cod. *Qui potior in pign*). — Dans la loi 29, on suppose que la novation d'où résulte la perte du privilége intervient après le divorce, ou après que le pupille a atteint la puberté. En effet, tout acte qui aboutirait à compromettre son droit à la restitution de la dot est interdit à la femme pendant le mariage. Nous savons également que le pupille ne peut, au moyen d'une novation, rendre sa condition pire, ce qui aurait évidemment lieu dans le cas dont il s'agit. La solution de la loi 29 s'applique d'ailleurs bien entendu à toute espèce de priviléges. Il faut admettre sans difficulté que, comme l'hypothèque, le privilége qui garantissait la première créance peut être rattaché à la seconde. Remarquons enfin que notre texte est un de ceux que les rédacteurs du Digeste ont remaniés, pour les mettre d'accord avec l'innovation de Justinien. En effet, ces mots : *si id specialiter actum est* ont dû, comme dans les autres fragments où on les rencontre, être ajoutés après coup.

3· Les débiteurs accessoires qui avaient accédé à l'obligation primitive sont libérés de plein droit, en cas de novation. Il en est ainsi, quelle que soit la forme dans laquelle le cautionnement est intervenu, qu'il s'agisse d'une fidéjussion, d'un *mandatum credendæ pecuniæ* ou d'un *constitutum alieni debiti* (60, 71 *pr.* D. *de fidej* ; 4, Cod. *eod. tit.*). La garantie résultant du cautionnement peut passer de la dette primitive à la dette nouvelle. Mais, pour que ce transport s'effectue, le consentement de la caution est nécessaire : il faut que celle-ci vienne accéder à l'obligation contractée *novandi causa* (4, *in fine*, Cod. *de fidej.*) Nous avons déjà eu l'occasion de constater que la novation faite avec l'un des débiteurs solidaires a pour effet de libérer tous les autres. (**V.** *supra*, **p. 71.**)

4· Si la créance primitive produisait des intérêts, ces intérêts cessent de courir à partir de la novation (19, D. *h. t.*). Nous trouvons une application de cette règle dans la loi 27. Papinien, dans ce texte, suppose que l'acheteur doit les intérêts de son prix : il faut admettre pour cela, soit qu'il a été mis en possession de la chose vendue (*Pauli sent.* II, 17, 9), soit qu'il les a spécialement promis (5, Cod. *de pactis inter empt.*). Cela posé, il se laisse déléguer à un tiers ; à partir de la novation, nous dit le jurisconsulte, les intérêts cessent de courir. En effet, à qui pourraient-ils être dus? Ce n'est pas au vendeur, dont la créance est éteinte. Quant à celle du délégataire, c'est une créance nouvelle résultant d'un contrat verbal, et pour que les intérêts en fussent dus, il faudrait qu'ils eussent été stipulés expressément, ce que l'on ne suppose pas dans l espèce.

Maintenant, Papinien ne s'explique pas relativement aux intérêts qui ont couru antérieurement, et qui n'auraient pas été payés. Il est clair que ces intérêts restent dus malgré la novation. Mais qui en est créancier? Est-ce le vendeur ou le délégataire? C'est là, croyons-nous, une question de fait qui doit être résolue suivant les circonstances. On peut cependant à cet égard poser quelques principes. D'abord, il ne faut jamais supposer facilement l'abandon d'un droit; dans le doute, le vendeur devra donc être présumé s'être réservé le bénéfice des intérêts échus. Mais la forme dans laquelle aura été conçue la stipulation pourra fournir les inductions sur ce point. Ainsi, lorsqu'on aura employé une formule générale, comme celle que suppose la loi 27, il est naturel de penser que les parties ont entendu comprendre dans la novation tout ce qui pouvait être réclamé par l'action *venditi*, et, par conséquent, les intérêts encore dus. C'est au contraire la présomption inverse qui devrait prévaloir, si la stipulation avait eu lieu dans des termes plus restrictifs, tels que ceux-ci : *Centum quæ ex vendito debes, eadem mihi dare spondes?* (Comp. 4, § 1, D. *de usuris*). Mais encore une fois, c'est toujours l'intention des parties qui devra l'emporter : la forme employée fournit seulement un indice propre à révéler cette intention.

5° La novation fait disparaître la clause pénale qui garantissait l'exécution de l'obligation. Ainsi supposons que je vous aie promis dix à titre de peine, pour le cas où je ne m'acquitterais pas de ma dette en temps utile. Cette dette est ensuite l'objet d'une novation ; désormais, quoi qu'il arrive, vous ne pourrez réclamer de moi les dix, car l'obligation résultant de la stipulation de peine s'est éteinte en même temps que l'engagement principal. C'est ce que Julien enseigne dans la loi 15, D. *h. t.* On a quelquefois argumenté en sens contraire de la loi 113, D. *de verb. obl.* Ce texte suppose, dit-on, qu'une obligation contractée avec clause pénale est l'objet d'une novation qui a pour but de proroger le terme stipulé. Or, il semble en résulter que la *stipulatio pœnæ* peut être commise malgré cette novation. Nous répondrons que rien ne prouve que, dans l'espèce supposée par cette loi, il y ait eu novation. Nous y voyons simplement qu'un délai plus long a été accordé au débiteur (*protuli diem*) ; or, cette prorogation a pu résulter d'un simple pacte *de non petendo.*

Un autre effet important de la novation, c'est de purger la demeure. 8, pr. D. *h. t.* ; 17, D. *de cond furt.* Cet effet s'explique aisément; le créancier, en renouvelant le contrat au moyen d'une novation, a fait preuve de patience à l'égard du débiteur : il est donc naturel de présumer qu'il a entendu renoncer au bénéfice d'une mesure qui supposait chez lui l'intention d'exiger un payement immédiat.

Une des principales conséquences de la *purgatio moræ*, c'est que les risques cessent d'être à la charge du débiteur. Il faut supposer que la dette avait pour objet un corps certain : la mise en demeure a eu pour effet de rendre le débiteur responsable de la perte de la chose due, alors même qu'elle résulterait d'un cas fortuit. (108, § 11. D. *de leg.* 1· ; 23, D. *de verb. oblig.*). Or la *purgatio moræ* le dégage de cette responsabilité, et reporte les risques sur la tête du créancier ; en un mot, la situation redevient ce qu'elle était avant la mise en demeure. C'est ce qui ressort de la loi 8, pr.

Que faut-il décider en cas de novation conditionnelle ? Les jurisconsultes romains paraissent ne pas avoir été d'accord sur le point de savoir si la stipulation contractée sous condition *novandi causa* avait le même effet que la stipulation pure et simple. Ulpien, dans la loi 14, pr. *h. t.*, cite, en paraissant l'adopter, l'opinion de Marcellus, suivant laquelle la novation conditionnelle purgerait la demeure. Le jurisconsulte commence par poser cette règle que, lorsqu'on promet sous condition ce qui est dû purement et simplement, la novation n'a pas lieu immédiatement, mais seulement à l'arrivée de la condition. En conséquence, ajoute-t-il, si l'esclave promis meurt *pendente conditione*, il ne peut y avoir novation. Nous savons pourquoi il en est ainsi : c'est parce que l'obligation nouvelle ne peut naître faute d'objet. Cela posé, nous arrivons à la partie du texte qui se réfère à notre question: *Unde Marcellus...* Précisons bien l'hypothèse dont il s'agit. Débiteur de l'esclave Stichus, en vertu d'une obligation pure et simple, j'ai été mis en demeure d'exécuter cette obligation. Sur ces entrefaites je promets sous condition le même esclave au même créancier; puis, la condition étant encore en suspens, Stichus périt par cas fortuit. La doctrine que vient d'exposer le jurisconsulte et suivant laquelle la novation ne peut s'accomplir, reçoit-elle son application dans cette hypothèse? telle est la question dont s'occupe la fin du texte. La raison de douter provient de ce que le débiteur n'est pas libéré par la perte de la chose due survenue après sa mise en demeure; à son égard la chose est considérée comme existant encore, et si l'on ne la peut plus réclamer de lui, il en doit du moins la valeur. Dès lors, pourrait-on dire, du moment que la condition s'accomplit, il y a un objet sur lequel peut porter l'obligation contractée *novandi causa*: cet objet, c'est la valeur pécuniaire de la chose due. Pourquoi la novation ne serait-elle pas possible? Marcellus cependant tranche la question en sens contraire, et voici pourquoi: c'est que, à ses yeux, la novation conditionnelle a au moins pour effet de purger la demeure. Il en résulte que la perte de la chose, survenant postérieurement, fait disparaître l'obligation primitive, comme s'il n'y avait pas eu de mise en demeure, et par conséquent la novation ne peut s'accomplir, lors de l'accomplissement de la condition.

Cette doctrine se trouve exposée, avec plus de développement, dans un texte emprunté au même jurisconsulte Marcellus, la loi 72, **D.** *de solut.* Au § 1 de cette loi nous retrouvons exactement l'hypothèse que prévoyait la loi 14, pr. Après l'avoir posée, Marcellus se demande si, la mort de Stichus empêchant la novation de s'opérer, l'esclave peut être réclamé en vertu de l'obligation primitive, et il résout cette question négativement : par cela seul que le débiteur a promis conditionnellement *novandi causa*, il ne peut plus être considéré comme étant en demeure, conformément à cette règle, que celui qui a été mis en demeure par une interpellation à laquelle il n'a pas obéi, se décharge des risques par des offres postérieures. Ainsi Marcellus assimile à des offres faites par le débiteur la promesse conditionnelle *novandi animo*. — Au § 2, le jurisconsulte se demande s'il faut donner la même solution dans le cas où la promesse serait faite par un tiers, à l'insu du débiteur primitif, et il répond affirmativement, toujours en invoquant les principes admis en matière d'offres : la situation est la même que si un tiers avait offert le payement au nom du débiteur, et que le créancier l'eût refusé. — Enfin il fait une troisième application des mêmes idées à l'hypothèse où la novation aurait pour objet l'obligation dérivant d'un *furtum* (§ 3). — N'y a-t-il pas maintenant une restriction à apporter à ces principes ? La promesse *novandi causa* étant assimilée à des offres de payement, ne doit-on pas exiger qu'au moment où cette promesse intervient, le débiteur fût effectivement en mesure d'acquitter son obligation, que la chose due fût à sa disposition ? C'est en effet ce qu'enseigne Marcellus, à propos de l'hypothèse à laquelle se réfère le troisième paragraphe. C'est une conséquence du point de vue auquel se place le jurisconsulte. Mais cette restriction n'avait pas prévalu. Ulpien, en reproduisant l'opinion de Marcellus dans notre loi 14, n'en fait pa mention. Elle est d'ailleurs formellement repoussée pa

Papinien, dans la loi 17, **D.** *de cond. furt.* Et, en effet, qu'importe que la chose due soit présente ou non, du moment que le créancier se contente d'une promesse conditionnelle?

La doctrine de Marcellus, d'Ulpien et de Papinien, si on laisse de côté la restriction admise par le premier de ces jurisconsultes, paraît très raisonnable. Nous avons vu pour quel motif on attribuait à la novation l'effet de purger la demeure. Ces motifs subsistent évidemment, bien que la stipulation soit faite sous condition. Sans doute il n'y a pas novation *hic et nunc*; mais qu'importe? La présomption en vertu de laquelle le créancier est supposé avoir fait remise de la demeure se justifie tout aussi bien en pareil cas. Elle est même d'autant mieux fondée que le créancier, en se contentant d'une promesse conditionnelle, s'est montré moins rigoureux. Cependant l'opinion contraire est consacrée dans un texte de Vénuleius, la loi 31, *h. t.* — Lorsqu'on a stipulé sous condition, nous dit ce texte, ce qui était dû (purement et simplement), il faut, pour que la novation ait lieu, que l'objet de la dette n'ait pas péri. Il en est autrement cependant, lorsque la perte est imputable au débiteur. Par conséquent, si, me devant un esclave, vous êtes en demeure de me le livrer, la mort de cet esclave ne vous libérera pas; et si, avant cet événement, j'ai stipulé de vous le même esclave sous condition, puisque la condition vienne à se réaliser, comme votre obligation est perpétuée, la novation s'accomplira. Ce texte ne prête à aucune équivoque, et il est difficile de ne pas y voir la consécration d'une décision diamétralement opposée à celle de Marcellus et d'Ulpien : si la perte de l'objet dû n'éteint pas l'obligation primitive, et si la novation par suite, est encore possible, c'est évidemment qu'aux yeux de Vénuleius la stipulation conditionnelle *novandi causa* n'a pas eu pour effet de purger la demeure. Sans doute, ce n'est plus l'esclave qui est dû, puisqu'il est décédé, ce sont les dommages-intérêts représentant la valeur de l'esclave ; mais cette modification n'empêche pas la stipulation de produire son effet. L'auteur de la loi 31 s'en tenait sans doute à cette idée que la *purgatio moræ* était une conséquence de la novation effectivement accomplie. — On a vainement essayé de concilier la loi 31 avec les textes que nous avons analysés plus haut. Nous ne nous arrêterons pas aux divers systèmes qui ont été proposés dans ce but : ils ont tous été abandonnés, et c'est un point aujourd'hui bien certain, que la question qui nous occupe était l'objet d'une controverse entre les jurisconsultes.

Un autre texte paraît consacrer la même doctrine que celui de Vénuleius : c'est la loi 56, § 8, D. de *verb. obl.*, que nous avons eu deux fois déjà l'occasion de citer (V. supra).; comme on l'a vu, il faut admettre que, dans l'hypothèse prévue par ce texte la mise en demeure a eu lieu avant la promesse conditionnelle. Cela posé, le jurisconsulte décide que, malgré la mort de l'esclave dû, l'obligation primitive subsiste. Donc la stipulation conditionnelle n'a pas eu pour effet de purger la demeure. Maintenant Julien semble admettre, contrairement à l'opinion de Vénuleius, que la novation ne peut s'accomplir ; en effet, il décide que le débiteur primitif peut être immédiatement poursuivi, et que, malgré l'événement de la condition, l'*expromissor* ne sera pas obligé. On en a conclu que ce jurisconsulte professait, sur les effets de la promesse condititionnelle *novandi causa*, une troisième doctrine, intermédiaire en quelque sorte, entre celle de Marcellus et d'Ulpien et celle de Vénuleius. Cette doctrine, dit-on, se conçoit très-bien : ce qui a été stipulé, ce ne sont pas les dommages-intérêts, c'est l'objet primitivement dû. L'opinion de Julien se justifie d'autant mieux, d'ailleurs, quelle n'a guère d'intérêt que dans le cas où la novation a lieu par changement de débiteur. Or, n'est-il pas raisonnable de supposer que l'*expromissor* n'a pas entendu se charger des conséquences de la demeure encourue par le débiteur primitif? — Pour concilier la loi 58 avec la loi 31, on a proposé d'admettre qu'elle ne statuait pas sur l'hypothèse d'une novation, et, en effet, tout ce qui résulte du texte, c'est que Titius et Seius ont successivement promis le même objet, l un purement et simplement, l'autre sous condition. — Malgré les objections auxquelles cette interprétation a donné lieu, nous la croyons préférable, parce qu'elle seule nous parait conciliable avec la dernière partie du texte.

Enfin, les créanciers du défunt perdent le droit de demander la séparation des patrimoines, lorsqu'ils ont fait novation avec l'héritier (1, § 10, D. *de sep.*) Il en est de même, d'ailleurs, lorsqu'ils ont simplement accepté celui-ci pour débiteur, en recevant de lui une caution, une hypothèque (1, § 11 et 15, D. *cod. t.*)

SECTION II.

De la novation par changement de débiteur ou de créancier.

Nous avons vu, au début de cette étude, que la novation pouvait avoir lieu, soit *inter easdem personas*, soit *interventu novæ personæ*. Jusqu'ici nous avons exposé les règles de la matière d'une manière générale, sans nous attacher spécialement à l'une ou à l'autre de ces applications. Mais, comme nous l'avons dit, la seconde donne naissance à des rapports de droit dont il importe de faire une étude particulière ; tel sera l'objet de cette seconde section.

Il importe, avant tout, de nous fixer sur le sens de deux expressions que l'on rencontre constamment, lorsqu'il s'agit de novation par substitution de personnes, et que nous avons déjà eu l'occasion d'employer. C'est d'abord le mot *expromittere*, qui, par son étymologie même, éveille l'idée d'une promesse faite dans le but de dégager une personne antérieurement tenue. Il s'applique, en effet, à l'hypothèse où la novation a lieu par changement de débiteur. On le trouve employé, soit comme verbe neutre (*expromittere creditori*, — 45, § 4, D. *mandati*), soit plus fréquemment avec un régime direct, comme dans les passages suivants : 22, D. *ad Sc.* *Vell.*; 36, D. *de jure dot.* ; 104, § 1, D. *de leg.* I. etc... — Le substantif *expromissor* désigne la personne qui vient libérer le débiteur, et s'engager à sa place.

La novation par changement de débiteur peut avoir lieu par l'intervention spontanée d'un tiers, sans le concours du débiteur primitif. Mais le plus souvent le nouveau débiteur s'engagera sur l'ordre de l'ancien. Quelquefois on réserve pour la première hypothèse les mots : *expromissor, expromittere.* Cela ne nous paraît pas conforme aux textes, et nous pensons que les termes dont il s'agit s'appliquent indistinctement aux deux cas (V. notamment 10, D. *de pign. act.* ; 8, § 8, D. *ad Sc. Vell.* ; 53, D. *de contr. empt.* : 7, § 8, D. *de dolo malo*, etc...). Bien plus, nous trouvons dans deux passages (20, D. *ad Sc. Maced.* ; 10, § 4, D. *de donat.*) le mot *expromissor* employé dans des cas où la novation a lieu *inter easdem personas.*

Delegare, delegatio sont aussi des termes très fréquemment employés en notre matière ; on trouve même le second rapproché du mot *novatio* dans la rubrique de notre titre, au Digeste. Peut-on regarder ces expressions comme synonimes, ou du moins voir dans la délégation une espèce particulière de novation? Cela ne serait pas exact. Déléguer, c'est, à proprement parler, donner à quelqu'un l'ordre, le mandat de faire une promesse à un tiers ; et l'on pourrait à la rigueur employer cette expression alors même que la promesse n'engendrerait aucune novation. Ainsi supposons que j'aie l'intention de vous donner une certaine somme, et que, de son côté, Titius veuille me faire la même libéralité : au lieu de m'obliger envers vous, et de recevoir l'engagement de Titius, je donnerai mandat à celui-ci d'aller vous promettre la somme dont il s'agit (V. 2, § 2. D. *de donat.*). Nous trouvons ici l'élément constitutif de la délégation et cependant il n'y a pas de novation en pareil cas. Cependant il faut reconnaître que cette expression, dans le langage ordinaire des jurisconsultes, semble affectée à l'hypothèse où la promesse faite en exécution du mandat intervient *novandi causa*. Toujours est-il qu'en bonne analyse la novation et la délégation sont choses fort distinctes : la délégation aboutit à la novation. Ainsi dans l'espace de temps qui s'écoule entre le moment où le mandat a été donné et celui où intervient la stipulation, il y a bien délégation, mais il n'y a pas encore novation : la novation ne s'opérera que lorsque la stipulation aura été faite en vertu du mandat.

Au reste, la délégation, comme on l'a fait remarquer, renferme en réalité un double mandat : d'abord celui dont nous venons de parler, et qui intervient entre le déléguant et le délégué, puis un autre, par lequel le délégnant invite le délégataire à recevoir la promesse du délégué. Bien que les textes ne s'expliquent pas nettement à ce sujet, il convient, en théorie, de distinguer les deux espèces de mandat. Il faut, d'ailleurs, en cette matière appliquer les règles qui régissent le contrat de mandat en général. Ainsi, notamment, la délégation n'est assujettie à aucune forme ; elle résulte du consentement des parties, de quelque manière qu'il se soit manifesté. (17. D. *h. t.*)

Voyons maintenant dans quelles hypothèses il peut y avoir délégation. Il en est deux principales : 1° Créancier de Titius, je lui donne l'ordre d'aller vous promettre ce qu'il me doit. Si cet ordre est executé, Titius cessera d'être mon débiteur, pour devenir le vôtre : il y aura novation par changement de créancier. 2° Je suis débiteur de Titius, et je vous donne mandat d'aller lui promettre ce que je lui dois. Supposons ce mandat accompli : il y aura novation par changement de débiteur. L'expression *delegare* est employée le plus souvent dans les textes à propos de cette seconde hypothèse ; mais elle s'applique aussi quelquefois à la première (V. notamment 4, D. h. t)et, en effet, nous rencontrons dans l'une et dans l'autre ce mandat, cet ordre de promettre à un tiers, qui caractérise la délégation. — Maintenant les hypothèses que nous venons d'indiquer peuvent se combiner. Ainsi Seius vous doit une somme de cent, et Titius est son débiteur de pareille somme ; Seius donne mandat à Titius de vous promettre cette somme. Titius exécute ce mandat : qu'en résultera-t-il ? Le but qu'on a voulu atteindre a pu être d'éteindre d'un même coup et la dette de Seius envers vous et celle dont Titius était tenu envers Seius. En pareil cas, une seule délégation aboutira à une double novation, l'une par changement de créancier, l'autre par changement de débiteur. Mais il est possible aussi que les parties n'aient entendu faire qu'une seule novation, soit par changement de créancier, soit par changement de débiteur. Au premier cas, Scius resterait *ipso jure* tenu envers vous; il ne pourrait repousser votre demande que par voie de compensation. Au second cas, ce serait la dette de Titius envers Scius qui ne serait éteinte qu'*exceptionis ope*... Tout dépend, croyons-nous, de l'intention des parties.

Il est facile, d'ailleurs, de supposer d'autres hypothèses plus ou moins compliquées. Ainsi la délégation pourra aboutir à une seule novation, opérant à la fois changement de créancier ou de débiteur. C'est ce qui arrivera, par exemple, dans l'hypothèse suivante : je délègue à mon créancier Titius un tiers qui veut bien se charger de ma dette ; Titius accepte cet arrangement ; mais, sur sa demande, au lieu de promettre à Titius, ce tiers s'engage envers une autre personne à qui Titius veut faire une libéralité (12, D. *h. t.*). Remarquons, au sujet de ce dernier texte qu'il ne nous donne pas, à vrai dire, une définition de la délégation, il se borne à citer deux hypothèses dans lesquelles elle a lieu, celle où le débiteur fournit un tiers qui s'oblige à sa place, et celle plus compliquée dont nous venons de parler ; mais on n'y trouve aucune indication sur la nature juridique de cet acte.

Nous ne pouvions nous occuper de la novation par substitution de personnes sans avoir présenté ces observations préliminaires sur le rôle qui appartient en cette matière à la délégation. — Dans un premier paragraphe, nous nous occuperons de la novation par changement de débiteur ; dans un second, de la novation par changement de créancier ; enfin, dans un troisième, de la garantie en matière de novation.

—De la novation par changement de débiteur.

Cette première hypothèse ne nous arrêtera pas long-temps. Nous savons que le tiers qui vient s'engager à la place d'un autre prend le nom d'*expromissor*. On trouve dans les textes une autre expression que l'on peut rapprocher de celle-ci : c'est celle d'*adpromissor* (V. 64, § 4, D. *sol. matr.*; 5, § 2, D. *de verb. oblig.* ; 43, D. *de solut.*). Elle désigne celui qui s'oblige pour garantir l'obligation contractée par une autre personne. L'*adpromissio* et l'*expromissio* supposent nécessairement toutes deux l'existence d'un autre engagement à l'occasion duquel elles interviennent. Voici en quoi elles diffèrent : en cas d'*adpromissio*, les deux obligations sont concomitantes, elles sont, au contraire, successives, lorsqu'il y a *expromissio*. L'*adpromissor*, qu'il s'agisse d'un *sponsor*, d'un *fidepromissor* ou d'un fidéjusseur, est toujours tenu accessoirement ; du moment que la dette qu'il garantit disparaît, il cesse d'être obligé. L'*expromissor*, au contraire, est un débiteur principal, et son obligation ne prend naissance qu'à l'instant où s'éteint l'autre obligation. On peut cependant signaler des traits communs entre l'*adpromissio* et l'*expromissio*. Ainsi, dans les deux cas, l'obligation naît d'une stipulation. En outre, si l'*adpromissio* a nécessairement le même objet que la dette principale, de même l'*expromissor* ne peut, dans notre opinion du moins, devoir autre chose que le débiteur dont il prend la place.

Il est bien évident que l'*expromissio* ne peut avoir lieu sans le consentement du créancier. Mais celui du débiteur primitif n'est pas nécessaire : l'*expromissio* peut s'opérer à son insu, même contre sa volonté (8, § 5, D.

h. t.). C'est encore là un point de ressemblance entre le payement et la novation. On sait, en effet, que « solvere « pro ignorante et invito cuique licet » (53, D. *de solut.*). Gaius explique la règle par ce motif, qui s'applique à la fois à la novation et au payement : « Cum sit jure civili « constitutum, licere etiam ignorantis invitique melio- « rem conditionem facere. » Mais le plus souvent, comme on l'a dit plus haut, l'*expromissio* est le résultat d'un mandat conféré à l'*expromissor* par le débiteur primitif ; c'est une des hypothèses dans lesquelles il y a délégation. Dans cette dernière hypothèse, si l'on excepte le cas où il aurait agi *donandi animo*, le nouveau débiteur pourra, au moyen de l'action *mandati contraria*, se faire tenir compte par le déléguant de ce qu'il aura déboursé par suite de la dette qu'il a prise à sa charge.

Que si, au contraire, l'*expromissor* s'est engagé *proprio motu*, quelle voie de recours aura t-il ? D'abord, s'il a agi *sciente debitore*, ce cas se confond avec celui où il y a délégation, car lorsqu'un tiers intervient dans nos affaires à notre connaissance, et sans que nous nous y opposions, il est censé agir en vertu d'un mandat. (60, D. *de reg. juris*; 6, § 2, D. *mandati*). — Lorsque l'*expromissor* aura agi à l'insu du débiteur primitif, il aura l'action *negotiorum gestorum contraria.* — Enfin que faudrait-il décider s'il avait agi contre la volonté du débiteur ? Aucun recours ne lui serait accordé : on sait, en effet, que celui qui s'ingère dans les affaires de quelqu'un malgré sa défense ne peut se faire indemniser des pertes que lui cause cette gestion. Telle est la doctrine consacrée par Justinien (24, Cod. *de neg. gest.*). Elle n'était pas admise par tous les jurisconsultes (v. 40, D. *Mandati*) ; mais c'était sans doute celle qui prévalait (40 ; 43. D. *Mandati,* ; 8, § 3, D. *de neg gest.*).

L'expromissio est comprise au nombre des actes qui
constituent une *l'intercessio*. — Suivant la distinction
imaginée par les commentateurs, *intercessio* est cumulative ou privative ; cumulative, lorsque la charge qui
en résulte vient s'ajouter à l'obligation de la personne
pour laquelle on intercède ; — privative, lorsque l'engagement que l'on contracte remplace une autre obligation,
ce qui a lieu dans deux hypothèses distinctes : 1· quand
on vient se charger de la dette qu'un tiers était sur le
point de contracter ; 2· en cas d'*expromissio*.

La détermination des actes qui constituent une *intercessio* a de l'importance surtout à cause de la prohibition édictée par le sénatus consulte Velléien. Il résulte
de cette prohibition qu'une femme ne peut se porter *expromissor*, soit de son propre mouvement, soit sur la délégation d'autrui. (V. notamment 8, § 8 D. *ad sc. Vell* ;
4 Cod. *eod. t.*). — Quelle est la sanction de cette règle ?
On sait que le sénatus-consulte Velléien n'a pas prononcé la nullité des actes qu'il prohibait ; il s'est contenté
d'accorder à la femme une exception pour le cas où elle
serait poursuivie, exception qu'elle peut invoquer même
après avoir été condamnée, pour repousser l'action *judicati*. (11. D. *ad Sc.* .) *Maced.* Au reste, la femme, en pareil cas, n'est même pas tenue naturellement ; elle peut
donc répéter ce qu'elle a payé (40, pr. *de cond. indeb.*).
Tout cela s'applique à l'*expromissio*. Seulement, comme
la situation du créancier serait particulièrement mauvaise, puisqu'il aurait perdu son action sans en acquérir
une nouvelle, on lui permet d'exercer ses droits primitifs,
comme si l'*expromissio* n'avait pas eu lieu. L'action qu'il
intente est alors qualifiée d'*actio restitutoria* ou *rescissoria*,
Il n'est pas obligé, pour agir, d'attendre que la femme
ait invoqué son bénéfice. Ainsi la loi 13, § 2, D. *ad Sc.*

Vell., supposant que la femme s'est obligée à terme ou sous condition, décide que le débiteur primitif peut dès à présent être poursuivi par l'action restitutoire. Remarquons que, dans la seconde des hypothèses que prévoit ce texte, on ne saurait dire, tant que la condition est en suspens, si la restitution est ou non nécessaire : si la condition s'accomplit, l'obligation de la femme prend naissance, et l'action primitive, étant éteinte *ipso jure*, ne peut être exercée qu'à la faveur d'une restitution. Fait-elle défaut, la première dette n'est pas novée, et l'action qui la garantit est ouverte *de plano*. Toujours est-il que l'ancien débiteur est tenu à tout événement ; rien ne s'oppose donc à ce qu'il soit dès à présent poursuivi.

Au reste, l'*expromissio* ne tombe pas dans tous les cas sous l'application du sénatus-consulte Velléien : il faut, pour cela, qu'il en résulte une charge pour le patrimoine de la femme, que celle-ci soit exposée à une perte quelconque. Dans le cas contraire, on ne peut, en réalité, dire qu'il y a *intercessio*. C'est ce qui arrive notamment lorsque la femme est elle-même débitrice de celui pour qui elle s'oblige : en se portant *expromissor*, elle se décharge de cette dette, soit *ipso jure*, soit au moins *exceptionis ope*; elle ne s'impose donc, en pareil cas, aucun sacrifice dans l'intérêt d'autrui. C'est ce qui résulte de la loi 17, pr. D. *ad sc. Vell.* On suppose, dans ce texte, qu'un mari, voulant faire une donation à sa femme, lui a vendu quelque chose à vil prix, et l'a déléguée à son propre créancier. La vente, dit le jurisconsulte, est non avenue (1), la femme n'est pas obligée *ex emplo*. Or qu'en

____

(1) C'est une application de la règle qui prohibe les donations entre époux. Entre étrangers, la vente faite à vil prix, « *donandi animo* » n'en est pas moins considérée comme une vente véritable.

résulte-t-il ? C'est qu'elle pourra opposer l'exception du sénatus-consulte au délégataire. Mais il ressort *a contrario* du texte que, si la femme était devenue débitrice du mari, la délégation aurait produit son effet. De même, la femme ne pourrait pas invoquer le sénatus-consulte, si elle avait reçu de l'ancien débiteur ce qu'elle est tenue de payer par suite de l'*expromissio*. (16 pr. D. *eod. t.*). Cela se comprend très-bien : « neque « enim periclitari, dit ce texte, ne eam pecuniam perdat, « cum eam jam habeat. » Il en faudrait dire autant, et *a fortiori*, si la femme avait été indemnisée d'avance, avant de s'être portée *expromissor*. En pareil cas, il n'y a pas intercession, la femme s'oblige en vertu du mandat qu'elle est tenue d'exécuter ; elle agit plutôt pour son propre compte (*in rem suam*) que dans l'intérêt d'autrui. (22, D. *eod. t.*).

§ 2. *De la novation par changement de créancier.*

La novation par changement de créancier ne peut avoir lieu sans le consentement du créancier primitif : il va de soi, en effet, qu'une promesse faite à un tiers, sans sa participation, ne peut le dépouiller de son droit de créance.

Ainsi, la novation par changement de créancier se produit toujours à la suite d'une délégation. Il faut ajouter que, à la différence de l'*expromissio*, la novation

---

Il en est autrement lorsqu'elle a lieu entre mari et femme. (3, D *de contr. empt.*» Cependant cela n'est vrai que lorsque le mari a eu recours a la vente uniquement pour déguiser une donation S'il avait sérieusement l'intention de vendre tout en faisant remise à la femme d'une portion du prix, l'acte tiendrait, et la remise seule serait annulée. (5, § 5, D. *de don. inter. vir. et ux*).

dont il s'agit exige également le consentement du débiteur primitif; car elle s'opère au moyen d'une stipulation, daas laquelle le débiteur joue le rôle de promettant.

Il est presque inutile de remarquer que le fait de déléguer son débiteur à un tiers ne constitue pas un acte d'intercession. Si donc la femme, au lieu de promettre elle-même *intercedendi causa*, délègue son propre débiteur, qui s'engage à sa place, il n'y a là rien de contraire au sénatus-consulte Velléien. La femme, en pareil cas, ne s'impose aucune obligation; elle se dépouille seulement d'un droit de créance qui lui appartient ; c'est comme si elle payait pour autrui (8, § 5, D. *ad sc. Vell.*). Il est également permis à la femme de se laisser déléguer à un tiers par son créancier : cet acte ne met à sa charge aucun engagement nouveau, puisqu'elle ne fait que changer de créancier; et peu importe qu'elle promette au délégataire lui même ou à quelqu'un autre pour lui (24 pr. D. *ad sc. Vell*). Dans cette dernière hypothèse, l'intercession n'est qu'apparente : il n'y en a pas en réalité, puisque l'obligation contractée par la femme a sa source dans une dette existant antérieurement à sa charge.

La délégation, lorsqu'elle aboutit à une novation par changement de créancier, a beaucoup d'analogie avec un autre acte fort usité, le transport de créance. Les deux institutions ont un but commun ; c'est de procurer à un tiers le bénéfice d'un droit de créance qui nous appartient. Il est donc intéressant de comparer les effets de l'une ci de l'autre.

A l'origine, le but dont nous venons de parler ne pouvait être atteint qu'au moyen d'une délégation. — Les Romains n'ont jamais admis que les obligations pus-

sent être l'objet d'une cession proprement dite, c'est-à-
dire passer de la tête du titulaire sur celle d'une autre
personne. Et en effet, l'obligation est un rapport juridique existant entre deux individus déterminés : substituer
un tiers à l'un d'eux, c'est altérer dans son essence
même la nature du droit, c'est créer un rapport différent.
Pour arriver à substituer un nouveau créancier à l'ancien, il fallait nécessairement recourir à une novation.
C'est ce qu'enseigne Gaius, au § 38 de son second com-
mentaire, passage qui paraît se référer à une époque où
l'on n'avait pas encore trouvé le moyen de remédier à la
rigueur des principes. Le procédé indiqué par Gaius fut
nécessairement le seul en usage, tant qu'il fut impossible
de se faire représenter en justice. Mais on sait que c'est
là une règle propre au système des *legis actiones* et qui ne
lui survécut pas. Sous le système formulaire, il est de
principe qu'on peut plaider *suo nomine aut alieno* (Gai,
IV, 82 ; Inst. IV, 10, pr.) Ce principe ne tarda pas à
fournir un expédient ingénieux, qui permit d'éviter
l'emploi de la novation. Le créancier qui voulait céder
sa créance n'a qu'à donner au cessionnaire mandat
d'exercer son action ; mais il est entendu qu'il conservera
le montant de ce qu'il pourra recouvrer de la sorte. Au
fond, il agit donc dans son propre intérêt, et n'a aucun
compte à rendre ; c'est pourquoi on le désigne sous le
nom de *procurator in rem suam*. Dès lors le titulaire
d'une créance qui voulait en transporter le bénéfice à autrui put employer l'un ou l'autre de ces deux moyens :
1° déléguer son débiteur à un tiers qui stipulera de celui-
ci *novandi causa* ce qu'il doit ; 2° constituer ce tiers
mandataire à l'effet de poursuivre le débiteur (*præstare,
cedere actionem*). C'est cette opération que l'on désigne

sous la dénomination, impropre jusqu'à un certain point, de transport ou cession de créance.

Les deux procédés dont il s'agit diffèrent entre eux à plusieurs points de vue que nous allons énumérer. Presque toutes ces différences résultent de ce que, lorsqu'il y a délégation, l'obligation primitive est éteinte et remplacée par une obligation nouvelle, tandis qu'elle subsiste en cas de cession ; les unes sont de pure forme, les autres tiennent au fond du droit.

1· Le cessionnaire jouit d'une action identique à celle du cédant, ou, pour mieux dire, celle-ci passe entre ses mains. Au contraire, l'action qu'exercera le délégataire peut être fort différente de celle qui appartenait au déléguant ; ce sera toujours une *condictio certi ou incerti*, tandis que l'action qu'elle remplace pouvait être une action de bonne foi.

2· L'*intentio* de la formule délivrée au délégataire es conçue au nom de celui-ci. En cas de cession, la *condemnatio* est bien rédigée au nom du cessionnaire, mais *l'intentio* l'est à celui du cédant (Gai. IV, § 82).

3· A la différence de la délégation, la cession n'exige pas le consentement du débiteur (1, Cod. *h. t.* ; 2 Cod. *de donat.*).

4· La délégation a pour effet d'assurer au délégataire, immédiatement et irrévocablement, le bénéfice de la créance ; la stipulation *novandi causa* une fois contractée, lui seul a qualité pour recevoir le payement, pour agir en justice. La cession est loin de présenter les mêmes avantages. On sait que le cédant reste titulaire de la créance. Sans doute, il est entendu entre les parties que les droits qu'elle confère seront désormais exercés par le cessionnaire ; mais il n'en est pas moins vrai qu'il conserve le droit de poursuite vis à vis du débiteur, et que celui-ci ne pourrait le repousser en invoquant la convention intervenue entre lui et le cessionnaire ; car cette convention est pour lui *res inter alios acta* (3, Cod. *h. t.*; 3, Cod. *mandati*). Le débiteur pourrait aussi payer entre ses mains (4, Cod. *quæ res pign.*). Le cessionnaire, il est vrai, demandera compte au cédant de tout ce qu'il aura perçu par l'effet soit des poursuites qu'il aura exercées, soit d'un payement volontairement effectué (23, § 1, D. *de hered. et act. vend.*). Mais ce recours pourra être inefficace par suite de l'insolvabilité du cédant. Ce n'est qu'après la *litis contestatio* que le droit se trouve irrévocablement fixé sur la tête du cessionnaire. Toutefois les inconvénients résultant de ces principes disparurent en grande partie, lorsqu'on eut attribué à la dénonciation faite au débiteur cédé des effets semblables à ceux de la *litis contestatio*. Il résulte, en effet, de plusieurs constitutions impériales (3, Cod, *h. t.*; 4, Cod. *quæ res pign.*), qu'après cette dénonciation, le débiteur ne peut plus valablement s'acquitter entre les mains du cédant, et, s'il était poursuivi par celui-ci, on lui accorderait sans doute une exception de dol. Ce que nous venons de dire s'applique également, et *a fortiori*, dans l'hypothèse où le débiteur serait intervenu à l'acte de cession.

5° La novation, comme on l'a vu, entraîne de plein droit l'extinction de toutes les sûretés personnelles ou réelles qui garantissaient la dette primitive. Ces sûretés subsistent en cas de cession (6, 23 pr. D. *de hered. et act. vend.*; 5, 8, Cod. *eod.* t.; 7. Cod. *de obl. et act.*). En pratique, la différence est moins considérable qu'on ne pourrait le supposer, les sûretés pouvant être réservées en cas de novation, et transportées à l'obligation nouvelle. Cependant il n'est pas toujours possible de mettre, sous ce rapport, le délégataire dans la même situation que le déléguant. En effet, les fidéjusseurs et autres débiteurs accessoires ne peuvent être engagés malgré eux dans les liens de l'obligation nouvelle ; il faut nécessairement obtenir leur assentiment. — En cas de cession, ils restent obligés de plein droit. On peut ajouter qu'à la différence de la novation, la cession n'arrête pas le cours des intérêts, qu'elle laisse subsister l'obligation éventuelle résultant de la *stipulatio pœnæ*.

6° Si la créance cédée passe au cessionnaire avec tous ses avantages, de même, à l'inverse, les moyens de défense qui la rendaient inefficace entre les mains du cédant, sont également opposables au cessionnaire. Cela est vrai de tous les moyens, quels qu'ils soient, tant de ceux qui opèrent *ipso jure* que de ceux que l'on fait valoir à l'aide d'une exception. Peu importe également que ces moyens soient fondés sur un vice qui a entaché l'obligation à sa naissance, ou sur un fait postérieur entraînant l'extinction de cette obligation, à condition, dans ce dernier cas, que le fait invoqué soit antérieur à la *litis contestatio* ou, (dans le droit plus récent), à la dénonciation. En matière de délégation, les principes sont tout différents. — Nous avons déjà parlé de l'hypothèse où la novation interviendrait au sujet d'une obligation inexistante, soit que cette obligation n'ait jamais existé, soit qu'elle se soit éteinte *ipso jure* (les deux hypothèses se confondent). Sans doute, en pareil cas, il n'y a pas de novation possible, puisque toute novation suppose une obligation antérieure, fournissant la matière d'une stipulation. Mais nous avons constaté que le contrat verbal n'en donnait pas moins naissance à une obligation ; seulement cette obligation ne se rattache à aucune dette antérieure ; elle ne tire sa substance que d'elle-même. Ainsi Titius s'est engagé envers moi, mais son engagement est nul, parce qu'il était en état de démence au moment du contrat ; ou bien, sa dette s'est éteinte par suite d'un payement, d'une acceptilation. Je délègue Titius à Mœvius, qui stipule de lui *novandi animo* ce qu'il est censé me devoir. Il n'y aura pas novation, mais Titius n'en sera pas moins obligé.

Supposons maintenant que, dans la même hypothèse, ma créance contre Titius, au lieu d'être nulle ou étein'e *ipso jure*, soit paralysée par une exception. Il est évident, non-seulement que la stipulation qui interviendra entre Mœvius et Titius engendrera une obligation, mais, en outre, qu'il en résultera une novation. En effet, l'obligation primitive, bien que dépourvue d'efficacité, existait cependant *jure civili*, et cela suffit pour que la novation soit possible. Mais ici se présente une question importante : les exceptions que Titius avait contre moi, déléguant, s'attachent-elles à la nouvelle créance et, seront-elles opposables au délégataire ? Cette question doit, en principe, être résolue négativement. L'obligation contractée par Titius a sa cause dans la stipulation intervenue entre lui et Mœvius ; c'est un engagement nouveau, qui doit être envisagé en lui-même, et indépendamment des faits qui l'ont précédé. Telle est, en effet, la doctrine qui paraît résulter d'un texte de Paul, la loi 19, D. *h. t.* Le motif sur lequel le jurisconsulte fonde sa décision est que le délégataire ne peut être facilement instruit des rapports qui ont existé entre le déléguant et le délégué ; en eût-il même connaissance, il doit se taire à cet égard, *ne curiosus videatur*. Ce sont là des considérations pratiques à joindre au motif théorique que nous avons indiqué.

Remarquons que Paul, après avoir appliqué la doctrine dont il s'agit à l'exception de dol et à celle qui résulte du sénatusconsulte Macédonien, semble l'abandonner en ce qui concerne l'exception du sénatusconsulte Velléien et le bénéfice de l'*in integrum restitutio* accordé au mineur de vingt-cinq ans. Mais ce n'est là qu'une apparence ; en réalité, le jurisconsulte ne s'écarte en aucune façon du principe qu'il a posé. Prenons d'abord la seconde hypothèse. On suppose que le mineur s'est laissé déléguer avant d'avoir atteint l'âge de vingt-cinq ans. Ainsi la seconde promesse est intervenue dans les mêmes conditions que la première, et le mineur opposera au délégataire non pas l'exception qui lui compétait contre le déléguant, mais une exception inhérente à l'obligation nouvelle qu'il a contractée. Aussi Paul fait-il observer que la solution serait différente, si le délégué avait déjà dépassé l'âge de vingt-cinq ans. En pareil cas, il n'a aucun moyen à opposer au délégataire ; car, d'une part, son obligation envers lui n'est entachée d'aucun vice ; d'autre part, l'exception qui paralysait l'action du déléguant ne lui est pas opposable. — La solution donnée par le jurisconsulte s'explique d'une manière analogue en ce qui touche le premier cas Si la femme peut opposer au délégataire l'exception du sénatusconsulte Velléien, comme elle pouvait le faire au déléguant, cela tient à ce que la seconde obligation qu'elle contracte constitue, comme la première, un acte d'intercession ; c'est ce que dit positivement le texte. Il n'y a donc là rien de contraire à cette règle, que les exceptions opposables au déléguant ne sont point données contre le délégataire ; et l'on pourrait en retrouver l'application, même en ce qui touche l'exception du sénatus-consulte Velléien, pour peu que l'on modifiât l'hypothèse prévue par le texte. Supposons que ce soit, non pas la femme elle-même, mais son héritier qui se laisse déléguer à un tiers; il n'y a pas *intercessio* en pareil cas, et l'héritier ne pourra opposer au délégataire l'exception du sénatus-consulte, dont il jouissait vis-à-vis du déléguant (1).

Des deux exceptions auxquelles la loi 19 applique le principe dont nous nous occupons, l'une est, comme on l'a vu, celle du sénatus-consulte Macédonien. Il n'y aurait aucune difficulté, si l'on supposait la délégation intervenue après que le fils de famille est devenu *sui juris* : en pareil cas, il va de soi que l'emprunteur, en se laissant déléguer, perde le bénéfice de l'exception. Mais Paul se place dans l'hypothèse où le délégué était encore en puissance. Ce qui le prouve, c'est la considération sur laquelle s'appuie le jurisconsulte : « quia nihil in ea promissione contra senatusconsultum fit. » Cette réflexion n'aurait point de raison d'être, si le promettant était *sui juris*, car il ne saurait être question alors d'appliquer le sénatus-consulte Macédonien. Or, nous avons vu plus haut que l'emprunteur ne pouvait, tant qu'il était fils de famille, confirmer sa dette au moyen d'une novation. Faut-il admettre que cette règle cessait de s'appliquer dans le cas où le fils de famille, au lieu de promettre au prêteur lui-même, s'engageait envers un tiers sur sa délégation? C'est bien ce qui parait résulter du texte de Paul. Mais cette doctrine est contredite par un autre texte, la loi 7, § 6 et 7, D. *ad sc. Maced.*, empruntée à Ulpien. Au § 6 de cette loi, le jurisconsulte pose ce principe, que l'exception du sénatus-consulte est opposab'e non-seulement à celui qui a prêté, mais encore à ses successeurs. Au § 7, il en fait l'application au cas où, à la suite du prêt, l'emprunteur a, sur la stipula-

____

(1) En effet le bénéfice du S.-C. Velléien passe aux héritiers de la femme (20, Cod. ad. S.-C. Vell.)

tion d'un tiers, promis la somme qu'il venait d'emprunter. Sans aucun doute, il donnerait la même solution, bien que la stipulation ne fût intervenue qu'après un certain temps : le rapport de succession dont il tire argument s'aperçoit mieux encore dans cette hypothèse. Et remarquons la rigueur avec laquelle Ulpien applique sa doctrine. On sait que l'exception du sénatus consulte Macédonien n'est pas opposable au prêteur lorsqu'il a cru contracter avec une personne *sui juris* (en admettant bien entendu, que son erreur soit plausible) (3, pr.; 19, D. *ad sc. Maced*.). Or le jurisconsulte décide que la mauvaise foi de l'un des créanciers les privera l'un et l'autre du bénéfice de l'exception. S'il en est ainsi dans l'hypothèse prévue par le texte, où les deux créances sont indépendantes l'une de l'autre, *a fortiori* en sera-t-il ainsi, lorsque le nouveau créancier prend la place du prêteur. Il faut donc admettre que, dans l'opinion d'Ulpien, le fils de famille pouvait opposer au délégataire l'exception du sénatus-consulte, lorsqu'elle lui compétait contre le déléguant, sans qu'il y eût à distinguer si le délégataire avait ou non connaissance de sa situation. Il nous paraît impossible de concilier notre loi 19 avec le texte dont nous venons de parler, et nous croyons qu'il y avait, sur ce point, dissentiment entre Paul et Ulpien. Le premier s'en tenait à l'application rigoureuse des principes ; le second l'écartait, à cause des inconvénients graves qu'elle présentait dans le cas dont il s'agit ; et sa doctrine paraît plus raisonnable que celle de Paul, qui permet d'éluder facilement les prescriptions du sénatus-consulte : le prêteur trouvera aisément un tiers complaisant pour jouer le rôle de délégataire, et le fils de famille se soustraira difficilement à cette manœuvre. En effet, le jurisconsulte, ainsi que cela résulte de la fin du texte, ne restreint pas sa décision au cas où le délégataire serait de bonne foi.

Il est une autre exception qui, au point de vue qui nous occupe, a donné lieu à quelque embarras : c'est celle qui est connue sous le nom de bénéfice de compétence. Cette exception, d'une nature toute spéciale, a pour effet de restreindre la condamnation au montant des ressources actuelles du défendeur (*in id quod facere potest*). Nous n'hésitons pas à appliquer à cette exception la doctrine consacrée par la loi 19. Il faut reconnaître cependant que les textes ne nous fournissent aucun argument positif. On invoque souvent en ce sens la loi 33, *h. t.*; mais ce texte est évidemment étranger à notre matière. On y suppose, que Titius ayant l'intention de me faire une donation, je le délègue à mon créancier, envers qui il s'engage en effet. Cela posé, Titius, nous dit-on, ne pourra pas opposer à ce créancier le bénéfice de compétence, dont il aurait pu se prévaloir contre moi, en qualité de donateur. Or, remarquons-le, l'engagement contracté par Titius intervient, non pour nover une dette dont il aurait été tenu, mais pour remplacer une obligation qu'il se proposait de contracter envers moi. Titius n'a donc jamais joui contre moi du bénéfice de compétence, puisqu'il n'a jamais été mon débiteur. Dès lors la question de savoir si l'exception opposable à la première action subsiste contre la seconde, ne se présentait pas dans l'espèce, et n'a pu être résolue par le jurisconsulte. — Il faut écarter également la loi 33, D. de *jure dot.*, invoquée quelquefois en sens contraire. Il semble bien résulter de cette loi que celui qui a constitué une dot jouit du bénéfice de compétence, aussi bien contre le mari que contre la femme elle-même. Mais rien n'autorise à penser que l'auteur du texte se soit placé dans l'hypothèse d'unenovation: on ne voit pas, en effet, que le constituant se soit obligé d'abord envers la femme, puis, sur la délégation de celle-ci, envers le mari. Il est plus naturel, au contraire, de supposer que le donateur s'est obligé directement envers le mari. Ainsi entendue, la loi 33 est, comme la précédente, étrangère à la question. Remarquons, d'ailleurs, que la solution qu'elle paraît consacrer ne devait pas être généralement admise : en effet, outre la loi 33, D. *h. t.*, d'autres textes encore, les lois 33, § 3, D. *de donat.*; 41, pr. D., *de re judic.*, la contredisent formellement. D'après ces textes, le donateur qui, au lieu de s'obliger envers la personne qu'il veut gratifier, promet à un tiers sur sa délégation, ne peut opposer à ce tiers le bénéfice de compétence. Remarquons même que la loi 41, *de rejudic*, prévoit précisément l'hypothèse dont il s'agit dans la loi 33, *de jure dot.*, celle où la promesse est faite au mari, sur la délégation de la femme. Des commentateurs, Cujas entre autres, ont essayé de concilier les deux textes. Comme cette question ne rentre pas directement dans le cadre de notre étude, nous nous contenterons de dire que nous croyons préférable l'opinion de M. Pellat (*Textes sur la dot*) , suivant laquelle le jurisconsulte à qui est empruntée la loi 33 aurait professé, sur le point dont il s'agit, une doctrine particulière: il aurait jugé équitable de faire fléchir ici la règle, parceque le mari, bien qu'il ne soit pas donataire, n'en doit pas moins partager la reconnaissance de la femme envers le constituant.

On ne trouve qu'un seul texte qui se réfère directement à la question, et, il faut le reconnaître, il paraît contredire notre doctrine: c'est la loi 32, D. *sc'. "air*. L'hypothèse qu'il prévoit est très simple. Une femme, après avoir divorcé, va se remarier; son premier mari ne lui a pas encore restitué sa dot : elle le délègue à celui qu'elle doit épouser en secondes noces. Cela posé, on décide que le premier mari pourra opposer au second le bénéfice de compétence. On sait que ce bénéfice est accordé au mari, poursuivi par la femme en restitution de la dot (§ 37, Inst. IV, 6) : or, nous voyons ici qu'il continue à jouir de la même faveur contre le créancier qui a pris la place de la femme.—Faut-il conclure de ce texte que la règle générale que nous avons constatée était mise de côté, lorsqu'il s'agissait de l'exception de compétence? C'est ce qu'il est impossible d'admettre, du moins d'une façon générale : rien ne justifierait une telle anomalie. Aussi s'accorde-t-on à reconnaître que le bénéfice de compétence, comme toute autre exception, s'éteint avec la créance dont il restreignait les effets, et que la décision de la loi 32 doit être limitée à l'hypothèse même qu'elle prévoit. Au reste, cette dérogation se justifie aisément : sans doute il paraissait convenable que le second mari usât de quelques égards vis-à-vis du premier, et qu'il ne lui fût pas permis de le poursuivre avec une rigueur interdite à la femme : c'est une décision fondée sur les convenances et l'équité. « Non enim tenetur in plus, dit Pothier, propter honorem pristini matrimonii. » —Cette explication rend du texte dont il s'agit un compte assez satisfaisant. Seulement est-il nécessaire de supposer que l'on a dérogé, pour l'hypothèse spéciale de la loi 32, à ce principe, que le délégué ne conserve point, après la délégation, les exceptions qui lui compétaient auparavant? Ne pourrait-on pas dire que, si le bénéfice de compétence est accordé au premier mari, ce n'est pas *ex persona mulieris*, en vertu d'une transmission qui se serait opérée de l'ancienne action à la nouvelle, mais à raison des rapports mêmes qui existent entre lui et le délégataire? — En résumé, nous n'avons rencontré qu'un seul texte contraire au principe suivant lequel les exceptions opposables au déléguant ne peuvent être invoquées contre le délégataire; c'est la loi 7, § 7, D. *ad Sc. Mac.*, et nous avons vu que cette dérogation se justifiait par des motifs tout particuliers.

Ainsi, en principe, la délégation a pour effet de priver le débiteur des moyens de défense qui lui permettaient de repousser, soit *ipso jure*, soit *exceptionis ope*, l'action primitive. Mais des principes que nous connaissons déjà fournissent le moyen de remédier à un tel résultat, qui souvent serait contraire à l'équité. On se rappelle ce que que nous avons dit de l'hypothèse où la dette que l'on voulait nover n'existait pas. (V. *supra*). Nous avons constaté l'analogie qu'il y a entre cette hypothèse et celle où l'on a payé l'indù, et nous avons vu que le débiteur jouissait en pareil cas, suivant les circonstances, soit d'une exception de dol, soit d'une *condictio incerti*, que l'on pouvait qualifier de *condictio indebiti promissi*. Nous nous trouvons ici dans le même ordre d'idées; seulement l'hypothèse dont il s'agit est moins simple. Dans le passage auquel nous renvoyons, nous supposions que la novation avait eu lieu *inter easdem personas* : ici la question se complique par suite de l'intervention d'un tiers ; en outre, notre examen doit comprendre non-seulement le cas où l'obligation était nulle ou éteinte *ipso jure*, mais encore celui où elle était paralysée par une exception. Au reste, c'est toujours l'analogie des principes sur le payement de l'indù qui doit servir de guide en cette matière.

La première condition pour que la *condictio indebiti* soit ouverte, c'est qu'il y ait eu *solutio indebiti*. Maintenant quand peut-on dire qu'il y a *indebitum*? C'est

1· lorsque l'obligation qu il s'agissait d'acquitter n'exis·
tait pas; 2° lorsque le débiteur, tenu *ipso jure*, était protégé
par une exception perpétuelle. De même, pour qu'un
recours soit ouvert au délégué, il faut qu'il se soit trouvé
dans l'une ou l'autre de ces situations vis-à-vis du déléguant Au contraire, on sait qu'il n'y a pas lieu à répétition, lorsque le débiteur n'était protégé que par une
exceptio temporalis ; de même, le délégué ne pourra se
plaindre, lorsqu'il n'avait contre le déléguant qu'une exception de cette nature. Bien que le *solvens* fût muni d'une
exception perpétuelle, il ne serait pas admis à répéter,
si cette exception laissait subsister à sa charge une obligation naturelle. Cela s'applique notamment à l'exception
du sénatus-consulte Macédonien (40, pr. D. *de cond.
indeb.*). Par analogie, nous dirons que le fils de famille
qui, devenu *sui juris*, s'est laissé déléguer à un tiers,
n'aura aucun recours à exercer.

Une seconde condition pour que la répétition soit admise, c'est que le payement ait été fait par erreur. Ap-
pliquons cette règle à notre matière. Le délégué avait-il
connaissance du moyen de défense qui lui compétait ?
Toute réclamation lui est interdite : il est censé avoir
renoncé à s'en prévaloir. La loi 12, D. *h. t.* fait une application particulière de cette idée au cas où le délégué
jouissait contre le déléguant d'une exception de dol. On
trouve d'ailleurs la règle posée d'une manière générale
dans la loi 24, D. *de cond. indeb.* Alors même que le
débiteur aurait ignoré le moyen de défense qui lui appartenait, il n'aurait aucun recours, s'il s'était laissé déléguer à la suite d'une transaction. (Arg. 1, § 10, *in
fine* D. *quar. rer. actio*). Cela, du reste, est conforme aux
principes admis en matière de payement de l'indû (65
§ 1. D. *de cond. inaeb.*).

9

Supposons que, d'après les principes que nous venons de constater, le délégué ait un recours : contre qui l'exercera-il ? Pour résoudre cette question, il faut examiner à qui la délégation a profité. A-t-elle eu lieu à titre onéreux, ce qui arrive notamment lorsque le délégataire était lui-même créancier du déléguant ? En pareil cas, il est évident que c'est ce dernier qui en profite ; le délégataire, en définitive, n'a reçu que ce qui lui était dû. Cette hypothèse, la plus fréquente sans doute en pratique, est celle que prévoient la plupart des textes, notamment la loi 19, D. *h. t.* C'est alors au déléguant que s'adressera le débiteur (13. D. *h. t.*). La *condictio* dont il est question dans ce texte ne présentera pas toujours les mêmes caractères. Si le délégué agit avant d'avoir été poursuivi, c'est une *condictio incerti* (*condictio indebiti promissi* ou *liberationis*) qu'il intentera. Au contraire, s'il n'agit qu'après avoir payé, ce sera une *condictio certi*. Dans la même hypothèse, il pourrait également exercer l'action *mandati contraria*, car le préjudice que lui fait éprouver le payement est la conséquence du mandat qu'il a reçu du déléguant (1).

Il peut arriver maintenant que ce soit le délégataire qui se trouve enrichi. Il en sera ainsi lorsque l'ancien créancier a fait la délégation, soit pour gratifier le délégataire, soit parce qu'il se croyait son débiteur, alors qu'il ne lui devait rien. Il serait injuste, en pareil cas, que le délégataire bénéficiât de la créance ; le délégué pourra

---

(1) La délégation faite au mari *dotis causa* rentre dans cette première hypothèse : en effet, le mari reçoit la dot non à titre gratuit, mais à titre onéreux. Aussi décide-t-on que le délégué ne peut se prévaloir vis-à-vis de lui de l'inexistence de la dette primitive, ou de l'exception dont il jouissait à l'encontre du déléguant. (9 § 1, D. *de cond. caus. dat.*, 78, § 5, *de jure dot.*)

donc intenter contre lui la *condictio incerti*, pour obtenir sa libération, ou s'il est poursuivi, le repousser par une exception de dol (2, § 3 et 4, D. *de donat.*; 7, § 1, D. *de doli mali* et *met. exc.*).

Il résulte de ce qui précède que, lorsque la délégation procure un bénéfice au délégataire, le délégué peut, dans certains cas, se défendre contre ses poursuites par voie d'exception, comme il pouvait le faire contre celles du déléguant. Mais ce résultat n'autorise pas à dire, d'une manière générale, qu'en cas de délégation à titre gratuit, les exceptions qui paralysaient l'action du déléguant sont opposables au délégataire. Cette formule serait beaucoup trop large, si l'on admet les principes auxquels nous nous sommes attaché. En effet, d'après ces principes, il faut, pour que le délégataire soit repoussé *exceptionis ope*, 1° que le délégué se soit engagé par erreur, 2° que l'exception qui lui compétait fût une exception perpétuelle. Une de ces conditions fait-elle défaut, le délégataire ne peut être repoussé alors même que *certat de lucro captando*. Telle est la doctrine qui nous paraît devoir être admise.

§ 3. *De la garantie à laquelle la novation peut donner lieu.*

La question dont nous avons à traiter dans ce paragraphe consiste à savoir si un recours appartient au créancier, dans le cas où, par suite de l'insolvabilité du débiteur, l'obligation contractée *novandi causa* ne lui procurerait pas tout l'émolument qu'il était en droit d'en attendre. Cette question, on le conçoit, ne peut se présenter dans le cas où la novation a lieu *inter easdem personas*. Même en supposant une novation par substitution de personnes, elle ne se posera pas dans tous les cas ; ainsi, lorsqu'il y a *expromissio*, dans le sens restreint que l'on attribue souvent à cette expression, le débiteur primitif, qui est resté complètement étranger à la novation, ne saurait évidemment, à aucun titre, être responsable de l'insolvabilité de celui qui a pris sa place. Il faut supposer que ce débiteur a été partie dans l'opération, c'est à-dire qu'il y a eu délégation de sa part. C'est dans cette hypothèse que la question peut se présenter. Ainsi Primus, sur l'ordre de Secundus, s'engage envers Tertius ; cette promesse peut avoir pour effet de nover une créance existant au profit soit de Tertius contre Secundus (novation par changement de débiteur), soit de Secundus contre Primus (novation par changement de créancier) ; les deux hypothèses peuvent aussi se rencontrer dans la même espèce. On conçoit que, dans ces divers cas, l'on puisse se demander si Secundus ne répond pas de la solvabilité de Primus. C'est lui, en effet, qui l'a présenté à Tertius, c'est sur son initiative que l'obligation dont il s'agit a été contractée.

Il est certain d'abord que le déléguant n'encourt aucune responsabilité, lorsque la délégation a eu lieu *donandi animo* ; il est de principe, en effet, que le donateur ne doit point de garantie. Il faut donc supposer que la délégation est intervenue à titre onéreux ; le cas le plus ordinaire sera celui où le déléguant était débiteur du délégataire. Même en cette hypothèse, la règle est que le déléguant ne garantit point la solvabilité du délégué. Cela résulte notamment des lois 26, § 2 et 45, § 7, D. *Mandati*, 3 Cod. *de nov.* Des textes nous disent que la situation du délégataire est la même que si, après avoir été payé par le déléguant, il avait, immédiatement après, prêté au délégué ce qu'il vient de recevoir (18, D. *de fidej.* 187. D. *de verb. signif.* ; 21, § 1, D. *de donat.*). — La même règle se retrouve en matière de cession de

créance : le cédant garantit bien au cessionnaire l'existence de la créance, mais il ne répond pas de la solvabilité du débiteur cédé (4 ; 5. D. *de her. et act. vend.*).

Maintenant, par exception, le déléguant supportera les
risques de l'insolvabilité du délégué, lorsqu'ils auront été
mis à sa charge par une clause expresse. Les Institutes citent cette hypothèse parmi celles où le mandat intervient
dans l'intérêt commun du mandant et du mandataire (Inst.,
III, 26, 2). En pareil cas, le délégataire pourra réclamer du
déléguant par l'action *mandati contraria* ce qu'il n'aura
pu obtenir du délégué. (22, § 2; 47, § 7, D. *mandati*).
Il faut ajouter, que dans cette hypothèse même, la garantie ne serait pas due, s'il était prouvé que le délégataire
se trouve en perte par sa faute, parce qu'il n'a pas poursuivi son nouveau débiteur, alors qu'il était encore solvable. C'est ce que remarque Pothier, au n° 604 de son
Traité des obligations, et cela est conforme au principe
énoncé dans la loi 35, D. *de rebus cred.* « Periculum
« nominis ad eum cujus culpa deterius factum probari
« potest pertinet. »

La restriction que nous venons de signaler est-elle la
seule qui doive être admise? Il en est d'abord une autre,
que l'on admettra sans difficulté : si le déléguant s'est
rendu coupable de dol, si, sachant que le délégué n'était
pas solvable, il a employé des manœuvres frauduleuses
pour amener le délégataire à consentir à la délégation, ce
dernier aurait eu tout cas, contre lui, l'action de dol.
Cette action lui compéterait alors même que la délégation
aurait eu lieu à titre gratuit, s'il en est résulté pour lui
un préjudice (arg. 18, §3. D. *de donat*). C'est ce qui est
également admis en matière de cession de créance.

D'après Cujas, la règle qui met les risques à la charge
du délégataire ne s'appliquerait qu'en ce qui touche l'in-

solvabilité future. C'est la doctrine qui a été consacrée par notre code civil (art. 1276). Mais il faut reconnaître que les textes n'autorisent pas une telle distinction : aussi l'opinion de Cujas n'a-t-elle pas prévalu. — En résumé, il faut s'en tenir à cette idée que sauf le cas de dol, et celui d'une réserve expresse, l'insolvabilité, soit actuelle, soit future, du débiteur est supportée par le délégataire.

Il est une question souvent agitée entre les commentateurs, et que l'on rattache ordinairement à la matière dont nous venons de nous occuper : c'est celle de savoir, lorsque la dot a été constituée au moyen d'une délégation faite par la femme au mari, sur qui pèsent les risques de la solvabilité du débiteur. Faut-il, en pareil cas, appliquer la règle générale, ou admettre une exception en faveur du mari ? Mais, si nous ne nous trompons, la question est mal posée. Tout le monde admet que le mari, comme tout autre délégataire, n'a aucun recours à exercer, en cas d'insolvabilité du délégué. Là n'est pas la difficulté. En réalité, voici quel est l'objet de la controverse : il s'agit de savoir si le mari, quel que soit l'émolument que lui a procuré la créance dotale, en devra restituer le montant à la femme sur l'action *rei uxoriæ*. C'est en ce sens que l'on se demande si l'insolvabilité du délégué est ou non à la charge du mari. Or, on voit que la question ainsi posée diffère notablement de celle à laquelle le présent paragraphe est consacré, et comme elle ne touche que fort indirectement à notre matière, nous ne la discuterons pas ici. Nous dirons seulement que, malgré l'argument spécieux que peut fournir en sens contraire la loi 6, D. *de pactis dot.*, nous regardons comme préférable le système qui laisse à la charge de la femme les conséquences de l'insolvabilité du débiteur. Ne serait-il pas injuste, et contraire à l'intention probable des parties, d'obliger le mari à restituer une dot qu'il n'a point reçue? V. les explications présentées à cet égard par M. Pellat (*Textes sur la dot*).

APPENDICE.

On sait que le mot: *litis contestatio* (1), désigne, dans la procédure Romaine, l'instant à partir duquel on peut dire que le procès est engagé. Sous le système formulaire, la *litis contestatio* a lieu au moment où se termine la procédure *in jure*. Bien que la division de l'instance en deux parties distinctes ait disparu, la *litis contestatio* n'en subsiste pas moins dans le système extraordinaire; c'est à cette dernière époque de la procédure Romaine que convient la définition que l'on trouve dans la loi 1, Cod, *de litis cont.* — La *litis contestatio* produit un certain nombre d'effets très remarquables. Il n'entre pas dans le cadre notre sujet d'en faire une étude complète. Mais il en est un que nous ne pouvons passer sous silence, parcequ'il a fourni aux jurisconsultes romains matière à un rapprochement curieux entre la *litis contestatio* et la novation: nous voulons parler de la consommation, de l'extinction du droit qui forme l'objet de la demande en justice. Ce point a surtout été mis en lumière par la découverte des commentaires de Gaius. L'effet dont il s'agit se produit dans tous les cas, en ce sens que le droit déduit *in judicium* ne

____

(1) Les expressions *judicium acceptum, lis inchoata, res in judicium deducta,* que l'on rencontre souven dans les textes, peuvent être considérées comme synonimes de *litis contestatio.*

pourra plus, à l'avenir, être l'objet d'une poursuite judiciaire. Mais il faut distinguer : l'extinction a lieu tantôt *ipso jure*, tantôt *exceptionis ope*. Pour qu'elle opère *ipso jure*, trois conditions doivent se trouver réunies ; il faut : 1° qu'il s'agisse d'un droit de créance, non d'un droit réel ; 2° que la formule de l'action soit conçue *in jus* et non pas *in factum* ; 3° que le *judicium* soit *legitimum* ; . les deux premières conditions fussent-elles remplies, l'extinction ne se produira qu'*exceptionis ope*. S'il s'agit d'un *judicium imperio continens* (Gai. IV. § 104-107). Il résulte de ce qui précède que la *litis contestatio*, lorsqu'elle réunit les conditions que nous venons d'indiquer, constitue un véritable mode d'extinction des obligations ; et c'est, en effet, ce que nous dit positivement Gaius (III, § 180).

Ainsi, comme le paiement, l'acceptilation, la novation, la *litis contestatio* peut avoir pour effet de dissoudre les obligations ; mais c'est surtout avec le dernier de ces modes qu'elle offre une analogie frappante ; c'est ce qui ressort du texte de Gaius que nous venons de citer : on y voit que l'obligation principale est éteinte, et que désormais le débiteur est tenu *ex litis contestatione*. On verra tout à l'heure si cette analogie autorise l'emploi, en pareille matière, du mot novation : toujours est-il que le rapprochement se présente naturellement à l'esprit : aussi en trouve-t-on des traces dans plusieurs textes. On a donc coutume d'établir un parallèle entre les conséquences des deux faits juridiques dont il s'agit. Pour nous conformer à cet usage, rappelons brièvement les divers effets que nous avons vus découler de la novation et demandons-nous s'ils sont également produits par la *litis contestatio*. La question, comme on va le voir, sera, dans la plupart des cas, résolue négativement : l'extinc-

tion qui résulte du *judicium acceptum* est, en effet, loin
d'opérer avec la même énergie que celle qui a lieu par
les modes ordinaires, par la novation notamment ; et il
est facile de s'expliquer cette différence. La novation
est un acte volontaire de la part du créancier ; il n'y
a donc aucune injustice à ce que l'extinction de son
ancienne créance s'opère d'une manière complète ; c'est
à lui à peser les conséquences de l'opération. Il n'en est
pas ainsi, en cas de *litis contestatio* : le créancier agit en
justice parce qu'il y est contraint ; l'extinction a lieu indépendamment de sa volonté ; on conçoit donc que les
effets en soient moins étendus. Cette observation rend
compte de la plupart des différences que l'on va rencontrer.

1° En cas de novation, les sûretés réelles qui garantissaient l'obligation primitive disparaissent de plein
droit ; la *litis contestatio*, au contraire, les laisse subsister. Cela résulte, d'abord pour l'hypothèque, des lois 11,
pr. D. *de pign. act* ; 13, § 4, D. *de pign. et hypoth.* Le
premier de ces textes oppose immédiatement (au § 1), la
solution contraire admise en matière de novation ; et il
donne aussi le motif de la différence : c'est qu'il est impossible de considérer la *litis contestatio* comme pro-
curant au créancier une satisfaction analogue au paiement. On peut ajouter cette autre raison, que la *litis contestatio*, à la différence de la novation, laisse subsister
une obligation naturelle, ce qui suffit pour expliquer le
maintien des hypothèques, et, plus généralement, des
sûretés qui peuvent garantir la créance.

Les privilèges, comme les hypothèques, subsistent après
la *litis contestatio*. Cette nouvelle différence avec la novation est mise en relief par Paul, dans la loi 29, D. *h. t.*
Le jurisconsulte observe qu'en beaucoup de points les

deux actes sont régis par des règles différentes, et, à titre d'exemple, il fait remarquer que la *litis contestatio*, à la différence de la novation, ne fait pas disparaître le privilége qui garantit la répétition de la dot ou l'action de tutelle. Remarquons l'observation par laquelle se termine le texte : l'exercice d'une action ne doit pas empirer notre situation, mais l'améliorer au contraire. La même idée se trouve exprimée dans la loi 87, D. *de reg. juris*. Ainsi non-seulement la *litis contestatio* ne compromet pas les droits du créancier, mais elle peut quelquefois rendre sa condition meilleure ; et Paul cite, à l'appui de cette proposition, ce qui se passe relativement aux actions *quæ tempore vel morte finiri possunt*.

2° La novation a pour effet de libérer les débiteurs accessoires, en même temps que l'obligé principal. Si l'on s'en tenait au principe énoncé par Paul, suivant lequel l'exercice du droit en justice ne doit empirer en aucune façon la situation du créancier, il faudrait dire, au contraire, que la *litis contestatio* engagée avec le débiteur principal laisse subsister l'obligation de la caution, et réciproquement. Cela n'est pas toujours vrai cependant, et nous trouvons, en cette matière, une exception fort remarquable au principe dont il s'agit. En effet, suivant une règle bien connue, le créancier n'a pas la faculté d'agir successivement contre le *reus* et contre le fidéjusseur ; l'instance une fois engagée avec l'un d'eux, l'autre se trouve libéré. C'est ce qui résulte notamment de ce passage de Paul (*Sent.* II, 17) : « Electo reo principali fidejussor liberatur. » Cette libération a lieu soit *ipso jure*, soit *exceptionis ope*, suivant que la *litis contestatio* elle-même opère de plein droit ou qu'elle donne lieu seulement à l'exception *rei in judicium deductæ*. Sans rechercher ici l'explication de cette particularité,

nous nous bornerons à constater que, au point de vue
de l'extinction de la fidéjussion, il n'y a point de différence
entre les effets de la novation et ceux du *judicium accep-
ium*. Il en est de même dans le cas où l'obligation existe
à la charge de plusieurs *correi promittendi*. Mais la différence reparaît, lorsqu'il s'agit d'un cautionnement
résultant d'un *mandatum credendæ pecuniæ* ou d'un
constitut (Paul, *loc. cit.* ; 18, § 3, D. *de pec. constit.*).
Au reste, on sait que Justinien a, au point de vue qui
nous occupe, assimilé les fidéjusseurs aux *mandatores
credendæ pecuniæ* et aux constituants, et qu'il a étendu
la même réforme aux *correi debendi* (28, Cod. *de fidej.
et mandat.*).

3° La novation interrompt le cours des intérêts. Il en
est autrement de la *litis contestatio* ; c'est ce qui résulte de la loi 35, D. *de usuris* : « *Lite contestata
usuræ currunt*. Au premier abord, ce texte ne paraît
pas avoir le sens que nous lui attribuons ; il semble
qu'il faille plutôt le traduire ainsi : la *litis contestatio*
fait courir les intérêts. Mais ce serait là une proposition
inadmissible ; la *litis contestatio* n'a, à ce point de vue,
aucune influence. Ainsi, lorsqu'il s'agit d'une action de
bonne foi, les intérêts sont dus au moins à partir de la
mise en demeure (34, D. *de usuris*), quelquefois plus
tôt (V. notamment fr. Vat. § 2 ; 13, § 20, D. *de act.
empti*). L'action est-elle de droit strict, le demandeur n'y
a jamais droit avant le jugement. Telle est la doctrine
qui résulte des textes (V. en ce sens Gai. II, § 280 ;
1, Cod. *de cond. indeb.*). C'est en ce qui touche la prestation des fruits que la *litis contestatio* peut servir de
point de départ (V. 38, § 7, D. *de usuris*). La loi 35
nous offre la contre partie de la doctrine contenue dans
la loi 18, *in fine*, D. *h. t.*, et, comme on l'a fait remar-

quer, cette intention d'opposer l'une à l'autre les deux solutions ne saurait être douteuse, si l'on considère que les textes dont il s'agit ont été puisés à une source commune : l'*inscriptio* de chacun d'eux porte en effet : Paulus, lib. 57, *ad edictum*.

4· La novation éteint, en même temps que l'obligation primitive, celle qui résulte de la *stipulatio pœnœ*. Il en est autrement de la *litis contestatio* (90, D *de verb. obl.*). Ce texte suppose que l'on a stipulé, à titre d'intérêts moratoires, une certaine somme par chaque mois de retard dans le payement du capital. Peu importe, nous dit-on, que ce capital soit réclamé en justice ; la peine n'en continuera pas moins à être encourue à chaque échéance, tant que la condition négative d'où dépend cette obligation accessoire (*si sors soluta non sit*) se trouvera remplie.

5· La novation purge la demeure ; il est évident que cet effet ne peut être produit par la *litis contestatio*. Par les poursuites qu'il exerce, le créancier manifeste plus énergiquement qu'il ne l'a encore fait, l'intention d'exiger ce qui lui est dû. Loin de renoncer au bénéfice de la demeure, il ne fait qu'accuser celle-ci d'une manière plus positive.

6· Les poursuites exercées contre l'héritier par le créancier du défunt ne privent pas celui-ci du droit de demander la séparation des patrimoines (7. D. *de separat*). En effet, comme le fait remarquer Marcien, auteur de ce texte, il a agi *ex necessitate*, et l'on ne peut en conclure qu'il a définitivement accepté l'héritier pour débiteur. Il en est autrement, comme on l'a vu, lorsqu'il a fait une novation avec cet héritier.

Aux différences qui viennent d'être signalées entre les

effets de la novation et ceux de la *litis conestlatio*, on peut ajouter les suivantes :

7· L'esclave, le fils de famille peuvent, dans certains cas, nover les créances comprises dans leur pécule ; ils ne peuvent jamais les déduire *in judicium* .

8. Dans la loi 76, § 1, D. *de verb. oblig.*, Paul suppose qu'une obligation avait pour objet une suite de prestations périodiques, par exemp'e une rente viagère. Au bout d'un certain temps, le créancier, voulant nover cette obligation, stipule du débiteur, en employant cette formule générale : *Quidquid te dare facere oportet*, et il décide que les arrérages dus à ce moment sont seuls compris dans cette stipulation. Pour qu'elle s'appliquât également aux arrérages futurs, il faudrait que l'on eût ajouté à la formule les mots *oportebit* ou *præsens* in *diemve*... En cas de *litis contestatio*, il n'en est pas ainsi : la créance tout entière, ce qui sera dû comme ce qui l'est déjà, est de plein droit déduit *in judicium* « Non ut in judiciis, etiam futurum, » nous dit le texte. Cela tient à ce que le débiteur était considéré comme n'étant tenu que d'une seule obligation, comprenant l'ensemble des arrérages à échoir. Il n'y a donc qu'une seule action, une *condictio incerti*,et,lorsque le créancier l'exerce, la *litis contestatio* s'applique à son droit tout entier. On connaît, au surplus, les conséquences de cette règle : il est clair que la condamnation ne portera que sur les arrérages déjà dus; mais il n'en est pas moins vrai que le droit tout entier a été consommé, et que le créancier n'a aucun recours pour obtenir ultérieurement le payement des arrérages non encore échus. On pareit à cet inconvénient au moyen de la *præscriptio cujus rei dies fuit*. (Gai. IV, § 131).

Il nous reste à dire quelques mots d'une question à

laquelle nous avons déjà fait allusion, et qui divise les interprètes. Il s'agit de savoir si l'on doit considérer la *litis contestatio* comme opérant une sorte de novation, que on qualifierait de novation nécessaire, par opposition à la novation volontaire, ou s'il faut y voir un mode d'extinction *sui generis*. — En faveur de la première opinion, on fait remarquer que le caractère essentiel de la novation, c'est-à-dire la transformation d'une obligation en une autre, se rencontre ici ; c'est ainsi que les obligations *ex delicto* sont, par l'effet de la *litis contestatio* transformées en obligations *quasi ex contractu* : la preuve, c'est qu'à partir de ce moment, l'action devient transmissible contre les héritiers, et peut être intentée *de peculio*. On invoque le § 263, fr. Vat, où le mot *novavit* est employé pour désigner la *deductio in judicium* aussi bien que la novation volontaire. En outre, la loi 11 § 1, D. *h. t.*, en disant que la délégation se réalise soit par une stipulation, soit par une *litis contestatio*, semble bien impliquer que la novation peut s'opérer par l'un ou l'autre de ces modes. Dans la loi 29, D. *h. t.*, Paul oppose au *judicium acceptum* la *novatio voluntaria* : l'emploi de cette épithète suppose nécessairement que le jurisconsulte considère le *judicium acceptum* comme opérant une novation qui, à la différence de l'autre, n'est pas volontaire. Enfin, on tire argument de la loi 60. D. *de fidej*.

Les partisans de l'opinion contraire se fondent sur ce que l'application du mot novation à l'hypothèse dont il s'agit n'est pas conforme au langage des jurisconsultes ; on ne peut, dit-on, citer en ce sens qu'un seul texte, le § 263, fr. Vat. Quant à la loi 11, § 1, tout ce qu'on doit conclure, c'est que la *litis contestatio* peut servir à

opérer une novation quand les parties l'ont voulu (1) ;
mais il ne s'agit plus alors de cette novation nécessaire
qui, serait une conséquence du *judicium acceptum*,
et qui s'opérerait sans la volonté des parties.

La novation, dit-on encore, telle que les Romains la
concevaient, suppose nécessairement l'*animus novandi*,
élément qui fait absolument défaut ici. On ajoute que
Gaius (III, § 180) présente la *litis contestatio* comme un
mode d'extinction à part, et nullement comme une espèce particulière de novation. — Enfin, on trouve dans
plusieurs textes la novation et le *judicium acceptum* opposés l'un à l'autre, et présentés comme des actes essentiellement distincts.

Tels sont les principaux arguments que l'on fait valoir
dans l'un et l'autre sens Au fond, la question n'offre
guère d'intérêt, car les partisans des deux systèmes sont
d'accord sur les effets qu'il faut reconnaître à la *litis contestatio*, par opposition à ceux que produit la novation.
Il ne faut donc pas attacher à ce débat une trop grande
importance. Quant à nous, nous pensons qu'il y a une
part de vérité dans chacune de ces opinions. Sans doute
le mot *novation* n'était pas habituellement employé par
les jurisconsultes, dans l'hypothèse dont nous nous occupons. Mais l'analogie qui existe entre les deux actes

(1) Cet emploi de l'effet extinctif de la *litis contestatio* est très
remarquable. Lorsque je délègue Titius à mon créancier, le plus
souvent c'est au moyen d'une stipulation que la délégation recevra
son exécution. Mais Titius, au lieu de s'obliger envers mon créancier, pourra, sur mon ordre, se constituer défendeur à l'action intentée par celui-ci. Il s'opérera de la sorte une novation par changement de débiteur, comme s'il y avait eu stipulation. L'intervention de Titius pourra aussi avoir lieu spontanément ; c'est à cette
intervention que se réfère la loi, 23, D. de *solut.*

a pu les amener à se servir quelquefois de cette expression dans un sens plus étendu, pour désigner, à la fois, et la novation, dans le sens ordinaire du mot, et l'extinction résultant du *judicium acceptum* : on en trouve un exemple dans le passage des *fragmenta Vaticana* cité plus haut. En tout cas, l'usage de l'expression : « novation judiciaire » ou « nécessaire, » ne nous paraît présenter aucun inconvénient.

DROIT FRANÇAIS.

DES CONTRE-LETTRES

INTRODUCTION

Définition, Caractères généraux des contre-lettres.

Le mot «contre-lettre,» pris en lui-même, éveille simplement l'idée d'un acte qui en contredit un autre, soit qu'il en anéantisse, soit qu'il en modifie les dispositions. Autrefois, en effet, le mot « lettre » était employé comme synonime d'acte, et plus spécialement d'acte public, comme dans ces expressions : « lettres royaux, lettres de rescision, lettres patentes ». Ainsi encore, on disait : « donner lettre » dans le sens de donner acte (Merlin, Répertoire v° Contre-lettre). Il a, au surplus, cessé d'être employé dans le langage juridique, sauf dans la matière qui nous occupe. Ajoutons que l'on trouve une trace de cette ancienne acception dans l'expression : « preuve littérale », dont se sert le Code, et qui est d'un usage habituel..

Mais peut-on s'en tenir à cette idée, et suffit-il qu'un acte contienne une dérogation plus ou moins grave à un autre acte, pour qu'on puisse le qualifier de contre-lettre? Dans la doctrine et la jurisprudence modernes, il est bien certain que ce mot a un sens plus étroit : on en réserve l'emploi pour le cas où la coexistence des deux actes qui se contredisent est la conséquence d'une simulation concertée entre les parties, où celles-ci ont voulu faire apparaître aux yeux des tiers, du public, des rapports juridiques qui, en réalité, n'existent pas, ou leur présenter plus ou moins altérés ceux qui se sont établis entre elles. A cet effet, elles auront nécessairement recours à deux actes distincts : l'un contiendra les conventions qu'elles veulent paraître avoir contractées ; l'autre démentira, en tout ou en partie, la teneur du premier : ce dernier constituera une contre-lettre. Cela posé, on est logiquement conduit à reconnaître à la contre-lettre les caractères suivants, qui dérivent de sa nature même et du but auquel elle est destinée.

1· Elle suppose nécessairement que l'acte auquel elle se rattache est, au moins dans une certaine mesure, contraire à la vérité : son objet est de corriger les inexactitudes volontaires qui y sont contenues, et de rétablir la réalité des faits.

2· Tandis que l'acte qu'elle contredit est destiné à être produit en public, toutes les fois que l'occasion s'en présentera, la contre-lettre est destinée à demeurer secrète, tant que l'exigeront les circonstances qui ont amené les parties à recourir à un tel détour.

3· La « lettre » et la « contre-lettre » ont été conçues en même temps, dans l'esprit des parties ; elles procèdent l'une et l'autre d'une pensée unique. Il est évident, en effet, que lorsque la dérogation apportée à l'acte principal n'a été convenue que postérieurement à la conclusion de cet acte, on ne peut reprocher aux parties aucun déguisement, aucune simulation. Elles ont passé deux actes successifs, sincères tous deux ; dès lors, le second ne saurait constituer une contre-lettre.

D'après ce qui précède, on peut définir la contre-lettre : un acte destiné à demeurer secret, au moins pendant un certain temps, et qui déroge à un acte ostensible et simulé. La contre-lettre, ainsi envisagée, se distingue nettement de tous les actes qui peuvent intervenir relativement à une convention antérieurement conclue, soit pour l'annuler, soit pour la modifier, soit enfin pour en interpréter les clauses. Ainsi prenons une vente, un bail, ou tout autre contrat. Au bout d'un certain temps, les parties reviennent d'un commun accord sur ce qui a été fait, et conviennent que le contrat dont il s'agit sera non avenu ; ou bien elles stipulent une augmentation ou une diminution du prix originairement fixé, ou enfin décident d'un commun accord que telle ou telle clause de l'acte devra être entendue de telle façon. Des actes de ce genre ne constituent pas des contre-lettres dans le sens propre du mot ; on réserve cette expression pour l'hypothèse que nous avons caractérisée plus haut, où la dérogation s'applique à un acte simulé en tout ou en partie.

Le mot « contre-lettre » a-t-il véritablement le sens précis et restreint que nous lui attribuons? On a remarqué que, dans l'ancien droit, il était quelquefois employé pour désigner des actes qui ne supposent aucune simulation de la part des contractants, de simples changements apportés après coup à une convention sérieuse. C'est ainsi que Domat s'en sert à propos d'un acte par lequel, postérieurement à la vente, l'acheteur fait remise au vendeur de l'obligation de garantie. « Si dans un con- « trat de vente, dit cet auteur (Lois civ. liv. III, tit. 6, « sect. 2, § 4), le vendeur s'oblige à garantir de toutes « évictions, et que, par une contre-lettre, l'acheteur re- « connaisse qu'il consent que le vendeur ne demeure

« garant que de ses faits et promesses, la contrariété de
« ces deux conventions n'aura pas l'effet d'anéantir l'une
« et l'autre ; car on voit que l'intention des parties est
« que le contrat subsiste avec la condition réglée par la
« contre-lettre. » Mais nous ne croyons pas que l'expression dont il s'agit fût généralement employée dans
un sens aussi large. En effet, dans les écrits de nos anciens auteurs, la contre-lettre apparaît le plus souvent
comme un acte qui suppose un mensonge, une fraude :
« Les contre-lettres, dit Denizart, (Rép. v° Contre-lettres,
« n° 2), sont ordinairement défavorables, parce qu'elles
« servent à faciliter le mensonge et le dol ; c'est par leur
« moyen qu'un homme de mauvaise foi parvient à trom-
« per ses créanciers, en leur présentant des biens qu'il
« ne possède pas ou des créances actives qui n'existent
« pas. » De même Ferrières, dans le passage suivant, entend évidemment le mot « contre-lettre » dans le sens que
nous lui donnons aujourd'hui : « Les contre-lettres sont
« vues défavorablement ; c'est un détour concerté entre
« les parties pour retenir d'une main ce qu'on aban-
« donne de l'autre, ou pour mettre à couvert ce qu'on
« appréhende de faire connaître au public ; en un mot,
« c'est une précaution qui souvent rend suspecte la foi
« de ceux qui en usent. » V. aussi la définition qui est
donnée de la contre-lettre dans le Répertoire de Guyot.

Ainsi nous pensons que, même dans l'ancien droit,
le sens habituel du mot *contre-lettre* était celui qui résulte des explications que nous avons données. — Si
maintenant l'on consulte les travaux préparatoires du
Code, on n'y trouvera rien d'où l'on puisse induire avec
certitude la pensée des rédacteurs à ce sujet. On sera
même frappé de la manière vague dont les orateurs s'expriment en général, lorsqu'ils parlent des contre-lettres,

et il semblerait que pour quelques-uns d'entre eux, cette expression eût la signification la plus large. Ainsi, au Conseil d'Etat, Berlier, répondant à M. Duchâtel qui demandait la prohibition absolue des contre-lettres, fait remarquer, à l'appui de l'opinion contraire, « qu'il peut « y avoir des contre-lettres qui n'aient point pour objet « de déguiser la convention primitive, mais d'en fixer le « sens, d'en réparer les omissions (V. Locré, t. XII, « p. 214). » Bigot de Préameneu, dans son exposé des motifs, ne s'exprime pas d'une façon beaucoup plus nette : « Les contractants, dit-il, peuvent révoquer ou « modifier à leur gré leurs obligations. Mais, le plus sou-« vent, lorsqu'ils reviennent ainsi sur leurs engagements, « et surtout lorsque c'est dans le même temps où ils ont « été formés, il y a une intention coupable, celle de « tromper des tierces personnes par un acte qui est, en « apparence, sérieux. Ce n'est pas un motif pour défen-« dre en général et sans distinction les contre-lettres « (V. Locré, t. XII, p. 395). »

Faut-il conclure de ces passages que le législateur entendait par contre-lettres toute espèce d'actes se rattachant à un acte précédent, pour y déroger, ou même simplement pour l'interpréter, alors même qu'ils ne supposeraient aucune simulation de la part des contractants ? Cela est inadmissible. — La question n'a guère d'intérêt, remarquons-le, qu'à raison de la disposition exceptionnelle édictée en faveur des tiers par l'art. 1321, C. civ. Or, le but de la loi, en protégeant ces derniers d'une manière toute spéciale, a dû être nécessairement de venir en aide à une situation particulière, à laquelle il n'était pas pourvu d'une manière suffisante par les dispositions du droit commun. Or, s'il s'agit de dérogations apportées, au bout d'un temps plus ou moins long, à une convention sérieuse, de tels actes ne sont, pas plus que d'autres, de nature à préparer aux tiers des surprises ou des mécomptes, et les règles ordinaires suffisent pour les prémunir contre les conséquences qui pourraient en résulter à leur préjudice. Ce qui constitue|pour eux un danger d'une nature exceptionnelle, c'est la simulation, c'est l'apparence mensongère contre laquelle rien ne les met en garde : car ils ne peuvent soupçonner la fausseté des stipulations contenues dans l'acte ostensible. Il y avait là une source d'abus qu'il fallait tarir, et l'on s'explique, en se plaçant à ce point de vue, la disposition exorbitante de l'art. 1321. Cette disposition détermine ainsi, par elle-même, le sens qu'il faut donner au mot « contre-lettre », sous l'empire du Code civil. C'était d'ailleurs, suivant nous, celui dans lequel il était autrefois le plus habituellement employé. Or, en posant d'une façon absolue ce principe que les contre-lettres ne sont pas opposables aux tiers, et en se montrant ainsi, comme nous le verrons, plus rigoureux que l'ancien droit, le Code a suffisamment manifesté l'intention d'adopter cette signification restreinte, et d'exclure l'acception plus vague et plus compréhensive dans laquelle l'expression dont il s'agit avait pu quelquefois être employée. D'ailleurs, il n'y a point de controverse sur ce point, et les auteurs s'accordent, en général, à reconnaître à la contre-lettre les caractères que nous lui avons assignés. — Il en est toutefois qui s'expriment à cet égard avec moins de précision. Ainsi, d'après MM. Aubry et Rau (t. 6, § 755), le mot « contre-lettre » désignerait « les actes qui « contiennent des modifications ou dérogations à une « convention ou disposition constatée par un acte antérieure, « et qui, le plus souvent, sont destinés à rester secrets. » Ces auteurs, comme on le voit, n'indiquent pas

le véritable caractère des contre-lettres, qui est de démentir un autre acte, d'en prouver la simulation totale ou partielle. — M. Larombière (sur l'art. 1321, n° 1) ne s'exprime pas non plus à ce sujet avec toute la précision désirable : « Les parties, dit-il, peuvent très-valablement,
« dans leurs rapports respectifs, modifier à leur gré,
« par des actes séparés et distincts, les conventions ou
« dispositions qu'elles ont arrêtées entre elles par des
« actes antérieurs. Ces actes, qui contiennent ainsi des
« changements, des dérogations et des modifications par
« rapport aux autres, s'appellent contre-lettres. Destinés
« le plus souvent à demeurer secrets, ils ont pour but et
« pour résultat de modifier plus ou moins profondément
« le caractère, le sens et les effets de l'acte apparent et
« primitif, en établissant entre eux et lui une contradic-
« tion, une opposition plus ou moins marquée. Quelque-
« fois même ils en prononcent formellement l'annula-
« tion, et le déclarent expressément nul et non avenu.

Nous ne croyons pas cependant que ces auteurs, au fond, professent, en notre matière, une opinion contraire à celle qui est généralement reçue, notamment qu'ils aillent jusqu'à appliquer l'art. 1321, à tous les actes'qu'ils paraissent comprendre sous la dénomination de contre-lettres. Si telle était leur manière de voir, nul doute qu'ils n'eussent cherché à la justifier, et à combattre l'opinion commune. D'ailleurs M. Larombière, dans le passage suivant, paraît bien envisager les contre-lettres sous leur véritable aspect : « Si au milieu de la contradiction qui existe entre le témoignage public de l'acte originaire et la pensée secrète révélée par la contre-lettre, cette dernière devait prévaloir, à l'égard et au préjudice des tiers, il n'y aurait pour eux aucune sécurité dans les contrats (sur l'art. 1321, n° 2). » Ce passage rectifie ce que l'auteur vient de dire au n° 1. En somme, les divergences que nons avons signalées sont plus apparentes que réelles, et nous n'insisterons pas davantage sur ce point.

On se demandera maintenant quelle peut être la pensée des contractants, lorsqu'ils emploient un tel détour ; à quoi bon édifier ainsi d'une main et détruire de l'autre? C'est que, dans bien des cas, on peut avoir intérêt à simuler une convention qu'au fond l'on n'entend pas sérieusement conclure, ou à déguiser quelqu'une des stipulations contenues dans un acte : la contre-lettre a pour objet de démentir la teneur de l'acte ostensible, en tant qu'elle est contraire à l'intention des parties, et de constater ainsi leurs véritables intentions. On conçoit que les circonstances dans lesquelles un pareil déguisement peut être utile soient très-variables ; nous devons nous borner à citer quelques exemples. Ainsi il pourra se faire que l'on passe ostensiblement un acte de vente, mais que, dans une contre-lettre, le vendeur déclare faire remise du prix à l'acheteur. Il n'y a pas autre chose en pareil cas qu'une donation simulée, et l'on comprend très bien quel a pu être le but des parties: peut-être le donateur a-t-il voulu de la sorte éluder une disposition prohibitive de la loi, ou mettre le donataire à l'abri d'une action en réduction. Peut-être aussi n'a-t-il eu d'autre dessein que d'échapper au mécontentement de ses proches. Souvent, dans l'instrument destiné à constater une vente, un bail, on dissimulera une partie du prix ou des charges imposées à l'acheteur, au locataire, et les conditions véritables du contrat seront indiquées dans un acte secret : ce procédé sera employé le plus souvent pour frauder les droits du fisc. A l'inverse on peut imaginer des cas où le prix indiqué dans l'acte apparent serait supérieur à celui qui a été convenu en réalité. Ainsi, un ouvrage étant vendu à

un éditeur, l'auteur, par vanité, fera insérer dans l'acte
que le marché a été conclu pour telle somme, alors que
le prix réel, révélé par une contre-lettre, est beaucoup
moins considérable (1). Un débiteur obtiendra d'un de ses
créanciers que celui-ci reconnaisse avoir été payé, ou
déclare lui faire remise de ce qu'il lui doit, tandis qu'une
contre-lettre constatera que la dette n'est pas éteinte :
une telle opération a pour but de donner le change aux
tiers sur la véritable situation du débiteur, et de lui procurer le crédit qui lui manque. D'autres fois, il s'agira
de constituer au profit d'une personne une propriété apparente : cette espèce de simulation peut être employée
dans des buts divers. Ainsi on peut supposer le cas où,
afin d'être compté au nombre des notables commerçants,
de devenir éligible à la juridiction consulaire, on achè-
terait en apparence un fonds de commerce qu'en réalité
on n'entend pas acquérir. Une simulation analogue pourrait être employée dans le but d'éluder les règlements de
certains établissements, par exemple les statuts de la
Banque de France, qui exigent que les régents et les cen-
seurs soient propriétaires d'un certain nombre d'actions
(V. Décret du 16 janvier 1808, art. 41). Enfin à l'époque
où le cens électoral était en vigueur, il pouvait arriver
que l'on eût recours à une acquisition fictive d'immeubles, pour se procurer une capacité politique dont on
était privé. Nous avons emprunté ces derniers exemples
à M. Colmet de Santerre. (Cours anal. V. n° 283 bis, II.)
On peut conclure des hypothèses que nous avons citées
que, la plupart du temps, la contre-lettre tend à un but
répréhensible : il s'agit, tantôt de se soustraire à l'application de la loi ou de certains règlements, tantôt de

____

(1) Sebire et Carteret, *Encycl. du Droit*, (V° Contre-lettre.)

tromper le fisc, d'autres fois, de se procurer un crédit auquel on n'a pas droit. Ce sont là certainement des manœuvres que l'on ne saurait approuver. Quelquefois, il est vrai, le mobile qui a fait agir les parties n'a rien de blâmable ; mais il est rare que les circonstances justifient complétement l'emploi des contre-lettres, car, il ne faut pas l'oublier, ces actes supposent toujours un déguisement, une altération de la vérité. C'est ce qui explique la défaveur qui s'y est toujours attachée. Le passage suivant tiré des lettres de Pline le jeune (V, 1) porterait à croire que, chez les Romains déjà, les hommes scrupuleux en réprouvaient l'usage : « Pomponia Gratilla, exheredato « filio Assudio Curiano, heredem reliquerat me : dederat « cohæredes Sertorium Severum, prætorium virum, « aliosque equites romanos splendidos. Curianus orabat « ut sibi donarem portionem meam, seque præjudicio ju- « varem : eamdem tacita conventione salvam mihi polli- « cebatur. Respondebam, non convenire moribus meis « aliud palam, aliud agere secreto. » Il en était de même dans notre ancien droit : les passages de Denizart et de Ferrières que nous avons eu l'occasion de citer en fournissent la preuve. Quoi qu'il en soit, si l'usage des contre-lettres peut, en général, être blâmable au point de vue d'une morale rigoureuse, il n'en est pas moins vrai qu'elles n'ont rien d'illicite, puisque la loi, tout en restreignant leurs effets, les autorise implicitement.

Les contre-lettres, quel que soit l'acte auquel elles se rattachent, sont, en principe, soumises à des règles communes. Sous ce titre : *Des contre-lettres en général*, nous exposerons ces règles dans une première section, qui se divisera en quatre paragraphes : le premier sera consacré aux précédents historiques ; dans le second et le troisième, nous étudierons les effets des contre-lettres successivement entre les parties contractantes, et à l'égard des tiers. Enfin, nous dirons quelques mots, dans un quatrième paragraphe, des dispositions fiscales qui se rapportent à notre sujet. — Mais il y a des matières spéciales dans lesquelles le droit relatif aux contre-lettres présente des particularités remarquables ; ce sont, d'une part, celle des cessions d'office, de l'autre, celle des contrats de mariage. L'importance des principes consacrés en ces matières, soit par la jurisprudence, soit par le législateur lui-même, nous a déterminé à en faire une étude spéciale. Nous consacrerons donc une seconde section aux contre-lettres en matière de cession d'office, une troisième aux contre lettres envisagées dans leurs rapports avec les contrats de mariage.

SECTION PREMIÈRE.

Des contre-lettres en général.

§ 1. *Notions historiques.*

L'exposé des principes de l'ancien droit, en ce qui concerne les contre-lettres, ne prête pas à de longs développements. En effet, d'une part, les dispositions législatives font, en cette matière, à peu près complètement défaut, et la jurisprudence ne fournit que très-peu de décisions qui y soient relatives. D'autre part, c'est un sujet qui, en général, a été négligé par nos anciens auteurs : on n'en trouve même aucune mention dans le Traité des Obligations de Pothier, ouvrage d'ailleurs si riche et si complet. On s'explique ainsi que la doctrine, en ce qui touche les contre-lettres, soit restée assez mal définie, et même assez défectueuse sur certains points. Cependant, quelques principes dominent la matière. — Le premier de ces principes est celui de la force obligatoire des contre-lettres entre les parties contractantes.

« Comme les contre-lettres sont de véritables contrats, lisons-nous dans le répertoire de Guyot, lors même qu'elles sont annulées dans les dispositions qui feraient préjudice à des tiers, elles obligent toujours ceux qui les ont signées. » C'est là un point qui n'offre aucune difficulté.

Mais que décidait-on en ce qui concerne les tiers? Ce qui est certain, c'est que le principe si simple et si rationnel adopté par notre Code est une innovation. Bien que l'on fût frappé des abus que l'usage des contre-lettres était de nature à entraîner, on n'avait jamais songé à adopter une mesure aussi radicale. Voici d'abord ce que l'on trouve à ce sujet dans le répertoire de Guyot : « On passe ordinairement la contre-lettre devant notaire, pour lui donner date certaine. Il est aussi d'usage de la faire le même jour que l'acte qu'elle modifie. Il n'est cependant pas défendu de la reculer de plusieurs jours ; mais elle devient plus suspecte, à mesure qu'elle s'éloigne du temps de la passation du premier acte. » Un point important ressort de ce passage, c'est qu'il y avait intérêt à donner date certaine aux contre-lettres, et il faut évidemment tirer de là cette conclusion, que ces actes pouvaient être opposés à d'autres qu'aux parties contractantes, car entre celles-ci les actes font, par eux-mêmes, foi de leur date, et il ne peut être question de rendre leur date certaine. On est donc porté à conclure de là que la contre-lettre, lorsqu'elle était passée en la forme authentique, avait les mêmes effets à l'égard des tiers qu'un acte quelconque. C'est bien, en effet, ce que Denizart enseigne en termes formels, et cet auteur met sur la même ligne que l'acte authentique, l'acte sous seing privé, une fois reconnu en justice. « Les contre-

« lettres, dit-il, pour pouvoir être opposées à des tiers,
« doivent être passées devant notaires ou reconnues en
« justice ; et il doit en rester minute, sans quoi elles ne
« peuvent produire d'effet contre eux. » Il résulte de la
fin de ce passage qu'il ne suffit point que l'acte soit reçu
par un notaire ; il faut qu'il soit couché sur les registres
de l'officier public. C'est également ce qui est constaté
dans un acte de notoriété, en date du 2 juillet 1698,
émané des « gens du roi » du parlement d'Aix, rapporté
par Denizart et par Merlin. Cet acte porte qu' « en Pro-
vence, les contre-lettres ou déclarations volantes, secrètes
ou clandestines, qui ne sont point couchées et insinuées
dans les registres des notaires, quoique reçues par ces
officiers, n'ont leur effet et leur date que du jour de
l'enregistrement, à l'égard des tiers, et n'ont d'hypothèque que du jour qu'elles ont été enregistrées. »

Maintenant Denizart ajoute : « Il faut aussi qu'elles
aient été passées en même temps que l'acte auquel
elles dérogent ou qu'elles détruisent. » Nous avons déjà
rencontré la même idée dans le passage de Guyot que
nous avons reproduit, mais exprimée dans une forme
moins affirmative. Faut-il conclure de ces textes que,
si un intervalle plus ou moins long s'était écoulé entre
la rédaction de l'acte ostensible et celle de la contre-
lettre, celle-ci, bien qu'elle fût constatée par acte authentique ou judiciairement reconnue, n'aurait aucun effet
contre les tiers, quels qu'ils fussent. Telle n'était pas
sans doute la pensée des auteurs que nous citons ; ils
ont voulu dire seulement que la contre-lettre ne pourrait
préjudicier aux droits que des tiers auraient acquis, avant
qu'elle eût reçu date certaine par l'authenticité ou la
reconnaissance en justice. C'est ce qui paraît bien ressortir de l'acte de notoriété cité plus haut ; on peut

ajouter en ce sens le passage suivant de Henrys, (livre IV,
ch. 1, Qu. 4, n° 1). « Nous n'avons point vu que, hors les
« pactes et conventions d'un mariage, les contre-lettres
« soient défavorables, et M. Leprestre, qui en traite en-
« core en son recueil, ne parle que de celles qui précèdent
« ou suivent le contrat de mariage. Il est vrai qu'en la
« deuxième centurie, ch. 16, il rapporte un arrêt par
« lequel il fut jugé qu'une déclaration ou contre-lettre
« ne pouvait préjudicier aux créanciers intermédiaires ;
« mais c'est parce que cette déclaration était postérieure,
« et qu'il y avait eu de l'intervalle entre icelle et l'acte
« principal auquel elle dérogeait.... »

En somme, on peut résumer les notions qui résultent
des citations que nous avons faites en disant que les
contre-lettres, dans notre ancien droit, étaient opposables aux tiers, à partir du moment où elles étaient constatées par acte authentique inscrit parmi les minutes du
notaire, ou de celui où elles avaient été reconnues en
justice, s'il s'agissait d'un acte sous seing privé. Il ne
semble pas qu'on ait reconnu la même force à celles
qui n'auraient été consignées que dans un acte sous
seing privé non reconnu en justice, même à partir du
moment où l'acte aurait acquis date certaine. Un tel système n'était certes pas de nature à protéger bien efficacement les tiers, et l'on a peine à concevoir comment
l'on avait pu s'en contenter. Cela tient peut-être à ce que
l'usage des contre-lettres était autrefois peu répandu (1).
D'ailleurs, il est probable que les tiers n'étaient pas
dénués de tout moyen de défense, et qu'ils pouvaient
faire tomber les contre-lettres qui leur étaient opposées,

(1) Plasman, *Des contre-lettres*, p. 24.

en prouvant qu'elles étaient le fruit d'un concert frauduleux.

A côté des principes généraux que nous venons de constater, on trouve certaines prohibitions spéciales :

a) En matière d'acquisition d'offices de procureurs, notaires et autres semblables. (Arrêts du règlement du 7 septembre 1691 et du 8 août 1714). La même règle est admise encore aujourd'hui par la jurisprudence, comme nous le verrons plus loin.

b) En matière de fondation et dotation de monastères et communautés. Un arrêt du parlement de Paris, en date du 3 mars 1663, fait « défense à l'avenir à toutes « personnes, de quelque qualité et condition qu'elles « soient, de faire aucune contre-lettre contre les contrats « de fondation et dotation qu'elles feront pour l'établis- « sement des couvents, maisons et communautés sécu- « lières et régulières, à peine de mille livres d'amende, « etc... et de nullité desdites contre-lettres. »

c) Un édit de François Ier, en date du 16 mai 1532, avait frappé de nullité les contre-lettres que les « comptables envers le roi » souscrivaient dans l'exercice de leurs fonctions.

d) Un arrêt du 31 juillet 1690, confirmatif d'une sentence de règlement du Châtelet de Paris, interdit aux propriétaires qui font bâtir et aux ouvriers de faire aucune contre-lettre « pour diminuer ou charger le prix, « clauses et conditions des devis et marchés qu'ils fe- « ront », à peine de nullité desdites contre-lettres.

e) Enfin, Merlin (Rép. v° contrat de Nonobstant), rapporte une ordonnance de Léopold, duc de Lorraine, en date du 8 mars 1723, dont l'objet a trait à la matière que nous étudions. Il s'agit spécialement de certaines contre-lettres, qui, sous le nom de contrat de *Nonobs-*

tant, intervenaient fréquemment, paraît-il, en cas de vente immobilière. Ainsi, tandis que l'acte apparent portait que l'acquéreur avait payé tout le prix, ou que la vente était pure et simple, un acte secret déclarait, par exemple, que le prix était encore dû en tout ou en partie, ou que le vendeur s'était réservé la faculté de réméré. Il en résultait un piége ruineux pour les tiers qui contractaient ensuite avec l'acquéreur; en effet, la contre-lettre, étant passée devant notaire, comme l'acte ostensible, leur était opposable d'après la doctrine admise dans l'ancien droit. L'ordonnance de Léopold interdit formellement le contrat de *Nonobstant*, qu'il déclare nul et de nul effet.

Nous n'ajouterons à cette énumération qu'une seule remarque, c'est que, dans les divers cas dont il s'agit, la nullité paraît toujours être prononcée d'une façon absolue, c'est-à-dire non seulement au profit des tiers, mais aussi à l'égard des parties contractantes elles-mêmes.

Dans le droit intermédiaire, plusieurs lois fiscales se sont occupées des contre-lettres ; la seule qu'il soit intéressant de consulter est la loi du 22 frimaire an VII, sur l'enregistrement. L'article 40 de cette loi a une importance toute particulière, parce que, sortant de la sphère des intérêts fiscaux, le législateur y a inséré une disposition qui porte une grave atteinte aux principes mêmes du droit civil. Cet article est ainsi conçu : « Toute contre-« lettre faite sous signature privée, qui aurait pour objet « une augmentation du prix stipulé dans un acte public ou « dans un acte sous signature privée, précédemment en-« registré, est déclaré nul et de nul effet ; néanmoins lors-« que l'existence en sera constatée, il y aura lieu d'exiger « à titre d'amende, une somme triple du droit qui aurait « eu lieu sur les sommes et valeurs ainsi stipulées. » Comme on le verra plus loin, on a longtemps discuté la question de savoir si ce texte était resté en vigueur sous l'empire des nouvelles lois.

Nous arrivons enfin à la rédaction du Code. La matière des contre-lettres n'avait pas fixé l'attention des rédacteurs, et le projet, tel qu'il fut présenté au Conseil d'Etat par Bigot de Préameneu, dans la séance du 11 brumaire an XII, ne contenait aucune disposition qui s'y référât. Lors de la discussion du paragraphe consacré au *Titre authentique*, M. Duchâtel, directeur de l'enregistrement, demanda que les contre-lettres fussent prohibées d'une façon absolue. On combattit cette opinion, comme dépassant le but que le législateur devait se proposer, et le résultat de la discussion fut l'adoption du système consacré par l'article 1321, qui fit partie du projet tel qu'il fut définitivement adopté par le Conseil d'Etat. Du reste, au sein du Tribunal, notre article ne souleva aucune objection.

§ 2. *De la contre-lettre envisagée au point de vue des parties contractantes.*

La question de savoir quels sont les effets de la contre-lettre à l'égard des parties contractantes ne soulève aucune difficulté. Le principe est que les contre-lettres sont obligatoires entre les personnes dont elles émanent. C'était, comme on l'a vu, une règle admise déjà dans l'ancien droit ; elle a été adoptée par le Code, comme cela résulte du texte de l'article 1321. Ainsi, dans les rapports des contractants entre eux, la réalité l'emporte sur l'apparence, et il n'est pas nécessaire de justifier une doctrine aussi raisonnable. Ne serait-il pas absurde, en effet, de permettre aux parties d'invoquer l'une contre l'autre des stipulations qui, de leur propre aveu, ne sont pas l'expression de leur volonté commune? Le législateur n'a fait, en somme, qu'appliquer ici le principe fondamental consacré par l'art. 1134. « Les conventions légalement formées tiennent lieu de loi à ceux qui les ont faites. »

Il suit de là, qu'entre les parties contractantes l'acte apparent n'a d'effet qu'en tant qu'il n'est pas contredit par l'acte secret. Ainsi le premier constate-t-il qu'une vente a été contractée, tandis que le second déclare cette vente simulée; la situation respective des parties sera la même que si rien n'avait été fait. La contre-lettre déclare-t-elle seulement que le prix énoncé dans l'acte ostensible est inférieur au prix réel ; l'acte auquel elle se rattache sera maintenu dans toutes ses clauses, sauf dans celle qui se réfère à la détermination du prix. En définitive, les deux actes doivent être combinés de telle sorte que la contre-lettre l'emporte, toutes les fois qu'elle se trouve en contradiction avec l'acte ostensible, car c'est elle qui révèle la véritable intention des contractants.

Ainsi, quelle que soit la défaveur qui s'attache, en général, aux contre-lettres, à cause du déguisement, de la simulation qu'elles impliquent, les juges ne peuvent se refuser à en sanctionner la force obligatoire entre les personnes qui les ont souscrites. C'est ainsi, par exemple, que la teneur d'une contre-lettre, pas plus que celle de tout autre acte constatant les conventions des parties, ne peut être combattue par de simples présomptions alléguées contre sa sincérité. (V., en ce sens, un arrêt de la cour de Cassation, du 13 août 1806). Au reste, c'est là un point dont il peut être intéressant d'étudier les applications pratiques, mais qui, en doctrine, n'offre aucune difficulté ; aussi ne nous y arrêterons pas davantage.

En général, les contre-lettres sont soumises, soit quant au fond, soit quant à la forme, à tous les principes qui régissent toute espèce de conventions.

Ainsi, quant au consentement et à la capacité des parties, les principes généraux recevront ici leur application. Il faut aussi que la contre-lettre ait un objet licite, car il est évident que l'on ne peut faire par un acte secret ce qu'il est défendu de faire ouvertement. Par exemple, je vous prête une certaine somme, et, dans l'acte destiné à constater ostensiblement le contrat, il est dit que vous m'en devrez les intérêts à 5 p. 100 ; mais, par une contre-lettre, nous stipulons que ces intérêts seront de 8 p. 100 ; il est clair que cette dernière convention est nulle, tout aussi bien que si elle n'avait pas été dissimulée. Autre exemple : je vous fais, par acte authentique, une donation qui n'est assujettie à aucune charge ; puis nous passons un acte occulte par lequel je vous impose, et vous acceptez, l'obligation de conserver et de transmettre, en mourant, les biens donnés à un tiers. Cette clause constitue une substitution fidéicommissaire, et tombe sous le coup de l'art. 896 du Code civil. L'effet, sans aucun doute, en se sera le même que si elle avait été insérée dans l'acte de donation publiquement passé, c'est-à-dire qu'elle sera frappée de nullité, et qu'elle fera tomber en même temps l'acte auquel elle se rattache.

Quant à la forme, les parties peuvent avoir recours soit à un acte notarié, soit à un acte sous signature privée. C'est cette dernière forme qu'elles emploieront le plus fréquemment, et elles pourront y recourir, alors même que l'acte apparent serait authentique. Toutes les règles sur la rédaction des actes de cette espèce seront applicables ici ; notamment, si la contre-lettre constate des conventions synallagmatiques, il devra être fait autant d'originaux qu'il y a de parties ayant des intérêts distincts ; et chaque original devra contenir la mention de ceux qui ont été faits (art. 1325). Cette prescription ne s'appliquera pas, si elle n'établit d'obligations qu'à la charge de l'une des parties ; mais, dans le cas où la dette aurait pour objet une somme d'argent ou une quantité, elle devrait être rédigée en entier par le souscripteur, ou, au moins, porter, avec sa signature, la mention d'un *bon* ou *approuvé*, écrit de sa main (art. 1326).

Maintenant la rédaction d'un écrit est-elle absolument nécessaire ? Il semble que l'idée de contre-lettre soit inséparable de celle d'un acte constatant les dérogations apportées en secret aux conventions ostensiblement stipulées. Mais ce n'est là qu'une apparence ; il faut distinguer, en effet, la contre-lettre, en tant que fait juridique (*negotium juris*), de l'acte (*instrumentum*) destiné à la prouver. Or, la rédaction d'un écrit est-elle de l'essence de la contre-lettre entendue en ce sens ? Est-ce une condition intrinsèque de son existence, de même que l'usage de la forme authentique, lorsqu'il s'agit de contrat de mariage ou de constitution d'hypothèque ? Rien n'autorise à le penser. Nous dirons donc que, bien qu'aucun acte ne constate l'existence de la contre-lettre, celle-ci n'en est pas moins valable au fond. Mais il faut ajouter que les principes de notre législation, en matière de preuve, rendent la rédaction d'un écrit indispensable dans la plupart des cas.

On sait, d'abord, que la preuve testimoniale n'est pas recevable, toutes les fois que l'objet du litige est d'une valeur supérieure à cent cinquante francs. Si donc l'intérêt qui est en jeu dans la contre-lettre dépasse ce chiffre, il est bien certain que l'on ne pourra suppléer à l'absence d'un écrit ni par le témoignage, ni au moyen des présomptions de l'homme (art. 1341 et 1353). Mais, l'intérêt fût-il inférieur à cent cinquante francs, ces modes de preuve n'en seraient pas moins inadmissibles en principe. On sait en effet que la preuve testimoniale, et par suite les présomptions, ne peuvent être invoquées contre et outre le contenu aux actes ; or, la contre-lettre a toujours pour objet de contredire plus ou moins la teneur des actes à l'occasion desquels elle intervient. Mais si l'acte ostensible lui-même n'était pas constaté par écrit, il n'est pas douteux que la contre-lettre ne pût être prouvée soit par témoins, soit à l'aide de présomptions, en admettant, bien entendu, que l'intérêt dont il s'agit ne dépassât pas, en valeur, la limite fixée par l'article 1341. En effet, ce n'est qu'à l'encontre des actes écrits que la loi proscrit l'usage de ces modes de preuve. Ainsi nul doute que la partie contre laquelle on invoquerait une obligation purement verbale ne pût, à son tour, se fonder sur des témoignages ou de simples présomptions, pour prouver que cette obligation n'a été contractée qu'en apparence, ou qu'elle a été l'objet de modifications secrètes.

Maintenant on sait que les règles contenues dans l'art. 1341 subissent diverses exceptions. Ainsi, en premier lieu, elles cessent d'être applicables, lorsqu'il existe un commencement de preuve par écrit (art. 1347, 1er al.). En pareil cas, la preuve par témoins, et par suite, les simples présomptions sont admises, d'une part, au-dessus de cent cinquante francs, d'autre part, contre et outre le contenu aux actes. Cette exception s'appliquera sans difficulté en matière de contre-lettres.

En outre, l'art. 1341, comme l'annonce le dernier alinéa de ce texte, est étranger aux matières commerciales

(Comp. C. com. art. 41, 109). Toutefois une difficulté s'est élevée à ce sujet. Il n'y a aucun doute quant à la première disposition de notre article ; la preuve testimoniale est certainement admissible, quel que soit le *quantum* de la dette. Mais on a quelquefois prétendu que la seconde des règles qui y sont contenues demeurait applicable ; qu'ainsi, lorsque les conventions ont été constatées par écrit, l'enquête n'était pas plus admissible qu'en matière civile. La rédaction d'un écrit serait donc indispensable pour constater les dérogations apportées à un acte commercial, et l'existence de la contre-lettre ne pourrait être prouvée d'une autre manière. — Mais cette opinion est repoussée, et avec raison, par la plupart des auteurs. Remarquons d'abord les derniers mots de l'art. 1341 : « le tout sans préjudice de ce qui est prescrit dans les lois relatives au commerce. » Cette proposition se réfère évidemment à la fois aux deux dispositions qui précèdent ; elle implique nécessairement que, dans la pensée des rédacteurs, la seconde, comme la première, était contraire aux usages commerciaux. Telle était, en effet, ainsi que le constate Merlin (Quest. de droit, V° dernier ressort, § 18, n° 1), l'ancienne pratique encore en vigueur au moment où le Code civil a été rédigé. Maintenant le Code de commerce y a-t-il dérogé ? Non évidemment ; on n'y trouve aucune disposition qui permette de le supposer. Bien plus, le contraire résulte clairement de l'art. 41. Ce texte a précisément pour objet d'appliquer aux actes de société la seconde disposition de l'art. 1341 : « Aucune preuve « par témoins ne peut être admise contre et outre le « contenu dans les actes de société, ni sur ce qui serait « allégué avoir été dit avant l'acte, lors de l'acte ou depuis, encore qu'il s'agisse d'une somme au-dessous de cent

« cinquante francs. » Si telle était la règle en matière de commerce, ce texte serait complétement inutile. Il faut nécessairement supposer, pour l'expliquer, que la preuve littérale peut, en principe, être combattue par des témoignages ou des présomptions.

Enfin l'existence de la contre-lettre pourrait encore être prouvée de toute manière, dans le cas où il y aurait impossibilité d'en fournir une preuve littérale. Cette exception s'appliquera d'abord, sans difficulté, à l'hypothèse où le titre aurait été perdu « par suite d'un cas fortuit, imprévu et résultant d'une force majeure (art. 1348, 4°). Il faut ajouter celle où un écrit n'aurait pu être rédigé. Les circonstances qui pourront justifier cette absence de titre seront nécessairement fort diverses, et il est impossible d'en faire l'analyse ; l'art. 1348, en effet, est loin d'être limitatif, et les hypothèses qu'il énumère ne sont indiquées qu'à titre d'exemples. Nous remarquerons seulement que l'impossibilité morale peut, en cette matière, être prise en considération, aussi bien que les obstacles physiques, car l'article ne distingue pas : tous les auteurs sont d'accord sur ce point.

Cela nous conduit à penser que la production d'une contre-lettre n'est point nécessaire toutes les fois que la simulation dont on offre la preuve a été employée dans le but de couvrir une fraude à la loi. C'est un point sur lequel il est bon d'insister, car il a été l'objet de quelques doutes. Au reste la difficulté, il faut le remarquer, ne peut surgir qu'en ce qui touche la preuve testimoniale : en effet, il résulte formellement de l'art. 1353, *in fine*, que les dispositions restrictives de l'art. 1341 cessent de s'appliquer aux présomptions, dans l'hypothèse dont il s'agit. La question se réduit donc à savoir si la loi a distingué, en cette matière, entre le témoignage et les présomptions. L'affirmative a été soutenue, et l'on a invoqué en faveur de cette opinion les raisons suivantes. L'art. 1353 reconnaît sans doute au juge, dans le cas dont il s'agit, le droit de fonder son jugement sur de simples présomptions ; mais on n'en peut conclure que la preuve par témoins soit également recevable. Au contraire, le texte, par sa rédaction même, semble bien supposer que tel n'est pas le système de la loi. Il faut donc écarter ici tout argument tiré de l'analogie qui existe, en principe, entre les deux modes de preuve, et s'en tenir aux règles posées dans les art. 1341 et suivants. Or l'art. 1348 admet bien, d'une façon générale, la preuve par témoins, toutes les fois que l'on n'aura pu se procurer un écrit ; mais cette condition se trouve-t-elle remplie, dans l'hypothèse que l'on suppose? Nullement ; car il n'a pas été impossible à la partie qui oppose la simulation de s'en ménager une preuve littérale. On ajoute que la distinction faite par le législateur se justifie fort bien : les présomptions n'offrent pas les mêmes dangers qu'une enquête, dont l'un des inconvénients est d'imposer, en quelque sorte, ses résultats à la conscience du juge.

Mais il faut, selon nous, repousser une telle doctrine. Elle semble, il est vrai, au premier abord, résulter des derniers mots de l'art. 1353. Mais on s'accorde généralement à reconnaître qu'il y a, dans ce passage, un vice de rédaction. S'il fallait, en effet, prendre le texte à la lettre, il en résulterait que la fraude et le dol ne pourraient, en aucun cas, être prouvés par témoins, pour peu que l'intérêt engagé fût supérieur à cent cinquante francs. Ainsi, qu'une personne ait été amenée, par des manœuvres frauduleuses, à contracter un engagement : elle ne serait pas recevable à prouver de cette façon le dol dont elle a été victime. Les créanciers dont les droits ont été compromis par les actes de leur débiteur ne pourraient faire entendre des témoins, pour établir le caractère frauduleux de ces actes. De pareils résultats ne seraient admis par personne ; ils sont, d'ailleurs évidemment en contradiction avec le texte de l'art. 1348. Or, si la preuve testimoniale peut être employée dans des cas de ce genre, pourquoi en serait-il autrement ici ? Ne s'agit-il pas également de prouver la fraude ? Mais, dira-t-on, l'hypothèse n'est pas la même : un acte aurait pu être rédigé à l'effet de constater la simulation ; la partie qui a intérêt à la prouver est en faute de ne s'être pas ménagé cette preuve. Nous répondrons que, si la rédaction d'une contre-lettre n'était pas matériellement impossible en pareil cas, il est évident que les circonstances et la situation réciproque des parties y faisaient moralement obstacle. Prenons un exemple : Pierre me prête une certaine somme d'argent à un taux usuraire, mille francs à dix pour cent. Afin de dissimuler le caractère illicite du contrat, nous rédigeons un billet portant que la somme prêtée est de onze cents francs remboursables dans un an. Croit-on que Pierre consentira à ce que, dans une contre-lettre, il soit constaté que la somme prêtée n'est que de mille francs, que les cent francs ajoutés dans le billet sont dus à titre d'intérêts ? Une telle supposition serait absurde, car le déguisement auquel nous avons eu recours n'a pas eu d'autre but que de rendre l'acte inattaquable. Comment Pierre pourrait-il se prêter à la rédaction d'un écrit qui me procurerait les moyens de le faire tomber en tant qu'il est contraire à la loi ? De même, je souscris un billet qui, en réalité, a pour cause une dette de jeu ; mais, dans cet acte, on attribue à mon obligation une cause différente et licite ;

par exemple, il sera dit que la somme indiquée est due pour cause de prêt. Comment concevoir que l'on rédige une contre-lettre pour révéler la cause véritable de l'engagement ? Il est clair que, si j'ai consenti à la simulation dont il s'agit, ç'a été précisément pour m'enlever la possibilité d'invoquer la nullité de cet engagement ; évidemment je n'ai pu prétendre, en même temps, me ménager une preuve écrite de cette nullité. — Enfin il n'est pas vrai que l'usage de la preuve testimoniale offre plus de danger que celui des présomptions. — Ajoutons que la distinction que l'on prétend faire serait fort difficile à appliquer. Il y a un lien étroit entre les deux modes de preuve, et souvent les présomptions se déduisent de témoignages antérieurement recueillis.

Pour terminer sur ce point, nous remarquerons, ce qui va soi, d'ailleurs, que, dans tous les cas, la preuve de la contre-lettre résulterait soit de l'aveu, soit du serment décisoire.

Nous avons constaté que la contre-lettre avait, entre les parties contractantes, le même effet que si la teneur en était constatée dans un acte ostensible. Ce principe est-il absolu ? ne souffre-t-il pas des exceptions ? On verra plus loin, que, suivant une jurisprudence aujourd'hui bien établie, les contre-lettres qui dérogent aux traités ayant pour objet une cession d'office sont nulles, même entre les parties contractantes.

Une autre exception résultait de l'art. 40 de la loi du 22 frim. an VII, dont nous avons reproduit le texte dans notre exposé historique. Le législateur avait voulu, par des mesures énergiques, prévenir les fraudes nombreuses dont le trésor public était victime. Il arrivait, en effet, comme il arrive encore fréquemment que, dans les ventes et autres actes comportant la fixation d'un prix, l'on ne déclarait ouvertement qu'une partie du prix stipulé, afin de diminuer les droits auxquels pouvait prétendre le fisc, tandis que, dans un acte secret, on indiquait celui qui avait été réellement convenu. Nous avons cité cette hypothèse, lorsque nous avons cherché à expliquer par des exemples l'usage des contre-lettres : c'est, en effet, une de celles qui se présentent le plus fréquemment. — Pour réprimer la fraude dont il s'agit, la loi de frim. an VII ne s'était pas contentée d'édicter une amende considérable (elle s'élevait, comme on l'a vu, à une somme triple du droit afférent à la portion du prix tenue secrète). En outre, excédant les limites que s'impose ordinairement le législateur fiscal, et empiétant sur le terrain du droit civil, elle avait prononcé la nullité absolue de la contre-lettre. Ainsi l'acquéreur pouvait légalement se refuser à payer au vendeur le supplément de prix qui s'y trouvait stipulé. — La nullité prononcée par l'art. 40 était considérée comme si absolue que, du moins suivant la Cour de cassation, elle ne laissait même pas subsister, à la charge de l'acheteur, une obligation naturelle. (V. Cass., 10 janv. 1809.) Cependant la jurisprudence paraît avoir à certains points de vue, reculé devant les conséquences de cette législation rigoureuse. Ainsi, suivant un arrêt du 2 germinal an XIII, la nullité prononcée par la loi de frim. an VII n'aurait pas été opposable aux créanciers du vendeur. On avait considéré sans doute qu'il s'agissait d'une peine, et que les dispositions pénales ne doivent atteindre que le coupable même qu'elles ont pour but de punir. Mais on aurait pu objecter que les créanciers, exerçant les droits de leur débiteur, ne peuvent avoir plus de droits que celui-ci.

Nous ne chercherons pas ici à préciser les circonstances dans lesquelles l'article 40 reçoit son application.

Nous nous occuperons de ce point dans notre § 4, quand nous parlerons de la seconde des dispositions contenues dans ce texte. Remarquons seulement qu'il ne se réfère qu'aux contre-lettres portant augmentation du prix déterminé dans un acte apparent. C'est ainsi qu'il ne porte aucune atteinte à la validité d'une contre-lettre qui aurait déclaré non avenue une vente ostensiblement contractée. (V. Cass., 9 avril 1807).

La disposition dont il s'agit a incontestablement régi la matière depuis la loi de brumaire an vii jusqu'à la promulgation du Code civil. Mais la question s'est élevée de savoir si elle est restée en vigueur depuis lors, ou si elle n'a pas été abrogée par l'article 1321. C'est un point qui autrefois a été très-controversé. Le premier système a été soutenu notamment par Merlin, qui, dans ses *questions de droit* (v° contre-lettre, § 3), discute longuement la question, et défend sa manière de voir avec beaucoup de force. Il a été adopté depuis par quelques auteurs, notamment par Rolland de Villargues (Rép. du Notariat, v° contre-lettre, n. 13), et M. Plasman (des contre-lettres, § 13). Mais il a été plus tard complétement abandonné, et aucun auteur ne le soutient plus aujourd'hui. Quant à la jurisprudence, après avoir, à l'origine, penché vers l'opinion professée par Merlin, elle s'est depuis long-temps fixée en sens contraire. En effet, les arrêts qui ont définitivement condamné cette doctrine remontent à une époque assez ancienne (V. notamment Civ. rej., 10 janvier 1819 ; Dijon, 9 juillet 1828 ; Aix, 21 février 1832). C'est donc un point de droit qui ne se discute plus aujourd'hui. Il n'est pas inutile toutefois de faire connaître les principaux arguments qui ont été invoqués à l'appui du système aujourd'hui condamné, et les motifs qui l'ont fait tomber en discrédit.

Les auteurs qui l'ont soutenu ont, en général, reconnu que la disposition dont il s'agit était peu conforme aux principes, que les lois fiscales, en effet, devaient se borner à protéger, par des peines pécuniaires, les intérêts du trésor public, qu'il était donc à désirer que la législation fût corrigée sous ce rapport. Cependant, ils ont fait remarquer que le procédé employé par le législateur de l'an vii n'était pas sans précédents, et ils ont cité notamment en ce sens un édit d'octobre 1700, qui prononce la nullité de tout acte non enregistré, énoncé dans des actes publics. Quoi qu'il en soit, disent-ils, et si choquant que puisse paraître le résultat auquel conduit l'application de l'article 40, on doit considérer ce texte comme étant demeuré en vigueur dans toutes ses dispositions. En effet, l'abrogation devrait en être clairement établie. Or, d'une part, elle n'est pas expressément prononcée ; d'autre part, l'est-elle tacitement ? Il faudrait, pour qu'il en fût ainsi, qu'il y eût contradiction entre la teneur de l'article 40 et celle de l'article 1321. Or, cette contradiction n'existe en aucune façon. Merlin insiste particulièrement sur ce point : « L'article 1321, dit-il, (*loc. cit.*), se borne à dire « que les contre-lettres ne peuvent avoir leur effet « qu'entre les parties contractantes, qu'elles n'ont point « d'effet contre les tiers, et il est bien évident qu'il n'y « a rien là de contraire à l'article 40 de la loi du 22 frimaire an vii. En effet, autre chose est de dire que les « contre-lettres auront toujours leur effet entre les « parties contractantes, autre chose est de dire que les « parties contractantes sont les seules entre lesquelles « les contre-lettres puissent avoir leurs effets. — « Maintenant l'abrogation résulterait-elle implicitement « de l'art. 7 de la loi du 30 ventôse an xii ? Mais il fau-

« drait pour cela que l'art. 40 pût être considéré comme
« relatif à l'une des matières dont s'occupe le Code
« civil. Or, il n'en est pas ainsi : cet article est, il est
« vrai, relatif aux contre-lettres ; mais il se réfère spé-
« cialement à celles qui blessent les intérêts du fisc,
« tandis que l'article 1321 statue sur les contre-lettres
« en général. Il y a donc lieu d'appliquer ici la maxime :
« *Per generalia specialibus non derogatur.* » On a fait
remarquer aussi que le système de la loi de frimaire avait
l'avantage de réprimer énergiquement la fraude, en ce
qu'il frappait à la fois les deux parties qui s'en étaient
rendues coupables, l'acquéreur, par l'amende du triple,
le vendeur, par la nullité de la contre-lettre. Si l'on objecte que la discussion au conseil d'État prouve que la
majorité des membres désapprouvait la disposition dont
il s'agit, on répond que cette discussion révèle simplement le sentiment personnel de quelques orateurs, mais
non une décision bien arrêtée de la part du conseil, que,
d'ailleurs, si l'on avait voulu consacrer l'opinion de ceux
qui demandaient l'abandon du système de l'art. 40,
l'on aurait rédigé l'art. 1321 d'une autre manière, par
exemple en ces termes : « Les contre-lettres ont tout
leur effet entre les parties contractantes ; elles n'en ont
aucun contre les tiers. » La rédaction qui a été adoptée,
rapprochée de la controverse qui s'était élevée, montre
que l'intention du législateur n'a pas été de poser une
règle absolue, ne comportant aucune exception.

Ces arguments, bien qu'assez spécieux, n'ont pas
réussi à faire prévaloir la doctrine de Merlin, et l'on a
reconnu que l'art. 40, quoi qu'on ait dit, était bien véritablement abrogé. Sans doute, en principe, les lois
particulières ne sont pas anéanties par les lois géné-
rales postérieures ; mais cela n'est vrai qu'autant

que le législateur ne s'est pas écarté, dans la loi spéciale, du terrain sur lequel il s'était placé. Or, si la loi de frimaire an VII, considérée dans son ensemble, est bien une loi spéciale, puisqu'elle se réfère particulièrement à la matière de l'enregistrement, et a pour objet de déterminer les droits du fisc, ce caractère n'appartient pas; à coup sûr, à l'art. 40 : car ce texte ne se borne pas à statuer sur les contre-lettres relativement aux droits du résor, comme le dit Merlin ; il contient une décision qui se rapporte à leurs effets au point de vue du droit civil, et qui, par conséquent, appartient à la matière régie par l'art. 1321 : il n'est pas douteux, dès lors, qu'il ne doive être considéré comme abrogé, par application de l'art. 7 de la loi du 30 ventôse an XII. — La discussion au Conseil d'Etat (V. Locré, XII, p. 214 et suiv.) ne laisse d'ailleurs subsister aucun doute à cet égard. Nous y voyons M. Duchâtel demander « que l'on proscrive d'une « manière absolue l'usage des contre-lettres, qui tendent « à déguiser les conventions. Il en résulte, dit-il, des « fraudes, souvent contre les particuliers, et toujours « contre le trésor public. » Dans sa pensée, le système de l'art. 40 eût dû être généralisé. Mais son opinion fut combattue par presque tous les autres orateurs, et remarquons qu'ils ne se sont pas bornés à repousser l'idée d'étendre la disposition de l'art. 40 à toute contre-lettre, quelle qu'en soit la teneur : ils se sont prononcés expressément contre l'exception même introduite par la loi de frimaire an VII, et ont insisté sur ce point, que l'on ne doit, en aucun cas, toucher à la validité des contre-lettres entre les parties. — « A la vérité, dit Berlier, les « contre-lettres ont souvent lieu pour éluder ou affaiblir « des droits dus au trésor public ; mais c'est par des « amendes, non par la peine de nullité, que cette espèce

« de fraude doit être atteinte et punie ; dans aucun cas,
« le législateur ne peut mettre sa volonté à la place de
« celle des parties, pour augmenter ou diminuer les
obligations respectives qu'elles se sont imposées. » — Le
consul Cambacérès, à son tour, fait observer qu'il existe
déjà une disposition législative contre l'usage des contre-lettres, (loi du 22 frimaire an VII) ; mais elle ne lui
semble pas juste. Ces actes doivent avoir tout leur effet
entre les parties ; il suffit, pour en prévenir l'abus, de
les soumettre au droit d'enregistrement; lorsqu'ils sont
produits. Tronchet et M. de Defermon se prononcent
dans le même sens. « Il faut distinguer, dit le premier :
une contre-lettre doit être valable entre les parties, et
nulle contre les tiers ; or la régie de l'enregistrement
est un tiers par rapport à l'acte. »

Ajoutons qu'il y a lieu de se féliciter de ce que la
disposition dont il s'agit ait disparu de notre législation.
Les lois qui ont pour objet de sauvegarder les droits du
fisc ne doivent jamais empiéter sur le domaine du droit
privé, ni surtout porter atteinte à la validité des conventions. En prononçant la nullité d'un acte parfaitement
valable d'après les règles du droit civil, le législateur
avait donc commis une regrettable confusion de principes.

On paraissait depuis longtemps être d'accord sur ce
point de législation, lorsque tout récemment, à l'occasion des nouvelles mesures fiscales qui ont été adoptées
par la loi du 25 août 1871, on a tenté de faire revivre
le système consacré par le législateur de l'an VII, qui
semblait pourtant bien définitivement condamné. En effet,
l'art. 12 du projet de loi sur les augmentations d'impôt
et les impôts nouveaux, relatifs à l'enregistrement et au
timbre, tel qu'il avait été d'abord présenté par le gou-

vernement, était ainsi conçu : « Le vendeur de biens immeubles et l'échangiste de la plus forte part n'ont aucune action en justice pour le payement de ce qui aurait été stipulé en sus du prix de vente ou de la soulte énoncés dans l'acte. — Toute somme payée par suite de stipulations de cette nature, relatives à une transmission postérieure à la promulgation de la présente loi, est sujette à répétition... » Cette proposition, comme on le voit, n'impliquait pas seulement la nullité des contre-lettres portant augmentation du prix de vente ou de la soulte d'échange, en matière immobilière; elle allait jusqu'à méconnaître, en pareil cas, l'existence d'une obligation naturelle. C'était la reproduction de la doctrine de l'art. 40, interprétée dans toute sa rigueur. La commission de l'Assemblée nationale écarta, il est vrai, la seconde des dispositions contenues dans l'art. 12 du projet ; mais elle adopta sans difficulté la première, en l'appliquant, en outre, au copartageant créancier d'une soulte. Mais, au sein de l'Assemblée, le système proposé fut l'objet des critiques les plus vives. Les débats qui s'ensuivirent ont, en quelque sorte, rajeuni la question dont nous venons de nous occuper, et lui ont, jusqu'à un certain point, rendu l'intérêt d'actualité qu'elle avait perdu. Nous renvoyons à cet égard au compte rendu des séances des 18, 21 et 22 août 1871, (*Journal officiel* des 19, 22 et 23 août 1871). Il nous suffira d'ajouter ici que la chambre a repoussé l'article tel qu'il lui était proposé, et que la sanction qu'il édictait a été remplacée par des peines purement pécuniaires. Nous ferons connaître plus loin (V. § 4) le système consacré sur ce point par la loi nouvelle.

On peut rapprocher de l'art. 40 certaines dispositions contenues dans une loi assez récente, celle du 8 juin

1850, relative au timbre des effets de commerce. L'article 1 de cette loi soumet au droit de timbre proportionnel les lettres de change, billets à ordre ou au porteur, et autres effets négociables ou de commerce. La sanction consiste d'abord dans une amende (art. 4.) En outre, le législateur a édicté certaines déchéances qui atteignent le porteur de l'effet non timbré, et qui consistent à le priver, dans une certaine mesure, du recours qui lui appartient à défaut de payement, suivant les principes ordinaires (art. 5 et 8). Ainsi la loi de 1850, pour assurer l'observation des prescriptions fiscales qu'elle contient, ne s'est pas bornée à prononcer des peines pécuniaires ; elle y a joint des dispositions qui portent atteinte aux règles mêmes du droit commercial. C'est le même système que celui de la loi de frimaire an VII : aussi les critiques dont ce texte a été l'objet se sont-elles reproduites, avec raison, à propos des articles dont il s'agit ; mais ces articles n'en sont pas moins restés en vigueur jusqu'à ce jour.

§ III. *De la contre-lettre au point de vue des tiers.*

Nous savons déjà, d'une façon générale, quel est le système de la loi en ce qui touche les tiers : les contre-lettres n'ont à leur égard aucun effet. Tel est le principe consacré par l'art. 1321. Rien de plus raisonnable que cette règle ; elle s'imposait évidemment au législateur, du moment qu'il voulait protéger efficacement les tiers. Il n'y aurait aucune sécurité dans les conventions, si l'on était exposé à voir apparaître tout-à-coup des actes dont, avec toute la vigilance possible, on ne pouvait soupçonner l'existence.

Le système consacré par le Code est de droit nouveau. Nous avons vu, en effet, qu'autrefois les contre-lettres, du moins lorsqu'elles remplissaient certaines conditions de forme, étaient opposables aux tiers.

Toute distinction de ce genre a été, avec raison, écartée par la loi moderne. Ainsi, peu importe que la contre-lettre ait été passée par acte notarié : il est évident que l'emploi de la forme authentique n'est pas de nature à diminuer le danger des contre-lettres : celles-ci n'en restent pas moins secrètes, si telle est la volonté des parties ; et les tiers en ignoreront l'existence, comme s'il s'agissait d'un acte sous-seing privé. Le Code a donc bien fait de répudier l'ancienne doctrine suivant laquelle, au témoignage des auteurs cités plus haut, les contre-lettres constatées par acte authentique avaient force obligatoire envers les tiers. — Cette différence entre l'ancien droit et le droit moderne résulte bien évidemment de ce que le Code ne fait aucune distinction. Il n'est pas nécessaire d'invoquer, comme l'a fait Toullier (t. VIII, n° 182), cette circonstance que notre article se trouve placé dans le paragraphe consacré au *Titre authentique.* Ajoutons que l'argument ne serait pas concluant : en effet, on pourrait répondre qu'il est plus vraisemblable que le législateur lui a assigné cette place, parce que c'est le plus souvent à un acte authentique que la contre-lettre déroge.

De même, il est certain que, si les parties ont eu recours à un acte sous seing privé, peu importe que cet acte ait ou non acquis date certaine, conformément à l'art. 1328 : l'accomplissement de l'une des conditions mentionnées dans cet article, notamment l'enregistrement de l'acte, n'enlève pas à celui-ci le caractère de clandestinité qui lui appartient, par suite de sa destination même (V. en ce sens Civ. rej. 20 avril 1863. Dall. 1863, 1. p., p. 185). Ainsi, que la contre-lettre soit constatée par acte authentique ou par acte sous seing privé, et, dans ce dernier cas, qu'elle ait ou non acquis date certaine, elle n'en est pas moins, dans tous les cas, dénuée d'effet à l'égard des tiers. C'est un point sur lequel le doute n'est pas possible. — Toutefois, on trouve dans le Répertoire de Merlin un passage qui semble bien contredire ces principes. « Aujourd'hui, y lisons-nous (V°. contre-lettre n° 8), dans toute la France, les contre-lettres sous seing privé ne font foi de leur date contre les tiers que du jour soit de l'enregistrement, soit du décès de l'un de ceux qui les ont souscrites, soit de l'acte public où leur substance est constatée, et on ne peut les inscrire au bureau des hypothèques qu'après qu'elles ont été reconnues en justice (V. l'art. 1328). » Il résulte bien de ces lignes que, d'après Merlin, les contre-lettres sous signature privée auraient effet contre les tiers, pourvu qu'elles eussent acquis date certaine ; car la question de savoir si des actes font ou non foi de leur date contre des tiers, n'a d'intérêt qu'autant que ces actes sont susceptibles de leur être opposés. Or une telle doctrine est manifestement contraire à la pensée de la loi. Pour s'en convaincre, il suffit de remarquer que, dans ce système, l'art. 1321 n'aurait plus aucun sens. Notre matière serait régie purement et simplement par les principes du droit commun ; les contre-lettres seraient soumises aux règles applicables à toute espèce d'actes. Ainsi, supposons une vente conclue entre Pierre et moi ; je revends à Jacques l'objet acheté ; puis, Pierre vient présenter à ce dernier un acte secret qui déclare simulée la vente qu'il m'a consentie. Pour que cette contre-lettre fût opposable à Jacques, il suffirait, d'après Merlin, qu'elle eût acquis date certaine avant l'acte de revente. Mais il n'y aurait là rien de particulier aux contre-lettres, et l'on n'exigerait pas moins de celui qui invoquerait une con·vention quelconque, par exemple du tiers auquel j'aurais consenti un droit réel sur la chose que j'ai vendue à Jacques. Merlin a sans doute écrit le passage dont il s'agit sous l'influence de l'ancienne jurisprudence, et en attribuant au mot *contre-lettre* le sens large dans lequel, comme nous l'avons vu, il était quelquefois employé. En tout cas, la doctrine qu'il paraît admettre est évidemment insoutenable sous l'empire du Code.

Il est bien certain, au surplus, que si les dérogations secrètes constatées dans un acte ne sont pas opposables aux tiers, il en est de même, *a fortiori*, de celles que l'on voudrait induire de déclarations, d'aveux ou de re·connaissances purement verbales (1), ou encore de la cor·respondance des parties. Cependant un arrêt de la Chambre des Requêtes du 11 mai 1846, cité par Mar·cadé (sur l'art. 1321, III), a admis que des dérogations secrètes résultant de simples lettres missives avaient pu être opposées à des tiers. On a peine à concevoir une telle décision. En effet, les contre-lettres sont, sans dis·tinction, dépourvues d'effet à l'égard des tiers. C'est un principe absolu, et dont l'application ne peut dépendre du mode de preuve à l'aide duquel on prétendrait établir l'existence de ces actes. D'ailleurs il s'agissait ici, non d'une véritable preuve littérale, mais de simples indices qui, même entre les parties, eussent été insuffisants e n'eussent pu fournir, tout au plus, qu'un commence ment de preuve par écrit.

Nous avons vu, dans notre introduction, qu'il fallat

(1) (Vo Larombière, sur l'art. 1321, n· 8.

distinguer les véritables contre-lettres des dérogations dont un acte peut être l'objet au bout d'un temps plus ou moins long. C'est ici le lieu d'insister sur cette distinction, car c'est surtout au point de vue des tiers qu'elle a de l'importance. L'acte dérogatoire constitue-t-il une contre-lettre au sens propre du mot, les tiers n'auront aucun compte à en tenir, alors même qu'il aurait été passé par acte authentique ou qu'il aurait acquis date certaine par l'enregistrement ou de toute autre manière. Au contraire, a-t-il pour objet d'anéantir ou de modifier après coup un acte qui, au moment où il a été conclu, était l'expression sincère de la volonté des parties, il rentre sous l'application du droit commun, et il peut être utile alors de constater s'il a ou non date certaine. Ainsi supposons un contrat de vente qu'un autre acte déclare non avenu : si ce second acte a été conçu en même temps que le premier, si, par conséquent, celui-ci n'était pas sérieux, peu importe qu'il ait date certaine, parce qu'il a été passé dans la forme authentique ou enregistré ; il ne sera en aucun cas opposable aux tiers. Au contraire, la vente a-t-elle été sérieuse, et l'acte qui la révoque est-il le résultat d'un accord intervenu plus tard, autrement dit, y a-t-il rétrocession de l'acheteur au vendeur, il faut appliquer la théorie générale sur l'effet des conventions à l'égard des tiers.

Cette distinction si importante ne présentera souvent aucune difficulté. C'est ce qui aura lieu notamment dans le cas où l'acte se qualifierait lui-même de contre-lettre, ou déclarerait expressément que celui auquel il déroge est simulé. Il en sera de même, en général, quand les deux actes auront été rédigés en même temps. Mais il peut arriver aussi qu'il ne soit pas facile d'apercevoir si l'acte invoqué constitue ou non une contre-lettre. La contre-lettre peut n'être rédigée qu'au bout d'un certain temps. Cette hypothèse n'a rien d'invraisemblable; on conçoit, en effet, que celle des parties qui a intérêt à invoquer les stipulations secrètes n'en ait pas demandé une preuve écrite, parce qu'elle s'en rapportait à la bonne foi de son cocontractant; mais il est possible qu'elle n'ait pas la même confiance dans ses héritiers, et qu'elle cherche plus tard à se procurer un acte établissant la simulation. Or, s'il est de l'essence de la contre-lettre qu'elle soit conçue en même temps que l'acte apparent, rien ne s'oppose à ce qu'un certain intervalle s'écoule entre la convention elle-même et la rédaction de l'écrit destiné à la constater. — Les difficultés qui peuvent s'élever en pareille matière appartiennent exclusivement au domaine des faits. C'est aux juges qu'il appartient, dans chaque espèce, de décider, d'après les circonstances, si l'acte dont il s'agit constitue ou non une contre-lettre, et si l'art. 1321 doit recevoir son application. Les témoignages, la correspondance des parties, les présomptions et indices de toute nature pourront servir à résoudre la question, et la solution qu'elle recevra échappera, dans tous les cas, à la censure de la cour de Cassation.

Si les dérogations dont un acte peut être l'objet ne constituent pas toujours des contre-lettres, il faut remarquer qu'à l'inverse il est de l'essence de la contre-lettre qu'elle déroge, au moins dans une certaine mesure à l'acte auquel elle se rattache. On trouve l'application de cette proposition dans un arrêt de la Cour de Douai, en date du 1er mars 1851 (Dall. 1851, 2e p. p. 189). Plusieurs personnes s'étaient obligées solidairement par acte authentique. Un autre acte, sous-seing privé, et qui se présentait sous les apparences d'une contre-lettre,

déclarait que l'obligation avait été contractée exclusivement dans l'intérêt de l'un des débiteurs, qui prenait
l'engagement de mettre les autres à l'abri de toute poursuite. Ceux-ci ayant plus tard invoqué la clause contenue
dans cet acte séparé, les créanciers de leur codébiteur
prétendaient les écarter de la distribution de ses biens,
sous prétexte que le règlement dont ils se prévalaient
était contenu dans une contre-lettre à l'acte principal,
et, par suite, ne pouvait leur être opposé. Ce système fut
repoussé avec raison : l'acte authentique ne contenait
aucune stipulation concernant les rapports des débiteurs
entre eux ; dès lors, l'acte sous-seing privé réglant ces
rapports n'y avait en aucune façon dérogé. Le premier
né contenait point de simulation, et le second ne pouvait
être considéré comme une contre-lettre.

Maintenant il est un point sur lequel il importe d'être
fixé ; c'est celui de savoir quelles sont précisément les
personnes qui doivent être considérées comme des tiers
en matière de contre-lettre. — Le mot *tiers* désigne, en
général, toute personne autre que les parties elles-mêmes
ou leurs ayants-cause, soit à titre universel, soit à titre
particulier. Tel est le sens dans lequel il est employé
par la loi, lorsque dans l'art. 1165, elle dispose que les
conventions, en principe, ne nuisent ni ne profitent aux
tiers. Mais il est certain que telle ne peut être, en notre
matière, la signification de ce mot ; car l'art. 1321 serait
alors complétement inutile : il ne ferait que reproduire,
en ce qui touche les contre-lettres, une règle commune
à toute espèce de conventions. La loi n'a donc pas voulu
parler des tiers *penitus extranei*. Ceux-ci pourraient, le
cas échéant, écarter l'effet des contre-lettres, en vertu
du principe général consacré par l'art. 1165. Les personnes qu'elle entend désigner sont évidemment des

ayants cause des parties, auxquelles les conventions passées par leur auteur sont, en principe, opposables. Mais peut-on poser en principe qu'il faut, en notre matière, regarder comme des tiers « tous ceux qui n'ont pas souscrit la contre-lettre ? » Cette formule que l'on trouve dans les considérants d'un arrêt de la Cour de cassation, en date du 23 février 1833, est évidemment trop large. — Ainsi l'on ne peut, même lorsqu'il s'agit de contre-lettres, considérer comme des tiers les ayants cause à titre universel des parties, bien qu'ils n'aient pas figuré dans l'acte. Cela s'applique aux héritiers légitimes, aux légataires à titre universel, aux bénéficiaires d'une institution contractuelle. Ces personnes représentent d'une manière complète les parties auxquelles elles succèdent, et recueillent les charges, comme les bénéfices, résultant de tous les actes qu'elles ont pu conclure. Il n'est donc pas douteux que les contre-lettres souscrites par leur auteur leur soient opposables ; c'est un point qui n'a jamais été contesté.

Le mandant ne doit pas non plus être considéré comme un tiers, c'est-à-dire qu'il ne peut se soustraire à l'effet des contre-lettres dans lesquelles le mandataire a été partie. C'est une application de ce principe fondamental que tous les actes passés par le mandataire, dans l'exercice de son mandat, sont censés être l'œuvre du mandant. — On cite ordinairement à l'appui de cette doctrine un arrêt de la cour de Bordeaux, en date du 25 juillet 1826. Un mandataire, chargé du recouvrement d'une créance, avait donné quittance au débiteur par acte authentique portant que la totalité de la dette avait été payée. Le mandant réclamait de lui le remboursement de la somme entière, qui, d'après cet acte, avait dû être versée entre ses mains ; mais le mandataire opposait un acte secret, d'où il résultait que la quittance notariée contenait une simulation, qu'en réalité il y avait eu transaction, et que le payement n'avait été que partiel. On a décidé avec raison que la contre-lettre faisait foi à son égard des arrangements intervenus entre le débiteur et le mandataire. Mais, pour faire ressortir le sens de la règle, il vaudrait mieux citer des cas où le débat s'élève, non pas entre le mandataire et le mandant, mais entre celui-ci et des tiers, vis à vis desquels il voudrait se prévaloir d'actes apparents passés par le mandataire, sans tenir compte des contre-lettres qui les auraient modifiés. Ainsi, ce dernier aura conclu une vente au nom du mandant, et un acte secret aura réduit le prix ostensiblement fixé. L'acheteur pourra opposer au mandant la diminution de prix stipulée dans la contre-lettre.

Nous venons de supposer un mandat conventionnel : la même doctrine s'appliquerait également dans l'hypothèse d'un mandat résultant de la loi. Ainsi les contre-lettres souscrites par le tuteur sont opposables au pupille; et, remarquons-le, il n'est pas nécessaire qu'elles aient date certaine antérieurement à la cessation de la tutelle : car il est de principe que les actes émanés du tuteur font, par eux-mêmes, foi de leur date à l'égard du mineur. Or rien n'autoriserait à écarter cette règle en ce qui touche les contre-lettres. (V. Cass., 20 nov. 1830).

Quels sont donc les tiers auxquels les contre-lettres ne peuvent être opposées? Ce sont d'abord les ayants-cause à titre particulier de ceux qui les ont souscrites : c'est principalement cette classe de personnes que la loi a voulu protéger. Ainsi l'art. 1321 pourra être invoqué notamment par des tiers acquéreurs, par ceux en faveur de qui des droits réels, tels qu'un usufruit, une servitude, une hypothèque auront été constitués. Leurs droits resteront intacts malgré l'existence d'une contre-lettre qui constaterait que le titre d'acquisition de leur auteur était simulé, ou que la chose ne lui avait été transmise que sous la réserve de certains droits. — Supposons que le titre apparent porte quittance du prix, tandis qu'une contre-lettre constate qu'au contraire le prix est encore dû : les ayants-cause dont il s'agit pourront considérer cette contre-lettre comme non-avenue, et le vendeur ne pourrait exercer, à leur préjudice, ni son privilège, ni son action résolutoire. De même, ils n'auraient aucun compte à tenir de l'augmentation de prix stipulée dans un acte secret, et pourraient arrêter les poursuites du vendeur, en lui offrant la somme due en vertu de l'acte ostensible.

Nous avons déjà remarqué que cette circonstance, que la contre-lettre aurait date certaine, soit par l'authenticité de l'acte, soit par l'accomplissement de l'une des conditions énumérées dans l'art. 1328, ne pouvait lui donner force obligatoire à l'égard des tiers ; c'est là ce qui caractérise, à vrai dire, la situation particulière des ayants-cause à titre particulier, dans la matière qui nous occupe. On sait quelle est en principe cette situation relativement aux actes qui tendent à anéantir ou à restreindre les droits de leur auteur sur l'objet pour lequel ils lui ont succédé. La règle est que les actes dont il s'agit leur sont opposables ; car ils ne peuvent avoir plus de droits que leur auteur. Mais cela ne peut s'appliquer qu'aux actes qui remontent à une époque antérieure à celle où ils lui ont succédé. En effet, à compter de ce moment, ils sont des tiers vis-à-vis de la personne dont ils tiennent leurs droits, et il n'a plus, dès lors, été au pouvoir de celle-ci d'anéantir ces droits ou de les diminuer. Ainsi, l'acte qu'on leur oppose est-il antérieur ou

postérieur au fait juridique d'où résulte leur qualité
d'ayants-cause? Au premier cas, cet acte leur est opposable; au second, il est, à leur égard, dénué d'effet. Il y a
donc là une question de date à résoudre, question dont
la solution est, comme on sait, subordonnée à des
règles diverses, suivant que le titre invoqué est authentique ou sous seing privé. (Art. 1319 et 1328.) — Tel est
en résumé, le système général de la loi : or, ce système
n'est d'aucune application, lorsqu'il s'agit de contre-
lettres. En effet, les ayants-cause à titre particulier peuvent, en leur qualité même d'ayant-cause, les considérer
comme non avenues : il ne peut donc jamais être question d'en établir la dette à leur égard.

On peut se demander maintenant quel serait l'effet de
la transcription des contre-lettres. Cette question suppose
qu'il s'agit d'immeubles, ou de droits réels immobiliers ;
car c'est seulement à des actes concernant cette catégorie
de biens que peut s'appliquer la formalité dont il s'agit.
Ainsi j'ai vendu un immeuble à Pierre ; mais il est constaté par une contre-lettre que cette vente n'était pas
sérieuse. Pierre revend cet immeuble à Jacques, ou constitue à son profit un droit réel sur le même immeuble.
Supposons que j'aie transcrit l'acte secret en vertu duquel
j'ai consacré mon droit de propriété : si j'ai accompli
cette formalité avant que Jacques ait lui-même transcrit
son titre, en résultera-t-il que la contre-lettre lui soit opposable ? Remarquons tout d'abord qu'une telle hypothèse
n'est guère vraisemblable. La transcription ayant pour
objet de porter les actes à la connaissance du public, le
fait de transcrire la contre-lettre serait en contradiction
avec la destination de cet acte. Si néanmoins la transcription avait eu lieu, il nous semble que la contre-lettre
perdrait, à partir de ce moment, son caractère d'acte

clandestin, vis-à-vis des ayants-cause dont nous nous
occupons. En effet, le système inauguré par la loi de
1855 les oblige, lorsqu'ils traitent avec l'acquéreur fictif,
à consulter les registres de transcription : ils doivent donc
être réputés avoir eu connaissance de tous les actes de
nature à modifier la fortune immobilière de leur auteur,
qui s'y trouvaient mentionnés à l'époque où ils ont
traité avec lui. Or nous verrons plus loin que les tiers
sont déchus du bénéfice de l'art. 1321, lorsqu'ils ont
eu connaissance de la contre-lettre.

On peut conclure de ce qui précède qu'en ce qui touche
les acquéreurs d'immeubles ou de droits réels immobiliers, les principes nouveaux sur la transcription ont
enlevé, pour la plupart des cas, son intérêt à la disposition protectrice de l'art. 1321. En effet, de deux choses
l'une : ou la contre-lettre sera transcrite, et, dès lors,
elle sera, par cela seul, opposable à tous ceux dont le
titre n'a pas encore été rendu public par la transcription ou l'inscription ; — ou elle ne l'a pas été, ce qui
est l'hypothèse la plus vraisemblable. Mais, en pareil
cas, les ayants-cause de l'acquéreur fictif pourront, par
cela seul qu'ils auront transcrit ou inscrit leur titre, se
soustraire à l'effet de cet acte ; ils n'auront donc pas
besoin d'invoquer l'art. 1321. Pour que la disposition de
cet article conserve à leur égard son utilité, il faut supposer qu'ils ont eux-mêmes négligé de se conformer aux
prescriptions de la loi. D'ailleurs, l'art. 1321 conserve
toute son utilité, lorsqu'il s'agit de meubles. Ainsi, l'on
peut supposer le cas où un fonds de commerce, une
galerie de tableaux serait vendu en apparence, une
contre-lettre étant rédigée pour déclarer feinte cette aliénation : l'art. 1321 serait utile au tiers auquel ces objets
mobiliers auraient, par exemple, été revendus.

Parmi les ayants-cause qui peuvent invoquer le bénéfice de l'art. 1321, il faut citer aussi le cessionnaire d'une créance. Supposons que la cession, en vertu de laquelle le cédant lui-même est devenu créancier, soit fictive : la contre-lettre qui fournit la preuve de cette simulation ne lui sera pas opposable. (V. arrêt de la C. de Cassat., 25 juin 1832). On peut supposer aussi le cas où l'on céderait une créance résultant d'un titre simulé : le prétendu débiteur ne pourrait se prévaloir vis-à-vis du cessionnaire d'une contre-lettre qui établirait qu'en réalité il ne doit rien. Il paraît que, dans notre ancienne jurisprudence, on faisait exception, dans cette dernière hypothèse, pour le cas où la contre-lettre était notifiée au nouveau titulaire immédiatement après la signification. (V. Bourjon, t. 1, p. 466, n° 12). Ce tempérament ne saurait être admis aujourd'hui en présence du principe absolu consacré par l'art. 1321.

Les créanciers chirographaires peuvent-ils être considérés comme des tiers, dans le sens de l'art. 1321 ? C'est là une question que l'on serait, au premier abord, tenté de résoudre négativement. En effet, les créanciers chirographaires n'ont qu'un droit général de gage sur l'ensemble du patrimoine de leur débiteur ; ils ne peuvent donc avoir plus de droits que lui, et sont obligés de respecteles act es qu'il peut conclure, sauf dans le cas où ils seraient entachés de fraude à leur égard (art. 1166). Néanmoins, on s'accorde généralement à décider que les contre-lettres souscrite par le débiteur, sont dénuées d'effet vis à vis de ses créanciers cédulaires. Il s'agit, dit-on, d'une règle spéciale destinée à protéger toutes les personnes qui pourraient être induites en erreur par la simulation concertée entre les parties. Or, les créanciers dont il s'agit sont évidemment exposés à ce danger ; ils font partie du public que les contractants ont voulu tromper : la protection de la loi ne saurait donc leur être refusée. D'ailleurs, l'adversaire qui invoque contre eux la contre-lettre est complice de la simulation, et il serait injuste qu'il pût s'en prévaloir au détriment de tiers, qui n'ont eu aucun moyen de la déjouer. En vain objecterait-on que cette solution est contraire aux principes généraux sur l'effet des conventions. Une telle objection n'aurait aucune valeur, puisque l'on n'hésite pas à écarter ces mêmes principes, lorsqu'il s'agit des ayants-cause à titre particulier. Pourquoi reculerait-on à éten. dre l'exception aux créanciers chirographaires, si l'on reconnaît, ce qui n'est pas douteux, qu'il y a même raison de leur venir en aide?

Ainsi les créanciers dont nous parlons conserveront leur droit de gage sur la chose acquise par leur débiteur, nonobstant une contre-lettre qui déclarerait non avenue la convention par laquelle leur débiteur en est devenu propriétaire. Remarquons qu'à ce point de vue la disposition de l'article 1321 a conservé tout son intérêt sous l'empire même de la loi du 23 mars 1855. On sait, en effet, que le défaut de transcription ne peut être opposé par les créanciers chirographaires aux tiers qui ont acquis des droits immobiliers du chef de leur débiteur.

Ainsi encore, supposons qu'un créancier fasse saisie-arrêt sur la créance dont son débiteur est titulaire apparent : on ne pourrait lui opposer une contre-lettre portant que cette créance n'existe pas en réalité, ou que la délégation qui paraissait en avoir été faite au profit de ce débiteur avait eu lieu pour le compte d'un tiers dont il était le prête-nom. (V. Cass., 16 décembre 1840).

Au reste, il n'est pas nécessaire que les créanciers aient traité avec leur débiteur en considération de la

valeur dont la contre-lettre le dépouille ; ils n'ont donc
pas à prouver qu'ils savaient que cette valeur était entrée
dans son patrimoine. (V. l'arrêt précité). Peu importe
également que leurs créances soient antérieures ou postérieures à l'époque où la contre-lettre a été passée. On
ne pourrait leur objecter, dans le premier cas, que la
contre-lettre ne peut être pour eux la cause d'aucune
surprise, puisqu'elle se réfère à des actes sur l'émolument desquels ils n'ont pu compter. Ils répondraient
avec raison que si les modifications contenues dans la
contre-lettre n'avaient pas été tenues secrètes, ils auraient
sans doute pris les mesures nécessaires pour sauvegarder
leurs droits.

C'est un principe généralement admis que l'art. 1321
cesse d'être applicable lorsque les tiers ont eu connaissance des contre-lettres qu'on leur oppose. En effet, le
but de la loi est de les protéger contre les mécomptes qui
résulteraient pour eux de la production d'actes dont ils
n'ont pu être informés. Or il est évident que, dans l'hypothèse dont il s'agit, cette protection n'a plus sa raison d'être. En pareil cas, à vrai dire; l'acte qu'on leur
oppose perd, à leur égard, son caractère de contre-lettre,
et la question de savoir s'il leur est opposable doit se
résoudre conformément aux principes généraux.

Enfin remarquons que si les contre-lettres ne peuvent
nuire aux tiers, il ne serait pas vrai de dire, à l'inverse,
qu'elles ne peuvent leur profiter. On ne voit pas, d'a-
bord, pour quel motif il en serait ainsi. La loi, d'ailleurs,
dit simplement que les contre-lettres ne peuvent avoir
d'effet contre les tiers ; conclure de là qu'elles ne peuvent être invoquées par eux, lorsqu'ils y ont intérêt, ce
serait retourner contre eux une disposition édictée en
leur faveur. On rentre donc, à ce point de vue, dans le

droit commun, suivant lequel les tiers dont il s'agit ici, c'est-à-dire les ayant-cause à titre particulier, les créanciers, peuvent se prévaloir des actes émanés de leur auteur ou de leur débiteur. — Ainsi lorsqu'une contre-lettre porte augmentation du prix ostensiblement déclaré, il est bien certain que les créanciers du vendeur, exerçant ses droits, en vertu de l'article 1166, pourront exiger le paiement de ce supplément, et l'on ne pourra les repousser sous prétexte que la contre-lettre est sans effet à leur égard. Mais nous supposons qu'ils agissent contre l'acheteur lui-même; ils ne pourraient élever la même prétention vis à vis des créanciers de celui-ci. En effet, ils n'ont pour se prévaloir de la contre-lettre, d'autre titre que leur qualité d'ayant-cause du vendeur ; donc ils ne peuvent l'invoquer que dans la mesure et dans les circonstances où celui-ci pourrait lui-même le faire. Or, nous savons que le vendeur ne peut opposer aux créanciers de l'acheteur, qui sont des tiers à son égard, la contre-lettre portant augmentation du prix.

On a souvent fait observer qu'il ne fallait pas assimiler aux contre-lettres la *déclaration de command*, c'est-à-dire la déclaration faite par une personne que, dans te. acte antérieurement conclu, elle a agi au nom et pour le compte d'un tiers qu'elle désigne. L'effet de cette déclaration est de faire considérer celui de qui elle émane comme n'ayant été qu'un simple mandataire : les conséquences de l'acte se produisent donc au profit ou au préjudice du commettant (ou *command*). Mais, pour qu'il en soit ainsi, il faut évidemment que la faculté de déclarer command ait été réservée dans l'acte, et qu'elle soit exercée dans le délai qui ordinairement aura été fixé par les parties, et qui, dans le cas contraire, le serait par le juge. Autrement, le déclarant serait réputé avoir contracté pour lui-même, et le commettant ne serait considéré que comme un cessionnaire de ses droits. La différence entre les deux hypothèses s'aperçoit sans peine, et il n'est pas besoin de la faire ressortir.

En fait, c'est le plus souvent dans les ventes judiciaires, par exemple à la suite d'une saisie-immobilière, que la déclaration de command se produit. Aux termes de l'art. 705 du Code de procédure civile, « les enchères sont faites par le ministère d'avoués et à l'audience. » Ceux-ci font connaître le nom de leur client, non pas au moment des enchères, mais par une déclaration postérieure de *command*. Cette hypothèse présente les deux particularités suivantes : 1° Il n'est pas nécessaire qu'une réserve expresse ait été faite lors des enchères ; l'avoué est de plein droit censé agir pour le compte d'une tierce personne ; 2° la loi fixe un délai dans lequel doit être faite la délaration de command. L'avoué doit, dans les trois jours de l'adjudication, déclarer l'adjudicataire et fournir son acceptation, sinon représenter son pouvoir. (C. proc. civ., art. 707.)

Les explications qui précèdent suffisent pour faire comprendre qu'il n'y a rien de commun entre cette hypothèse et celle dont nous nous occupons. Il est impossible, en effet, d'assimiler la déclaration de command à la production d'une contre-lettre ; car elle a lieu en vertu d'une clause qui n'a pas été tenue secrète, mais a été ouvertement stipulée, comme le reste de l'acte. Les tiers ne sont donc pas, en pareil cas, exposés à des surprises ; ils sont avertis, par la teneur même de l'acte, que les droits qui en résultent ne reposent que d'une façon précaire sur la tête de celui qui s'est réservé la faculté de *déclarer command.*, et qu'ils s'évanouiront par l'exercice qu'il fera de cette faculté.

*§ 4. Des contre-lettres envisagées au point de vue des droits
d'enregistrement.*

La loi sur l'enregistrement du 22 frimaire an VII ne
s'est occupée des contre-lettres que dans son article 40,
dont nous connaissons le texte. Cet article, comme on
l'a vu, ne se réfère qu'à une hypothèse spéciale, celle où
l'acte secret a pour objet d'augmenter le prix porté dans
l'acte ostensible. Le législateur a proscrit les contre-
lettres de cette espèce comme entachées de fraude à son
égard, et il a sanctionné cette prohibition par deux dispositions distinctes : 1· la nullité des contre-lettres,
même entre les parties contractantes ; 2· une amende,
dont le chiffre s'élève au triple du droit afférent au supplément de prix qui s'y trouve stipulé. Nous avons déjà
parlé de la première de ces dispositions, et nous avons
vu que, suivant l'opinion généralement accréditée aujourd'hui, elle avait été implicitement abrogée par le Code
civil. La seconde partie du texte, qui prononce une
peine pécuniaire, lui a survécu. Mais nous verrons tout
à l'heure que, par suite des modifications introduites
par une loi nouvelle dont nous avons déjà eu l'occasion
de parler (celle du 23 août 1871), elle a perdu désormais, en grande partie, son application. Toutefois,
comme l'art. 40 a, pendant de longues années, occupé
dans notre droit fiscal une place importante, et que l'innovation dont il s'agit est toute récente, nous croyons
devoir en analyser brièvement les dispositions, sauf à
indiquer ensuite dans quelle mesure elles sont devenues
inapplicables aujourd'hui.

La première condition pour que la pénalité prononcée
par l'article 40 puisse être encourue, c'est qu'il s'agisse

d'un acte donnant lieu à la fixation d'un prix. C'est principalement en cas de vente que l'application s'en présentera, mais elle peut se rencontrer aussi à l'occasion d'autres contrats, d'un bail, par exemple. Si la convention comporte une aliénation, il n'y a pas à distinguer suivant qu'elle a pour objet la pleine propriété ou l'un de ses démembrements, tels qu'un droit d'usufruit. Peu importe également qu'elle s'applique à des immeubles ou à des objets mobiliers. C'est en ce qui concerne cette dernière hypothèse, comme le fait observer M. Demante (Exposé des principes de l'Enregistrement, n. 822), que la disposition de l'article 40 est surtout remarquable. « Les parties, dit-il, avaient là toute liberté de contracter sans acte, ou de ne pas produire leur acte. La loi cependant voit dans la contre-lettre en question une contravention punissable. »

Maintenant l'article ne s'applique que lorsque la contre-lettre est sous-seing privé ; cela résulte expressément du texte. Et en effet, quand les parties ont recours à la forme authentique, tout soupçon de fraude disparaît par là même : l'acte authentique est nécessairement destiné à être enregistré ; c'est au notaire qu'incombe, sous peine d'amende, l'obligation de le présenter à la régie dans un certain délai. (Loi du 22 frim. an VII, art. 20 et 29).

Il faut en outre, toujours d'après le texte lui-même, que la contre-lettre déroge à un acte sous-seing privé précédemment enregistré. Quel est le sens de cette règle ? Est-ce à dire que la contre-lettre n'est frappée par la loi que lorsqu'elle a été rédigée postérieurement à l'enregistrement de l'acte auquel elle déroge ? Non sans doute ; entendre ainsi l'article 40, ce serait en restreindre singulièrement la portée. En effet, la contre-lettre sera presque toujours rédigée en même temps que l'acte apparent ;

l'hypothèse contraire pourra se présenter sans doute, nous l'avons constaté plus haut ; mais ce ne sera que par exception. C'est au moment où intervient l'acte qu'elle contredit qu'il importe de constater les dérogations secrètes que les parties entendent y apporter ; si on ne l'a pas fait à ce moment, il est probable que la contre-lettre ne sera pas rédigée, car les parties ont montré qu'elles s'en rapportaient à la bonne foi l'une de l'autre. Les mots « précédemment enregistré » se rapportent non pas à la confection de la contre-lettre, mais à sa production en public. La loi frappe les contre-lettres qui ne sont découvertes, soumises à l'enregistrement, qu'après l'accomplissement de cette formalité en ce qui touche l'acte apparent. (V. Merlin, Rép. vº contre lettre.) Il suit de là que, si la contre-lettre a été produite avant cette époque, la peine n'est pas applicable. Elle ne l'est pas non plus, lorsque la contre-lettre est présentée à la Régie en même temps que l'acte principal : c'est ce qu'a reconnu une délibération du 11 juin 1833. — Il résulte également du texte de notre article que les contre-lettres échappent à la pénalité qu'il édicte lorsqu'elles se rattachent à un acte qui n'est pas lui-même présenté à l'enregistrement.

Il est bien entendu que l'art. 40 ne s'applique qu'aux véritables contre-lettres : il faut qu'il y ait eu simulation, et que, par conséquent, l'augmentation de prix stipulée dans l'acte séparé ait été convenue entre les parties au moment où elles ont traité. Ainsi, l'on a remarqué avec raison que si, postérieurement à la vente, une contestation s'était élevée entre les parties, et que, pour y mettre fin, l'acheteur eût offert un supplément de prix, l'amende du triple ne serait pas applicable ; il en était de même, avant la promulgation du Code, de la nullité prononcée par le législateur de l'an vii. On peut en dire autant du cas où l'acheteur, reconnaissant l'insuffisance du prix, s'obligerait, par une convention ultérieure, à payer une somme supérieure à celle qui a été fixée dans l'acte. (V. en ce sens une délibération de la régie, en date du 24 août 1830.)

Le triple droit, dans le système de la loi de frimaire an vii, est dû tout entier à titre de peine; c'est ce qui résulte des termes mêmes qu'elle emploie : « ... Il y aura lieu d'exiger, à titre d'amende... » Du droit lui-même, il n'en est plus question; ce qui est dû, c'est le triple du droit qui eût été exigible à raison des sommes stipulées dans la contre-lettre, si elles l'avaient été dans l'acte ostensible. Et il devait en être ainsi : n'y aurait-il pas eu contradiction, en effet, à exiger un droit à raison d'un acte qui n'a point d'existence juridique? Remarquons cependant qu'il y a eu longtemps hésitation, dans la doctrine et la jurisprudence, sur le point de savoir si un acte nul devait échapper à la loi fiscale, et l'on invoquait précisément notre article en faveur de l'affirmative. Un autre argument résultait de l'article 34, relatif à l'enregistrement des exploits et procès-verbaux d'huissier. Dans certains cas, la loi prononce la nullité de l'exploit : il n'est plus question alors du droit qui frappait l'acte, et si quelque chose est dû néanmoins, c'est seulement à titre de peine. Au reste, aujourd'hui qu'il est admis que la nullité prononcée par l'art. 40 ne subsiste plus, il semble que l'on ne doive plus considérer la somme tout entière comme une amende. En effet, la contre-lettre portant augmentation du prix est valable; un droit est donc exigible de ce chef, et il sera plus exact de dire qu'il n'y aura d'amende que pour les deux tiers.

A quelles personnes s'adresse la pénalité édictée par l'art. 40 ? Il est certain que le triple droit doit, en définitive, être supporté par le débiteur du prix, par l'acheteur par exemple. En effet, quant au simple, cela résulte directement de l'art. 31, aux termes duquel les droits des actes civils et judiciaires emportant obligation, libération ou translation de propriété, etc..., seront supportés par les débiteurs et nouveaux possesseurs. Maintenant il est clair qu'il en doit être de même pour ce qui est dû à titre d'amende. En effet, la contre-lettre a été faite dans l'intérêt de l'acheteur, puisqu'elle a eu pour but de restreindre le montant de ce qu'il aurait à payer à la régie : il est donc naturel qu'il en subisse les conséquences.

Est-ce à dire maintenant que la régie ne puisse réclamer que de l'acheteur seul le remboursement de ce qui lui est dû ? Non sans doute ; il est en effet de principe que les droits peuvent être réclamés de toute personne qui présente à l'enregistrement l'acte auquel ils s'appliquent. Mais il semble qu'il y aurait lieu de distinguer entre la portion de la somme qui représente le droit afférent à l'augmentation de prix stipulée dans la contre-lettre, et celle qui est dû à titre de peine. Pour la première, on appliquerait la règle générale ; mais le surplus, constituant une amende, ne devrait pouvoir être exigé que de l'acheteur ; car les peines ne doivent pas être étendues.

Nous adopterions la même solution en ce qui concerne les héritiers de l'acheteur ; mais, sous l'empire de la loi de frimaire an VII, le triple droit n'étant, pour le tout, autre chose qu'une amende, il aurait fallu décider qu'ils étaient à l'abri de toute réclamation, par application de ce principe que les peines s'éteignent dans la personne de ceux qui les ont encourues, et ne peuvent frapper leurs représentants. Mais, sous l'empire du Code, cela n'est plus vrai que des deux tiers de la somme exigible : nous dirions donc que pour un tiers, c'est-à-dire pour le droit lui-même, l'obligation passe aux héritiers. — On pourrait, en sens contraire, tirer argument d'un avis du conseil d'Etat du 9 février 1810 (auquel, par conséquent il faut reconnaître force obligatoire), et qui décide que le double droit dû en exécution de l'art. 38 de la loi du 22 frimaire an VII peut être exigé des héritiers ou représentants de celui qui a contracté. — On serait tenté d'étendre cette décision à la peine édictée par l'art. 40. Mais le conseil d'État, par un avis postérieur, en date du 21 septembre de la même année, a déclaré que l'interprétation contenue dans l'avis du 10 février précédent était spéciale à l'art. 38; on ne peut donc l'invoquer dans notre matière.

La doctrine que nous venons d'exposer, nous devons le reconnaître, n'est pas confirmée par la jurisprudence. La Cour de cassation (c'est du moins ce qui ressort d'un arrêt du 23 février 1836) considère le triple droit comme exigible de toute personne, même étrangère à l'acte, qui le présente à l'enregistrement, d'un cessionnaire notamment. Elle considère la peine comme frappant, en quelque sorte, l'acte lui-même plutôt que les contrevenants, et elle en conclut que le montant de l'amende doit être perçu au moment même où la contre-lettre est représentée. — Ce principe admis, il s'en suit nécessairement que le triple droit peut être réclamé des héritiers, lorsqu'ils font enregistrer l'acte, et c'est sans doute ce que la Cour de cassation déciderait.

Les principes que nous venons d'exposer ont, comme nous l'avons annoncé, perdu de leur importance, depuis la loi fiscale promulguée au mois d'août dernier. Le législateur, sentant plus que jamais le besoin de réprimer les fraudes dont le trésor public a toujours été victime, et jugeant insuffisante à cet effet la législation en vigueur, a édicté de nouvelles dispositions, pour assurer autant que possible le recouvrement intégral des droits de mutation. — D'après le système de la loi de frimaire an VII, qui avait continué jusqu'alors à régir la matière, de quels moyens le fisc disposait-il pour découvrir le prix véritable qui devait servir de base à la fixation du droit proportionnel, en cas de mutations immobilières à titre onéreux? Les modes de preuve du droit commun lui étaient interdits. Seulement, si prix déclaré lui paraissait inférieur à la valeur vénale de la chose aliénée, elle pouvait recourir à l'expertise(Loi du 22 frimaire an VII, art. 17). La fraude était encore déjouée, lorsqu'elle pouvait établir l'existence d'une contre-lettre portant augmentation de prix. — Maintenant quelles peines frappaient la dissimulation une fois prouvée?Lorsque l'expertise constatait une plus-value, l'acquéreur devait, bien entendu, dans tous les cas, acquitter le droit sur le supplément d'estimation. (Loi du 22 frimaire, an VII, art. 17, 7° al.) Mais si cette estimation excédait d'un huitième au moins le prix ostensible, il était dû de ce chef un double droit (Même loi, même art. 6° al. et loi du 17 vent. an IX, art. 5 comb). — Dans l'hypothèse où la dissimulation était révélée par une contre-lettre, il y avait lieu, comme nous l'avons vu, au paiement du triple droit, à raison des sommes qui s'y trouvaient stipulées.

La loi nouvelle a, sous le double rapport de la pénalité et des moyens de preuve, complété et transformé le système que nous venons de résumer. C'est ce qui résulte des art. 12 et 13.

Art. 12. Toute dissimulation dans le prix d'une vente et dans la soulte d'un échange ou d'un partage, sera punie d'une amende égale au quart de la somme dissimulée, et payée solidairement par les parties, sauf à la répartir entre elles par égale part.

Art. 13. La dissimulation peut être établie par tous les genres de preuves admises par le droit commun. Toutefois l'administration ne peut déférer le serment décisoire, et elle ne peut user de la preuve testimoniale que pendant dix ans, à partir de l'enregistrement de l'acte.....

Nous ne nous arrêterons pas au second de ces articles qui, sauf certaines restrictions, met, comme on le voit, à la disposition de l'administration les modes de preuve ordinaires. Attachons-nous seulement aux dispositions de l'art. 12, qui prononce contre la dissimulation une amende très-considérable, car elle s'élève, si l'on y comprend le double décime, à trente p. cent des sommes tenues secrètes. Ces sommes sont dues uniquement à titre de peine, et indépendamment des droits exigibles, suivant les règles ordinaires, sur le supplément de prix (V. l'Instr. de la Régie en date du 25 août 1871, § 5, n° 2). Une autre innovation notable, c'est qu'au lieu de frapper l'acquéreur seul, suivant les principes admis jusqu'à présent, la loi partage l'amende entre les deux parties, et soumet chacune d'elles pour le tout aux poursuites de l'administration. Mais ce qu'il nous importe surtout de remarquer, c'est que l'article s'applique indistinctement, de quelque manière qu'ait été établie la dissimulation (V. l'instr. déjà citée), et, par conséquent, au cas où elle résulte d'une contre-lettre aussi bien qu'à toute autre hypothèse.

Est-ce à dire que l'art. 40 n'ait plus dès lors aucune application ? Nous ne le pensons pas. Les art. 12 et 13, en effet, ne régissent que les ventes, échanges ou partages ; toutes les fois que la contre-lettre se rattachera à un acte de cette espèce, ce n'est plus à la loi de frimaire an VII, c'est à la loi nouvelle qu'il faudra se référer. Mais ce n'est pas seulement dans cette hypothèse que l'art. 40 recevait son application ; on a vu notamment qu'il s'appliquait aux baux. En pareil cas, et plus généralement, toutes les fois que l'acte dont la contre-lettre enfle le prix ne sera pas un de ceux dont s'occupe l'art. 12, l'ancienne disposition conservera toute sa force.

La pénalité édictée par l'art. 40, comme aussi la loi nouvelle dont on vient de parler, ne s'applique qu'aux contre-lettres qui ont pour objet d'augmenter le prix stipulé dans un acte ostensible. Quant à toutes les autres, dont le législateur ne s'est pas occupé, quel en est l'effet au point de vue du droit fiscal ? — Cet effet, on le conçoit, varie suivant les hypothèses diverses qui peuvent se présenter ; mais il est, en cette matière, deux principes que l'on peut regarder comme constants : le premier consiste en ce que la Régie peut toujours, en sa qualité d'ayant-cause des parties, invoquer la contre-lettre et réclamer les droits auxquels donnent lieu, par leur nature, les conventions qui y sont stipulées ; — le second, c'est que la Régie est un tiers, dans le sens de l'art. 1321, et qu'elle peut, toutes les fois qu'elle y a intérêt, repousser, comme n'ayant aucun effet à son égard, les clauses contenues dans la contre-lettre. — Ainsi, pour appliquer ces principes en matière de vente, supposons une contre-lettre portant augmentation du prix, mais qui néanmoins ne tombe pas sous l'application de l'art. 40, par exemple parce qu'elle a été passée par acte authentique. La régie pourra réclamer le payement des droits, en prenant pour base, d'une part, le prix fixé par l'acte ostensible, d'autre part le supplément stipulé dans la contre-lettre. — Celle-ci a-t-elle au contraire pour objet de diminuer le prix ouvertement déclaré, les parties ne pourront se prévaloir de cette réduction ; le fisc ne tiendra compte, pour la fixation des droits, que du prix énoncé dans l'acte apparent. Maintenant la contre-lettre elle-même, si elle est présentée à l'enregistrement, donnera lieu, comme tout acte que l'on soumet à cette formalité, à la perception d'un droit. Ce ne sera pas un droit proportionnel, car le cas dont il s'agit ne rentre dans aucun de ceux qu'énumère l'art. 4 de la loi de frimaire an VII ; il n'y a évidemment ici ni translation d'un droit réel, ni création d'une obligation ; il n'y a pas libération non plus, car il résulte de la contre-lettre que la portion du prix dont elle exonère l'acheteur n'a jamais été due. C'est donc seulement un droit fixe qui pourra être exigé (art. 3).

Supposons maintenant que la contre-lettre ait pour objet de déclarer que la vente constatée dans tel acte n'était pas sérieuse. Il est certain que le fisc pourra faire abstraction de cette déclaration, et exiger le paiement des droits de mutation en vertu de l'acte ostensible. Mais la contre-lettre elle-même, à quelle perception donnera-t-elle lieu ? Il semble que, comme dans l'hypothèse précédente, il ne puisse y avoir lieu, en pareil cas, qu'au paiement d'un droit fixe. Cependant, telle n'est pas la doctrine qui prévaut dans la pratique. La jurisprudence paraît considérer la contre-lettre dont il s'agit comme contenant, au point de vue des droits du trésor, une nouvelle mutation, une rétrocession, et, par conséquent, comme passible d'un droit proportionnel égal à celui qui a déjà frappé l'acte apparent lui-même. On trouve ce système soutenu dans une délibération de la Régie en date du 11 brumaire an XI, et il a été consacré par la Cour de Cassation, notamment dans un arrêt du 20 juillet 1859. Il n'y aurait d'exception que dans le cas où la contre-lettre serait passée moins de vingt-quatre heures après l'acte auquel elle déroge. Elle serait alors considérée comme un résiliement pur et simple, et ne donnerait ouverture qu'à un droit fixe, par application de l'article 68, § 1, n° 40 de la loi de frimaire an VII. — Cette solution ne nous paraît pas admissible. Le motif principal sur lequel elle repose, c'est que la contre-lettre ferait repasser sur la tête du vendeur la propriété de la chose vendue qui, aux yeux de la Régie, comme des tiers en général, avait, nonobstant cette contre-lettre, été transmise à l'acheteur. Ainsi c'est la contre-lettre elle-même que l'on invoque pour soutenir qu'une nouvelle transmission s'est opérée. Mais, en raisonnant ainsi, on dénature absolument les effets de cet acte, qui évidemment n'implique aucune translation de propriété. Remarquons d'ailleurs que la Régie, pour percevoir un premier droit de mutation, est obligée de faire abstraction de la contre-lettre : comment donc pourrait-elle, tout à la fois s'en prévaloir et la réputer non avenue ? Ce sont là deux points de vue qui s'excluent réciproquement. En vain dirait-on que les parties peuvent au moyen d'une contre-lettre, déguiser une véritable rétrocession. Sans doute la fraude est possible : mais ce n'est pas une raison pour la supposer dans tous les cas. La loi seule pouvait établir une pareille présomption, et elle ne l'a pas fait. Si telle avait été son intention, elle n'aurait pas manqué de s'expliquer à cet égard, comme elle l'a fait pour l'élection de command. En cette matière, la loi s'est montrée très-rigoureuse : sauf dans le cas où la déclaration est faite dans les vingt-quatre heures, elle se refuse à reconnaître à l'opération dont il s'agit son véritable caractère, et suppose *à priori* qu'elle dissimule une revente (V. art. 68, § 1, n° 24 et 69, § 7, n° 3, loi de frimaire an VII.) Mais nous ne trouvons rien de pareil ici, et il n'est pas permis de suppléer au silence de la loi.

SECTION II.

Des contre-lettres en matière de cession d'office.

Nous savons qu'en principe les contre-lettres, dépourvues d'effet à l'égard des tiers, sont obligatoires entre les parties contractantes ; mais, en étudiant cette règle dans l'art. 2 de notre première section, nous avons annoncé qu'elle subissait une exception en matière de cession d'office. Cette remarquable dérogation aux principes ne résulte expressément d'aucun texte ; mais elle est admise depuis longtemps par la doctrine et par une jurisprudence constante ; nous verrons d'ailleurs qu'elle se justifie par des motifs puisés dans les principes fondamentaux du droit. On peut donc la considérer comme faisant en quelque sorte partie de notre législation actuelle. Pour comprendre les motifs qui l'ont fait admettre, il est nécessaire de préciser d'abord la nature des droits qui appartiennent aux titulaires d'offices. C'est ce que nous essayerons de faire en peu de mots.

Avant 1789, la plupart des offices pouvaient être aliénés par leurs titulaires ; ils étaient également, sauf certaines restrictions, transmissibles à leurs héritiers. Au reste, il faut remarquer que ce qui était *in commercio*, ce n'était pas précisément l'office considéré en lui-même, le droit d'exercer la fonction publique, mais la finance, c'est-à-dire la créance ayant pour objet la somme versée au bureau des parties casuelles, lors de la création de l'office, et dont l'Etat était ainsi devenu débiteur. Quant au titre lui-même, le successeur devait le recevoir directement du roi ; celui-ci le lui conférait sur la présentation du titulaire, qui se démettait en sa faveur. La vénalité des offices fut abolie, en conséquence de la déclaration du 4 août 1789, par divers décrets rendus de 1789 à 1791. Les titulaires n'eurent plus, dès lors, la faculté de disposer, soit à titre gratuit, soit à titre onéreux, de la valeur pécuniaire de leur charge, et cette prohibition s'appliquait à tous les offices sans distinction. Il en fut ainsi jusqu'à la Restauration. A cette époque, on fut amené, par la nécessité de créer au trésor de nouvelles ressources, à élever notablement le chiffre du cautionnement des officiers publics. En compensation du sacrifice qu'on leur imposait, on se départit de la rigueur des principes qui avaient prévalu à la fin du dernier siècle, et la loi du 28 avril 1816, dans son art. 91, accorda à certains d'entre eux un droit analogue à celui qui dérivait autrefois de la vénalité des offices. Cet article est ainsi conçu :

« Les avocats à la Cour de cassation, notaires, avoués, « greffiers, huissiers, agents de change, courtiers, com-« missaires-priseurs, pourront présenter à l'agrément de « Sa Majesté des successeurs, pourvu qu'ils réunissent les « qualités exigées par les lois. Cette faculté n'aura pas lieu « pour les titulaires destitués. — Il sera statué par une « loi particulière, sur l'exécution de cette disposition, « et sur les moyens d'en faire jouir les héritiers ou ayants « cause desdits officiers. — Cette faculté de présenter des « successeurs ne déroge point, au surplus, au droit de sa

« Majesté de réduire le nombre desdits fonctionnaires,
« notamment celui des notaires, dans les cas prévus par
« la loi du 25 ventôse an XI, sur le notariat. »

La mesure dont il s'agit s'applique, comme on voit,
non pas aux charges publiques proprement dites, mais
aux fonctions d'officiers ministériels, dont les titulaires
sont plutôt les auxiliaires que les dépositaires de la puissance publique. Au reste la loi de 1816 n'a pas rétabli
l'ancienne vénalité des offices : l'élément qui autrefois
pouvait être l'objet d'une convention privée, la finance,
n'existe plus aujourd'hui, car les offices ne sont plus
créés à prix d'argent. Elle s'est bornée à accorder aux titulaires le droit de présenter leur successeur : l'Etat s'est
donc enlevé le droit de disposer de la charge sans leur
consentement ; il ne peut l'octroyer qu'à la personne
choisie et présentée par eux. Il suit de là que, si les principes sont différents, la situation des titulaires est à peu
près, au fond, ce qu'elle était sous l'ancien régime. Le
droit de présentation constitue une valeur pécuniaire faisant partie de leur patrimoine, et qui, jointe à la clientèle
qu'ils se sont acquise, constitue dans leurs mains une
véritable propriété et peut être de leur part l'objet d'une
disposition à titre gratuit ou onéreux. Bien qu'elle ait
évité avec soin de prononcer les mots de *vente*, de *cession*, de peur que l'on n'en conclût que l'office lui-même
était dans le commerce, c'est bien là le bénéfice que la
loi de 1816 a, en définitive, entendu conférer aux officiers ministériels.

Mais le droit de transmission dont ils sont investis est
renfermé dans certaines limites. Le chef de l'Etat conserve, en effet, le droit de nommer à la fonction. Sans
doute il ne peut, sauf dans le cas de destitution, choisir
lui-même le nouveau titulaire ; mais il lui est loisible

d'agréer ou de repousser celui qu'on lui propose. Il en résulte que l'acte par lequel le titulaire dispose de ses droits
ne devient parfait que lorsque le gouvernement a approuvé la transmission. Cet acte doit donc être soumis
à la ratification de la chancellerie, chargée de juger s'il
est ou non conforme à l'intérêt public. Son examen
portera d'abord sur la personne même du candidat ; elle
recherchera s'il présente les garanties de moralité, de
capacité que requiert l'exercice de la fonction à laquelle
il aspire. Ce n'est pas tout : les conditions du traité seront également révisées par elle, et si elles ne lui paraissent pas devoir être approuvées, elle pourra y refuser sa
sanction, ou exiger que telle ou telle modification y soit
apportée. Ce contrôle du gouvernement s'exerce surtout
quand la transmission s'opère à titre onéreux, par l'effet
d'une vente ; et il porte alors principalement sur le prix
convenu entre les parties. C'est en effet le point de vue
auquel il présente le plus d'utilité : il est facile de s'en
rendre compte. Le cessionnaire, poussé par l'ambition
d'occuper une position honorable et lucrative, et se faisant illusion sur les bénéfices qu'elle est de nature à lui
procurer, est ordinairement à la discrétion du cédant,
et celui-ci est trop souvent disposé à profiter de sa présomption et de son inexpérience pour lui imposer un
marché désavantageux. Or l'intérêt public exige impé-
rieusement que le prix stipulé des cessionnaires ne soit
pas exagéré : il serait à redouter, en pareil cas, que le
nouveau titulaire, ne trouvant pas dans le produit de sa
charge un émolument assez considérable, ne fût tenté
de chercher, en dehors de l'exercice régulier de ses fonctions, un supplément de bénéfices, et ne se laissât entraîner ainsi à des actes plus ou moins répréhensibles :
l'expérience a démontré que cette crainte n'était pas

chimérique. De tout temps cet abus s'est produit: de tout temps aussi on a compris la nécessité d'y remédier.

Sous l'ancien régime, les traités de cession n'étaient pas, comme aujourd'hui, nécessairement soumis à l'approbation préalable du gouvernement. Le seul acte qui devait lui être présenté était celui par lequel le titulaire donnait pouvoir au collateur de l'office de le conférer à la personne qu'il désignait (*procuratio ad resignandum*). Le roi disposait donc du titre au profit du candidat présenté, sans avoir pu porter son examen sur les clauses du traité. Il en résultait que celles-ci étaient souvent fort onéreuses pour le cessionnaire. Mais, à diverses reprises, on eut recours à des mesures réglementaires pour conjurer le mal. Ainsi une ordonnance du 7 décembre 1665 fit défense aux officiers des cours souveraines, sous peine de perdre entièrement le prix de l'office, d'exiger un prix supérieur à celui qui était fixé dans cet édit. Cette ordonnance fut révoquée en 1709 ; mais, en 1724, la matière fut l'objet d'une nouvelle réglementation. Enfin, les mesures antérieurement prises à ce sujet furent généralisées par l'édit de février 1771, dont l'art. 6 est ainsi conçu : « Aucun office ne pourra être vendu, soit en justice, soit autrement, au-delà de la fixation portée par les rôles ou état général, ou par les réformations qui auront été faites dans les cas portés dans les articles ci-dessus. » Ces dispositions furent confirmées par un arrêt du Conseil du 6 juillet 1772, et on en trouve l'application dans d'autres édits d'octobre 1781 et janvier 1782.

Aujourd'hui, il n'y a plus de tarif qui détermine d'une manière générale la valeur des offices; mais la liberté des parties n'en est pas plus grande. En effet, l'administration, à l'approbation de laquelle est subordonnée la perfection du contrat, examine si le prix n'est pas trop élevé, et en exige, s'il y a lieu, la réduction. Ainsi, tandis qu'en matière ordinaire les parties sont libres de contracter aux conditions qui leur conviennent, ici l'autorité se substitue en quelque sorte à elles et leur impose sa propre évaluation. L'acheteur se trouve de la sorte garanti contre les exigeances du vendeur par une protection toute spéciale, protection qui lui est accordée non pas dans son intérêt propre, mais uniquement dans celui de la société.

Les notions précédentes nous amènent au point qui doit attirer notre attention. — On comprend qu'en général les parties ne doivent pas facilement se soumettre à la loi qui leur est imposée, et cherchent à l'éluder d'une manière quelconque. Or les contre-lettres leur en fournissent tout naturellement le moyen. Grâce à cet expédient, elles pourront obtenir l'agrément du chef de l'Etat, en ne lui présentant qu'un acte dont les stipulations seront conformes aux exigeances de la chancellerie, tandis qu'elles fixeront secrètement, et en dehors de tout contrôle, les véritables conditions du traité. Un tel abus ne pouvait manquer de se produire, sous l'empire du système établi par la loi de 1816, et c'est en effet ce dont on s'est aperçu bientôt. L'usage des contre-lettres, en matière de cession d'offices, ne tarda pas à se répandre, de façon à rendre, pour ainsi dire, illusoire la haute tutelle qui appartient, en cette matière, à l'Etat. Comment réagir contre une coutume si funeste ?

A l'origine, on eut recours à des moyens simplement préventifs : par exemple, l'administration imagina d'imposer au cédant et au cessionnaire l'obligation d'affirmer, sous la foi du serment, la sincérité de l'acte soumis à son approbation. Mais c'était là une mesure insuffisante, vexatoire d'ailleurs, et contre laquelle les officiers ministériels protestèrent énergiquement; aussi fut-elle abandonnée. L'action disciplinaire, qui pouvait sans doute s'exercer en pareil cas, était d'un secours peu efficace. Le vrai remède était ailleurs; il fallait atteindre l'intérêt privé lui-même, et refuser tout effet juridique aux traités secrets. C'est ce que l'on a fini par comprendre. Ce point, il est vrai, n'a été l'objet d'aucune disposition législative; mais la jurisprudence, après quelque hésitation, s'est définitivement prononcée pour la nullité des contre-lettres; le dernier arrêt qui ait consacré la solution contraire remonte à plus de trente ans (V. Toulouse, 22 février 1840). L'ancien droit, d'ailleurs, fournissait, à cet égard, des précédents. En résumant, dans notre première section, les décisions que l'on y rencontre touchant certains points spéciaux, nous avons cité des arrêts de règlements qui avaient déclaré nuls les traités clandestins en matière de cession d'office. Mais il faut remarquer que ces arrêts ne faisaient qu'appliquer les dispositions législatives qui avaient prohibé les conventions contraires aux règlements, et dont nous avons parlé ci-dessus; évidemment il ne pouvait être permis de faire en secret ce qu'il était interdit de faire ouvertement. — Aujourd'hui, en l'absence de prescriptions formelles, la même doctrine devait-elle encore être admise, et la jurisprudence a-t-elle eu raison de la consacrer? Cela nous paraît incontestable, car elle résultait nécessairement des principes que nous avons résumés plus haut. Du moment, en effet, que l'on reconnaît à l'autorité le droit de réviser les conditions du traité, il est impossible d'admettre que les stipulations sur la foi desquelles elle a consenti à la transmission de l'office puissent être l'objet de modifications secrètes. Les convenions qui interviennent à cet effet [portent évidemment atteinte au droit de contrôle dont il est investi, et qui devient illusoire si l'acte produit n'est pas l'expression sincère et complète de ce qui a été convenu entre les parties. Or, comme la société est intéressée à ce que ce droit s'exerce dans toute sa plénitude, on doit considérer les conventions dont il s'agit comme contraires à l'ordre public, et, dès lors, comme tombant sous l'application des art. 6 et 1131 du Code civil. Cette doctrine est admise aujourd'hui sans contestation ; cependant elle a été combattue par divers arguments.

On a d'abord contesté au gouvernement le droit de contrôler la transmission des offices au point de vue des stipulations pécuniaires dont elle a pu être l'objet. La loi du 28 avril 1816 a, dit-on, accordé aux officiers ministériels qu'elle désigne le pouvoir de disposer de leurs charges. Ce pouvoir, sans doute, n'est pas absolu ; mais il n'a d'autres bornes que celles qui lui sont assignées en ces termes par l'art. 91 de cette loi: « pourvu qu'ils réunissent les qualités exigées par les lois. » Il ne s'agit ici que de l'aptitude, des qualités personnelles du candidat, nullement des conventions privées conclues entre les parties, et qui ne regardent qu'elles seules. Si donc l'État s'arroge le droit de réviser ces conventions, il sort du rôle qui lui appartient, et lorsque les parties, pour sauvegarder leur liberté, ont recours à des actes secrets, on ne voit pas ce que ces actes peuvent avoir d'illicite.— Mais, en raisonnant ainsi, on ne tient aucun compte des considérations d'ordre public qui dominent la matière. Ces considérations, comme on l'a vu, conduisent nécessairement à reconnaître que les conditions de la cession ne peuvent être abandonnées à la libre détermination des parties ; nous ne reviendrons pas sur ce point. Quant au texte de l'art. 91, dont on a voulu argumenter en sens contraire, il est bien plutôt favorable à la doctrine que nous soutenons. Qu'y voyons-nous en effet? Que les titulaires d'offices pourront présenter leurs successeurs à *l'agrément du roi.* Cette expression implique évidemment, pour le chef de l'Etat, le pouvoir absolu d'accorder ou de refuser, à son gré, son adhésion au traité; il n'a aucun compte à rendre de sa décision, et il peut en puiser les motifs à quelque source que ce soit. De là cette conséquence nécessaire que les conditions pécuniaires arrêtées entre les parties, comme tout ce qui se rattache à la transmission de l'office, sont soumises à son contrôle, et qu'il n'est pas permis à celles-ci de s'en affranchir.

Mais, a-t-on dit, en admettant que l'administration ait le droit de subordonner à telle condition qu'il lui plaît l'admission d'un candidat, il n'y a rien à conclure de là contre la validité des contre-lettres. Les tribunaux n'ont pas à s'occuper de ce que peut faire ou décider l'administration ; leur devoir unique est d'appliquer la loi. Or la loi de 1816 ne se prononce pas sur le point dont il s'agit; on n'y trouve aucune distinction entre les traités que les parties soumettent au contrôle de l'autorité, et ceux qu'elles gardent par devers elles. Le législateur a bien annoncé qu'une loi postérieure viendrait régler, dans ses détails, l'application de l'art. 91 ; mais cette loi n'a pas été faite ; on en est donc réduit au texte de notre article, auquel il ne faut rien ajouter. Ainsi, dans le silence de la loi, on doit s'en tenir à l'application des règles ordinaires; or, en principe, les contre-lettres sont obligatoires entre les parties contractantes (art. 1321). Ces arguments ne sauraient prévaloir contre le motif puissant qui a fait admettre la nullité des traités secrets, et qui est tiré de ce que ces traités sont contraires à l'ordre public. C'est pour ce motif que les tribunaux doivent en prononcer la nullité. On objecte que cette nullité n'est pas écrite dans la loi : sans doute, elle n'y est pas édictée en termes exprès; mais elle en résulte implicitement. Si le législateur avait fixé d'avance, et par mesure générale, comme on l'avait fait dans l'ancien droit, le taux maximum des prix de transmission, on n'hésiterait pas à annuler toute convention par suite de laquelle ce taux serait excédé. Au lieu de procéder ainsi, le législateur a laissé à l'administration le soin de déterminer, dans chaque cas particulier, le prix de cession : l'évaluation ainsi faite a évidemment la même force obligatoire que celle qui serait contenue dans un règlement général. D'ailleurs cette solution n'est nullement en contradiction avec l'art. 1321 : ce n'est pas, en effet, parce qu'elle a été conclue secrètement, ce n'est pas en tant que contre-lettre, à vrai dire, que le traité occulte est frappé de nullité, mais bien parce qu'il est contraire à l'ordre public.

La nullité des contre-lettres une fois bien établie en principe, nous avons à en déterminer avec précision la portée et les conséquences.

I

D'abord, quelles sont précisément les hypothèses dans lesquelles la règle dont nous venons d'indiquer les fondements doit recevoir son application? Les tribunaux ont eu souvent occasion de statuer à cet égard, et leurs décisions portent sur des points divers; nous n'aborderons que les principaux de ces points, ceux qui nous paraissent présenter le plus d'intérêt. Nous aurons plusieurs fois à critiquer, dans le cours de cet examen, la rigueur parfois excessive qui préside, en cette matière, aux décisions de la jurisprudence, et quelques-unes des solutions adoptées par elle nous paraîtront devoir être écartées.

Le but ordinaire des traités secrets, en matière de cession d'offices, est d'aggraver les charges imposées au cessionnaire par l'acte que les parties soumettent à l'examen de l'administration. Or, si les parties ont recours à cet expédient, c'est le plus souvent parce que le prix exigé par le cédant n'est pas proportionné à la valeur de la charge: Mais il peut en être autrement: de là la question de savoir si, en pareil cas, les juges devant lesquels la contre-lettre est invoquée, peuvent la valider; un arrêt de la Cour de Bourges, du 5 janvier 1850, l'a résolue affirmativement; mais la solution contraire a prévalu : voyons si cette jurisprudence est conforme aux principes. Au premier abord, on n'aperçoit pas bien pourquoi, en pareil cas, la contre-lettre ne serait pas valable. C'est à l'administration, il est vrai, qu'il appartient d'apprécier les conditions auxquelles s'effectue la cession des offices ; mais que peut-on conclure de l'adhésion donnée par elle à un traité? Une seule chose, c'est que le prix fixé dans ce traité n'est pas exagéré. Mais il n'en résulte pas nécessairement qu'il ne soit pas inférieur à la valeur de la charge ; car si la société est intéressée à ce que le nouveau titulaire ne soit pas grevé d'obligations trop lourdes, peu lui importe que le cédant fasse un marché plus ou moins avantageux, et l'insuffisance du prix n'empêchera certainement pas la chancellerie d'accorder au traité son approbation. Cela posé, s'il est avéré que le prix porté en l'acte ostensible est insuffisant, et que la contre-lettre n'a eu d'autre objet que de rétablir l'égalité entre les parties, pourquoi cette convention supplémentaire ne produirait-elle pas ses effets?

— La réponse est simple : il est possible, sans doute, que la contre-lettre n'ait pour effet que de porter l'office à sa véritable valeur, qu'elle n'impose aucune charge exorbitante au cessionnaire. Mais c'est là un point sur lequel il n'appartient pas au pouvoir judiciaire de se prononcer. Il ne faut pas oublier, en effet, que l'administration a le droit de déterminer souverainement le prix de l'office, et que ce droit, elle l'exerce d'une façon définitive par la sanction qu'elle accorde aux conditions du traité dont elle a connaissance. Les tribunaux ne pourraient donc, sans empiéter sur les attributions du pouvoir exécutif, s'arroger le droit de décider si le prix, tel qu'il résulte des deux actes réunis, excède ou non la valeur de la charge, et la contre-lettre doit être annulée sans distinction. C'est ce qu'a reconnu la Cour de Cassation. (V. arrêt du 5 janvier 1846, Dall., 1846, I, p. 14.)

La nullité atteint-elle également la convention secrète qui aurait pour objet de fixer les conditions de la cession, alors que le traité ostensible ne contiendrait aucune stipulation à ce sujet? Nous le croyons. Pourquoi, en effet, distinguerait-on entre cette hypothèse et celle où les parties ont augmenté le prix fixé dans le traité? La contre-lettre, dans l'un et l'autre cas, met à la charge du cessionnaire des obligations qui n'ont pas été sanctionnées par l'autorité; il y a donc même raison de décider. Le résultat auquel on est conduit, dans ce cas, est, sans doute, particulièrement rigoureux, puisque le cédant se trouve dépouillé de son office sans aucune compensation; mais il nous paraît difficile d'y échapper. La jurisprudence n'a pas hésité à consacrer cette solution, dans une espèce où les intérêts les plus légitimes se trouvaient engagés. Un père s'était démis de sa charge en faveur de son fils; l'acte présenté à l'agrément de l'autorité ne contenait rien de plus que la démission du titulaire, qui paraissait ainsi s'opérer à titre gratuit. Mais un acte secret constatait qu'en réalité la cession était consentie à titre onéreux, et stipulait que les conditions en seraient fixées lors du mariage du cessionnaire. La convention présentait donc, en quelque sorte, les caractères d'un arrangement de famille, et, à ce titre, le maintien en paraissait éminemment favorable. La cour de cassation n'en estima pas moins que la décision des arbitres, à qui les contractants avaient postérieurement confié la détermination du prix était dénuée de toute force obligatoire (V. arrêt du 28 nov. 1848. Dall. 1849, 1, p. 15.)

Supposons maintenant que l'acte secret, au lieu d'ajouter aux obligations du cessionnaire, tende, au contraire, à les restreindre. Ainsi, par exemple, le cédant fait remise à ce dernier d'une partie du prix stipulé dans le traité ostensible. Quel sera l'effet d'un tel acte? Si l'on consulte les décisions de la jurisprudence, on verra qu'elle ne fait aucune différence entre cette hypothèse et l'hypothèse inverse, et qu'elle déclare la contre-lettre nulle, comme dans le cas où les parties ont stipulé une augmentation de prix. C'est là une solution dont on a peine à se rendre compte, et l'on n'aperçoit guère les motifs d'une telle rigueur. L'intérêt public, en tout cas, ne semble aucunement l'exiger : qu'importe, en effet, à la société que le cédant abandonne en totalité ou en partie l'émolument que lui assurait le traité? Les arrêts qui ont consacré cette doctrine semblent s'attacher à cette idée, que les conditions de la cession, telles qu'elles ont été ostensiblement arrêtées avec l'agrément de l'administration, ne peuvent recevoir aucune modification, de quelque nature qu'elle soit. Mais il y a là une exagération manifeste. Ce n'est point, rappelons-le, en vertu d'un texte exprès, c'est par induction que l'on a été conduit à déclarer nulles en notre matière, les conventions secrètes : ce point a été admis comme une conséquence du contrôle qui appartient à l'autorité. Or dans quel but ce contrôle s'exerce-t-il? Dans celui d'empêcher que la situation des cessionnaires, à leur entrée en fonction, ne soit trop onéreuse. Il est évident, dès lors, que, pour en assurer l'efficacité, il suffit de prohiber les actes secrets qui leur imposent quelque obligation nouvelle, dont l'étendue n'a pu être appréciée par l'administration. Quant aux contre-lettres qui rendent leur situation meilleure, elles ne portent aucune atteinte aux droits de celle-ci, et il n'y a aucune raison pour les prohiber. Nous pensons donc que la jurisprudence, en étendant à cette hypothèse la peine de nullité, a été trop loin et fait une fausse application des principes reconnus par elle.

Il va de soi que la prohibition dont il s'agit ne s'applique qu'aux conventions qui dérogent aux stipulations relatives à la cession de l'office. Les pactes qui peuvent intervenir à propos de la cession, mais qui laissent subsister dans leur intégrité les conditions auxquelles elle a été conclue, y échappent évidemment. Supposons, par exemple, que, par un acte distinct du traité, le cédant ait disposé au profit d'un tiers de la créance qui vient de naître à son profit contre le cessionnaire, au moyen soit d'un transport, soit d'une délégation. Il n'y a point là, à vrai dire, de contre-lettre au traité, car les stipulations qu'il renferme ne se trouvent modifiées à aucun titre. Il faut remarquer cependant que la chancellerie refuserait de sanctionner l'acte de transmission, s'il constatait une opération de ce genre. Il semble, dès lors, que l'on soit conduit à déclarer nulle la convention dont il s'agit : les principes de la matière ne s'opposent-ils pas à ce que l'on puisse renfermer dans une contre-lettre des stipulations exclues par l'autorité des traités soumis à son examen? Mais il ne faut pas s'arrêter à cette objection. Si, en effet, l'administration a pour habitude d'exclure des traités qui lui sont présentés toute clause dont l'effet est de conférer des droits à des tiers, son unique but, en agissant ainsi, est d'éviter de paraître sanctionner des conventions qui pourraient plus tard donner lieu à des contestations judiciaires, et en préjuger la validité par son approbation. Il n'en faut pas conclure qu'elle proscrive la convention elle-même, qui est complétement étrangère aux stipulations du traité, et dont aucune considération d'ordre public n'exige l'annulation. C'est ce qu'a décidé la cour de Toulouse (arrêt du 12 décembre 1845; Dall. 1846, 2, p. 46.

Il peut arriver que la contre-lettre, bien qu'elle paraisse se référer à un autre objet qu'au traité lui-même, en modifie cependant indirectement les conditions. Si, en pareil cas, elle tend à aggraver, dans une mesure quelconque, les obligations du cessionnaire, on n'hésitera pas à la déclarer nulle. C'est ce qui a été décidé notamment dans l'espèce suivante. Différents avantages avaient été accessoirement stipulés au profit du cessionnaire, dans le traité présenté à l'administration; notamment le cédant s'était engagé à lui prêter son concours pendant un certain temps; aucun prix n'avait été spécialement stipulé en retour de ces avantages. Mais, par contre-lettre, le nouveau titulaire abandonnait à son prédécesseur, pour s'acquitter envers lui, la moitié du produit brut de la charge pendant une année. Il semble que cette convention n'eût aucun rapport avec la cession elle-même; elle ne dérogeait qu'à la partie de l'acte ostensible relative aux avantages accessoires concédés au cessionnaire;

tout ce qui en résultait, c'est que cette concession, qui paraissait avoir eu lieu gratuitement, avait été faite, en réalité, à titre onéreux. Mais il est facile d'apercevoir qu'au fond le droit de contrôle de l'autorité se trouvait paralysé dans une certaine mesure. Le traité n'avait peut-être été sanctionné qu'en considération des engagements accessoirement contractés par le cédant, et auxquels, dans sa pensée, correspondait une partie de la somme promise par le cessionnaire. Or la contre-lettre, établissant que cette somme tout entière était due comme prix de l'office, aggravait indirectement les obligations résultant de la cession. Aussi fut-elle déclarée nulle; et cette décision nous paraît raisonnable. (V. Civ. cass., 24 juillet 1855; Dall. 1855, 1· pp. 331).

Les recouvrements ou debets, c'est-à-dire les créances acquises par le titulaire d'un office dans l'exercice de ses fonctions, constituent à son profit une propriété privée dont il a l'absolue disposition : il est donc libre, lorsqu'il transmet sa charge, soit de s'en réserver le bénéfice, soit de les céder à son successeur aux conditions qu'il lui plaît de fixer (1). Les stipulations relatives aux recouvrements peuvent être arrêtées dans un acte distinct du traité, et, en pareil cas, quelle qu'en soit la nature, il est évident qu'elles ne peuvent être considérées comme des contre-lettres à ce traité, car elles portent sur un objet complètement distinct, et il n'en peut résulter aucune dérogation aux clauses de la cession. Mais ces stipulations peuvent également être insérées dans l'acte de cession, —

---

(1) A une certaine époque, l'administration a exigé que les recouvrements fussent cédés par le titulaire en même temps que l'office. (Voir notamment déc. du garde des Sceaux du 10 août 1843). Mais cette jurisprudence a été abandonnée en 1848.(V. les instructions ministérielles des 3 nov. 1848 et 28 juin 1849.

En pareil cas, on peut se demander si elles doivent être regardées comme faisant partie intégrante de cet acte, si, dès lors elles participent de l'immutabilité qui en est le caractère distinctif. En un mot, est-il interdit aux parties d'y déroger par un acte secret, aussi bien qu'à celles qui sont relatives à la cession même de l'office ? Ainsi le cédant pourrait-il, au moyen d'une contre-lettre, se réserver le bénéfice des débets qu'il paraissait avoir transmis au cessionnaire ? Cette hypothèse a dû se réaliser fréquemment, surtout à l'époque où l'administration exigeait que les recouvrements fussent compris dans la cession de l'office. Faut-il appliquer ici la règle générale qui prohibe les contre-lettres dérogeant aux traités de cession ? Nous pensons qu'en principe la question doit être résolue négativement. En effet l'acte dont il s'agit ne déroge en aucune façon aux clauses qui règlent la transmission de l'office. Or ces clauses sont les seules qui intéressent l'ordre public, les seules sur lesquelles porte le contrôle de l'administration. Si la convention relative aux débets se trouve insérée dans l'acte de transmission, ce n'est pas une raison suffisante pour y appliquer la même règle qu'à la convention principale à laquelle elle se trouve jointe, et pour la soustraire au droit commun. Il semble donc que la contre-lettre, dans l'hypothèse que nous supposons, doive être déclarée valable entre les parties, conformément à l'article 1321. La jurisprudence cependant s'est prononcée en sens contraire. Sa décision paraît fondée sur ce que les stipulations contenues dans le traité, quel qu'en soit l'objet, forment, à ses yeux, une convention unique, un tout indivisible, auquel il n'est permis de déroger dans aucune de ses parties. — Ce système rigoureux ne nous paraît pas admissible, au moins d'une façon absolue. On pourrait l'adopter, à la rigueur, dans le cas où le contrat ostensible ne contient aucune ventilation, n'indique pas pour quelle part les recouvrements entrent dans la détermination du prix. En pareil cas, pourrait-on dire, il n'appartient ni aux parties, ni aux tribunaux pour elles, de déterminer cette part, car il est facile de comprendre qu'une telle fixation influerait indirectement sur le prix de cession lui-même, et porterait atteinte au droit qui appartient à l'administration d'en contrôler le chiffre. Mais il n'en est plus de même quand le traité fixe séparément le prix de l'office et celui des recouvrements. L'inconvénient que nous signalions dans l'hypothèse inverse n'existe plus ici ; il n'y a, en pareil cas, aucune ventilation à faire, et la portion du prix afférente à l'office lui-même n'est exposée à aucune modification. Aussi déciderions-nous, en pareil cas, que la volonté des parties doit être respectée, de telle sorte que le cédant conserve ses recouvrements, et que le cessionnaire soit tenu quitte de la portion du prix stipulée de ce chef. La jurisprudence cependant n'a pas cru devoir faire de distinction, et elle a prononcé, même dans cette hypothèse, la nullité des contre-lettres (V. notamment Civ. cass. 8 janv. 1849. Dall. 1849, 1re p. p. 14 ; — 22 fév. 1853, Dall. 1853, 1re p. p. 41 ; Paris, 13 janv. 1362. Dall. 1862, 2e p. p. 41). C'est évidemment aller trop loin, car en pareil cas, l'atteinte portée à la liberté des conventions n'est plus justifiée par aucun motif d'ordre public.

On comprend suffisamment, par ce qui précède, quel est le système qui nous paraît devoir être adopté sur le sort des contre-lettres, en matière de cession d'office. Il se résume dans la distinction suivante : l'acte secret a-t-il pour effet de grever le titulaire de charges qui n'ont pas été portées à la connaissance de l'administration, il doit être réputé nul ; dans tout autre cas, nous le déclarerons valable. Ce système nous paraît tenir un compte suffisant de l'intérêt supérieur sur lequel repose le droit de contrôle du gouvernement, tout en respectant les conventions privées, toutes les fois qu'il n'est pas absolument indispensable d'y porter atteinte. La jurisprudence tend, au contraire, à annuler indistinctement toute contre-lettre, sans examiner si elle doit avoir pour conséquence d'améliorer ou d'aggraver la situation du cessionnaire, si elle déroge aux conditions mêmes de la cession, ou seulement à des stipulations qui, bien qu'insérées dans le traité, ont un objet tout différent. Ce système absolu est, selon nous, peu rationnel, et l'on peut regretter que la Cour de Cassation paraisse l'avoir définitivement consacré.

II

Il nous reste à déterminer les conséquences de la nullité des contre-lettres. Ce point n'offre pas de difficulté sérieuse, si l'on prend soin de bien préciser tout d'abord le caractère de la nullité dont il s'agit. Or, il n'est pas douteux que l'obligation, résultant de la contre-lettre, ne soit atteinte d'une nullité radicale et absolue, qu'elle ne soit privée de toute existence juridique. Nous savons, en effet, que si cette obligation n'est pas valable, cela tient à ce que la cause en est contraire à l'ordre public, illicite par conséquent. Or, une cause licite est l'un des éléments dont l'absence rend impossible l'existence même de l'obligation. Celle-ci, en pareil cas, n'est pas seulement annulable, comme dans le cas où c'est la capacité des parties qui fait défaut ; elle est absolument non avenue.

De là semble résulter tout d'abord cette conséquence, que les sommes stipulées dans la contre-lettre ne peuvent être l'objet d'un payement valable, et que, si le cessionnaire les a néanmoins versées entre les mains du cédant, il doit être admis à les répéter, par application de ce principe fondamental que ce qui a été payé sans être dû est sujet à répétition. (Cod. civ., art. 1235, al. 1er). — Il est incontestable que les sommes payées en vertu du traité secret, n'étaient pas dues, puisque l'obligation du cessionnaire était radicalement nulle ; dès lors, point de difficulté, semble-t-il, à décider que la restitution en peut être exigée. Et, remarquons-le, il n'y a pas à distinguer suivant que le payement aurait été effectué sciemment ou par erreur. C'est, comme on sait, une question controversée que celle de savoir si l'erreur de celui qui paye est une condition indispensable pour qu'il y ait ouverture à la répétition de l'indu, du moins dans l'hypothèse à laquelle se réfère l'art. 1376, celle où l'*accipiens* n'était pas créancier, soit que la créance n'existât en aucune façon, soit qu'elle reposât sur la tête d'un autre ; on la résout en général dans le sens de l'affirmative. Mais on est d'accord pour restreindre cette solution à la *condictio indebiti* proprement dite ; on ne l'applique pas au cas où la dette que l'on a voulu acquitter était nulle, soit parce qu'elle était sans cause, soit parce que la cause en était illicite. (V. notamment Aubry et Rau, t. 3, § 442 bis, note 1.)

Cependant, la jurisprudence ne s'est pas décidée sans peine à appliquer ces principes à l'hypothèse dont il s'agit. Voyons quels pouvaient être les motifs de cette hésitation.

On a d'abord prétendu que si la contre-lettre, dans notre hypothèse, ne donne point naissance à un véritable engagement civil, sanctionné par une action, il en résultait au moins une obligation naturelle : dès lors, a-t-on dit, lorsque le payement a été opéré volontairement, en connaissance de cause, il est parfaitement valable, par application de l'art. 1235, 2° al. On a fait valoir en ce sens les considérations suivantes : — La prohibition qui frappe les traités secrets ne peut faire disparaître ce fait, qu'il y a eu entre les parties un accord de volontés, un pacte librement conclu, et à l'exécution duquel le cessionnaire ne peut se refuser, sans manquer à un devoir de conscience. Il y a donc là un lien véritable, dont on ne saurait méconnaître l'existence. N'est-ce pas aller trop loin que de lui dénier toute espèce d'effet légal ? Priver le cédant du droit d'agir en justice, c'est déjà porter une grave atteinte à la foi des contrats ; mais au moins cette atteinte trouve-t-elle sa justification dans l'intérêt de la société. Aller jusqu'à déclarer nul le payement reçu par lui, c'est montrer une rigueur inutile : l'ordre public ne l'exige en aucune façon, car le fait même de ce payement démontre que le danger que l'on redoutait n'existait pas dans l'espèce ; le cessionnaire ne l'aurait pas effectué, s'il en était résulté une charge trop lourde pour lui. Il est vrai que le plus souvent les conventions contraires à l'ordre public ne produisent aucun effet; mais cette règle n'est pas toujours vraie, et il importe de faire une distinction. Lorsque la nullité tient à des motifs de morale supérieurs à toute législation, et vrais dans tous les temps, on doit la considérer comme absolue, et comme ne laissant pas même place à l'existence d'une obligation naturelle. Il en est autrement, quand elle est fondée, non sur l'immoralité des actes auxquels elle s'applique, mais sur des considérations tirées uniquement de l'intérêt social, dont l'importance peut s'évanouir par le changement des mœurs ou des institutions : or tel est le caractère de la nullité qui frappe les contre-lettres, en matière de cession d'office. La loi, ajoute-t-on, fournit elle-même l'exemple d'un engagement frappé d'une nullité d'ordre public, et qui cependant subsiste naturellement. On veut parler de la dette née du jeu ou du pari. Considérant une pareille dette comme contraire aux bonnes mœurs, le législateur n'admet pas qu'elle puisse donner lieu à aucune demande en justice ; et cependant, lorsque le payement a été effectué, il en exclut la répétition, ce qui suppose qu'à ses yeux, le débiteur est tenu naturellement. Pourquoi n'en serait-il pas de même ici ?

'Ce système a été consacré dans le principe par quelques arrêts ; mais on n'a pas tardé à l'abandonner, et avec raison, selon nous. Une obligation naturelle ne peut jamais résulter d'une convention contraire à l'ordre public : c'est là un point sur lequel le doute n'était guère possible ; comment admettre, en effet, que la loi reconnaisse quelque effet juridique à un acte réprouvé par elle ? Quant à la distinction que l'on prétendait établir parmi les divers cas de nullité, elle ne se justifie en aucune façon : la violation de l'ordre public, du moment qu'elle est reconnue, a toujours la même gravité, et doit avoir les mêmes conséquences, à quelque point de vue qu'elle se produise. Ajoutons que la sanction serait illusoire, si la répétition était écartée : il en résulterait que l'on exigerait toujours du débiteur un payement immédiat, ou la remise de valeurs équivalentes. Enfin, il ne faut pas s'arrêter à l'argument d'analogie tiré de ce que la loi décide relativement aux dettes de jeu. Il y a là un système tout spécial, et dont on ne peut tirer aucune induction en notre matière. Ce serait aller trop loin que de considérer toute dette de ce genre comme violant l'ordre public. Le jeu n'est blâmable, en effet, que lorsqu'il est exagéré. Or, la loi ne pouvant faire elle-même la distinction, a laissé, pour ainsi dire, le perdant juge du caractère licite ou illicite de l'engagement qu'il a contracté : s'il paye, elle le considère comme s'étant acquitté d'une véritable dette, et c'est pourquoi il ne peut répéter. Mais il est clair que le payement effectué par le cessionnaire ne peut faire disparaître le caractère illicite de son obligation ; car c'est précisément, comme on l'a remarqué, au moment même où intervient ce payement, que l'intérêt public se trouve le plus directement atteint. La nullité dont il s'agit ici peut être comparée à celle qui frappe, par exemple, les pactes sur succession future, les stipulations d'intérêt usuraire : il n'est pas douteux que ce qui a été payé en exécution de ces conventions ne puisse être répété ; la même règle est applicable à notre hypothèse.

On ne saurait donc, pour exclure l'action en répétition, s'appuyer sur l'existence d'une obligation naturelle ; c'est ce que la jurisprudence a depuis longtemps reconnu. (V. notamment, arrêt de Cassation du 30 juillet 1844). Mais ne pourrait-on pas justifier cette solution à un autre point de vue ? On a essayé de le faire, en invoquant la maxime romaine : *In pari turpitudine melior est causa possidentis.* Les Romains avaient, sur la répétition des payements faits en vertu d'une cause illicite, une théorie fort ingénieuse : ils distinguaient suivant que l'*accipiens* seul avait agi dans un but illicite, ou que l'intention coupable existait à la fois chez les deux parties. Au premier cas, ils accordaient au *solvens* l'action en répétition ; ils la lui déniaient dans le second : « Quod si turpis causa accipientis fuerit, etiamsi res secuta sit, repeti potest. (1, § 3. Dig. 12, 5). Ubi autem et dantis et accipientis turpitudo versatur, non posse repeti dicimus. » (3, Dig. *eod. t.*).

Cette doctrine, suivie dans notre ancien droit (V. Pothier, Traité des obligations, n°ˢ 43 et 47), est-elle encore admissible aujourd'hui? On l'a soutenu, et on en a fait l'application à notre matière. Il est évident, a-t-on dit, qu'il y a ici *turpitudo ex utraque parte* ; les deux parties, en effet, ont participé à la fraude; le cessionnaire ne doit donc pas pouvoir arguer de la nullité du payement. Ce résultat est d'ailleurs aussi équitable que juridique: pourquoi sacrifierait-on le cédant au cessionnaire? Ils sont tous deux coupables au même titre.

Mais le système que nous venons de résumer a été condamné avec raison par la doctrine et par la jurisprudence. On peut tout d'abord contester l'exactitude de la règle même qui lui sert de point de départ. Tout le monde, en effet, n'admet pas que les principes de la *condictio ob turpem causam* soient encore vrais dans notre droit actuel; la distinction qu'ils consacrent, a-t-on dit, ne saurait être admise en présence du silence de la loi. Si l'on s'en tient à l'application des textes du Code, on arrive à cette conclusion, que ce qui a été payé en vertu d'une cause illicite est, dans tous les cas, sujet à répétition (art. 1131 et 1235). En vain oppose-t-on que la dignité de la justice exige qu'elle ne prenne connaissance d'aucune demande se rattachant à un acte contraire à l'ordre public ou aux bonnes mœurs. Sans doute l'exécution d'un tel acte ne peut être réclamée devant les tribunaux; mais ici la demande tend précisément à en faire disparaître les conséquences: dès lors n'est-elle pas évidemment conforme au vœu de la loi, qui doit être de voir disparaître toute trace de la convention qu'elle réprouve?

Peu importe que la faute soit égale de la part des deux contractants, car le recours qu'on accorde au débiteur est uniquement fondé sur l'intérêt social. Ces considérations nous paraissent justes, et nous serions porté à repousser, en droit français, le système conçu par les jurisconsultes romains. — Mais il n'est pas nécessaire de se prononcer sur cette question générale pour résoudre celle qui nous occupe; car, en admettant que la règle: *In pari turpitudine melior est causa possidentis* soit encore vraie aujourd'hui, il n'en résulterait pas nécessairement que le droit de répéter dût être refusé au cessionnaire. Il s'agirait, en effet, de savoir si, dans l'hypothèse particulière qui nous occupe, les deux parties sont également coupables. La controverse a encore porté sur ce point, et l'on a soutenu que la faute était égale de part et d'autre. Mais c'était là un point de vue erroné. Si le cessionnaire a eu incontestablement tort de consentir à un pacte prohibé, il est cependant excusable jusqu'à un certain point : il faut tenir compte de la pression exercée sur lui par le cédant, dont il subissait en quelque sorte les conditions. La conduite de ce dernier est évidemment plus répréhensible, tant à cause de sa situation vis-à-vis du cessionnaire, qu'à raison de ses devoirs professionnels, qui lui imposaient une certaine délicatesse dans les stipulations relatives à la transmission de sa charge. C'est ce qu'a compris la jurisprudence; aussi voyons-nous l'action en répétition écartée par des arrêts qui, cependant, paraissent regarder comme encore applicable aujourd'hui la règle: *In pari turpitudine,* etc... (V. notamment arrêt de la Ch. des Req. du 1er août 1844).

Ainsi, à quelque point de vue qu'on se place, on est toujours conduit à reconnaître que les paiements faits en vertu du traité secret ne sont pas sujets à répétition. En conséquence de cette règle, on a décidé avec raison que les sommes reçues par le cédant à ce titre devaient être imputées sur le prix porté au traité ostensible, dans le cas où il serait encore dû (V. Paris, 24 fév. 1845. Dall. 1845, 2° p. p. 71. — Cass. 5 janvier 1846. Dall. 1846, 1° p. p. 14.)

Quelle est la preuve qui devra être fournie à l'appui de la demande en répétition? Rarement le cessionnaire pourra présenter un acte établissant directement le paiement fait par lui, et surtout la cause de ce paiement. Faut-il appliquer ici les articles 1341 et 1353, et dire que la preuve testimoniale, les présomptions ne pourront être invoquées en pareil cas, et suppléer la preuve littérale? Un tel système, qui aurait pour résultat de rendre le plus souvent inefficace le droit du cessionnaire, ne serait pas fondé : il s'agit ici de prouver une fraude à la loi ; le débiteur était dans l'impossibilité morale de se procurer une preuve écrite de cette fraude : il n'est donc pas douteux qu'il ne puisse user de tous moyens de preuve sans restriction. C'est ce qui est admis par la jurisprudence (V. Cass. 9 janv. 1850. Dall. 1850, 1° p. p. 46 ; Requ. 24 fév. 1863, 1° p. p. 236). Comp. ce qui a été dit ci-dessus (sect. I, art. 2).

Quelle est l'obligation du cédant, en ce qui touche les intérêts des sommes touchées par lui en vertu de la contre-lettre? Les doit-il seulement à partir de la demande en justice, conformément au principe général édicté par l'art. 1153? Bien que l'hypothèse que nous supposons ne soit pas précisément celle que prévoit le législateur, dans les articles 1376 et suivants, il n'est pas douteux que les règles qu'il a posées dans ces articles n'y doivent être étendues. Or l'art. 1378, relatif au point qui nous occupe, est ainsi conçu : « S'il y a eu mauvaise foi de la

part de celui qui a reçu, il est tenu de restituer, tant le capital que les intérêts ou les fruits du jour du paiement. »
Par application de cet article, on est conduit à dire que
le cédant devra restituer les intérêts du supplément de
prix, à compter du jour où il l'a reçu, quand il aura été de
mauvaise foi, — à partir de la demande seulement, dans
le cas contraire. Cette distinction doit évidemment être
maintenue en principe: toutefois la jurisprudence l'écarte
en fait, par ce motif que le cédant ne saurait être de
bonne foi. (V. Rej. 28 mai 1856. Dall. 1856, 1° p. p.
377 ; Cass. 8 juin 1864. Dall. 1864, 1° p.p. 273). Ce
système nous paraît trop absolu. Sans doute, la plupart
du temps le cédant aura conscience du vice dont est
atteint le paiement qu'il reçoit ; mais le contraire peut
arriver aussi: ne peut-il pas y avoir erreur sur la cause
en vertu de laquelle ce paiement est effectué? Il faut
même aller plus loin. La bonne foi nécessaire, pour que
la règle rigoureuse de l'art. 1378 soit écartée, peut reposer, cela n'est pas douteux, sur une erreur de droit aussi
bien que sur une erreur de fait. L'hypothèse, sans doute,
se présentera rarement ; car on ne peut guère admettre que
le cédant ignore le caractère illicite de la contre-lettre.
Mais le paiement peut être reçu par ses héritiers : or une
telle ignorance se concevrait de leur part, et pourrait être
très-excusable. Il faut donc éviter de poser une règle absolue, et laisser aux tribunaux, comme en toute autre
matière, le soin d'apprécier si l'*accipiens* a été de bonne
ou de mauvaise foi. Au reste, lorsque les intérêts cou-
raient contre le cédant, ils continuent de courir contre
son héritier, malgré la bonne foi personnelle de celui-ci.
C'est une règle incontestable, en matière de payement de
l'indû et qui doit recevoir ici son application.

La contre-lettre a pu accorder un terme au cessionnaire, mais en même temps, le soumettre à l'obligation de payer les intérêts du supplément de prix. Ceux-ci doivent évidemment être restitués avec le principal ; mais sont-ils eux-mêmes productifs d'intérêts, par application de l'art. 1378 ? Sans aucun doute ; il est évident qu'ils constituent entre les mains du cédant, un capital dont la restitution est due au même titre que celle de la somme qui les produit ; l'art. 1154 n'est pas applicable ici (V. Req. 19 fév. 1856, Dall. 1856, 1ᵉ p. p. 103 ; Cass. 8 juin 1864, arrêt déjà cité).

Nous nous sommes étendu assez longuement sur l'action en répétition du supplément de prix, et sur les diverses questions qui s'y rattachent ; les autres effets de la nullité des contre-lettres, en matière de cession d'office, exigeront moins de développements. — Nous avons posé en principe que cette nullité était radicale et absolue ; de là cette conséquence, qu'elle ne peut être couverte par la ratification ; il n'y a, en effet, que les nullités relatives qui puissent ainsi disparaître ; on ne confirme pas ce qui n'a aucune existence. C'est un principe constant ; ainsi l'acte par lequel le cessionnaire déclarerait qu'il n'entend pas se prévaloir de la nullité dont la contre-lettre est entachée, conformément à l'art. 1338, al. 1ᵉʳ, serait dénué de tout effet. Quant à la ratification tacite, c'est-à-dire celle qui résulte de l'exécution volontaire de l'acte, elle n'est pas moins impossible ; cette règle d'ailleurs se confond, en quelque sorte, avec celle que nous avons établie plus haut, et qui consiste en ce que le payement fait en vertu du traité secret peut être répété. Ce payement, en effet, lorsqu'il a lieu volontairement, ce que nous avons supposé, constitue cette exécution volontaire d'où pourrait résulter la ratification tacite de l'obligation, suivant l'art. 1338, al. 2. Or, si la ratification était possible dans notre hypothèse, il est évident que la répétition ne pourrait pas avoir lieu. Ainsi, dire que le payement peut être répété, c'est dire, par là même, que l'obligation ne peut être l'objet d'une ratification tacite et réciproquement.

Une autre conséquence de la nullité dont il s'agit, c'est que la contre-lettre ne peut servir de base à une transaction ; un tel acte tendrait à confirmer indirectement les obligations qui en résultent, et la règle d'ordre public sur laquelle repose la prohibition des traités secrets serait éludée. La transaction est donc illicite, au même titre que la convention à l'occasion de laquelle elle est intervenue, et frappée de la même nullité (V. Req. 20 juin 1848. Dall. 1848, 1 p. p. 210 ; Amiens, 25 août 1843. Dall. 1853, 2 p., p. 213). — La promesse contenue dans la contre-lettre ne pourrait pas davantage fournir matière à une novation. La novation suppose nécessairement l'existence d'une dette ; elle peut sans doute s'appliquer à une dette purement naturelle, ou atteinte d'un vice qui la rend annulable ou rescindable ; mais elle est impossible là où il n'y a point d'obligation.

Enfin, le prétendu droit résultant d'une contre-lettre ne pourrait être l'objet d'une cession, car toute cession suppose l'existence d'une dette, et ici nous savons que la dette n'existe pas. L'acceptation émanée du débiteur cédé ne validerait même pas le transport, car cette acceptation serait sans objet ; elle ne pourrait être considérée comme emportant ratification de sa part, puisque, comme nous l'avons vu, cette ratification est impossible. S'il en était autrement, d'ailleurs, la prohibition des contre-lettres serait illusoire ; on pourrait toujours y échapper au moyen de transports fictifs. Il n'y aurait même pas à distinguer, en principe, suivant que la cause de la dette aurait été où non connue du cessionnaire ; la bonne foi de ce dernier ne peut avoir pour effet de faire naître une obligation qui n'existe pas. C'est ce que la cour de Cassation a décidé dans une hypothèse analogue, celle où la créance cédée a pour objet des intérêts usuraires (V. Cass. 2 mai 1853. Dall. 1853, 1° p., p. 144). Nous n'admettrions la solution contraire que dans le cas où les parties auraient déguisé la véritable cause de l'obligation dans un but frauduleux ; le débiteur cédé serait alors responsable, vis-à-vis du cessionnaire, du dommage qu'il éprouve, par suite de la nullité de la créance, ce qui le rendrait inhabile à invoquer cette nullité. — Il faut excepter aussi le cas où le transport aurait eu lieu au moyen d'une lettre de change ou d'un billet à ordre. Ces valeurs font l'office de monnaie ; on ne peut exiger de ceux à qui elles sont transmises qu'ils s'informent de la cause de la dette qui en est l'objet. On ne pourrait exciper contre eux du caractère illicite de cette cause, qu'à la condition d'établir qu'ils en ont eu connaissance.

La subrogation est également impossible ici, puisque le créancier n'a pas de droits qui en puissent être l'objet (V. art. 1250, al. 1). Mais s'en suit-il que le tiers qui a payé pour le compte du nouveau titulaire n'ait pas de recours contre lui ? Il faut, croyons-nous, admettre la distinction suivante : le tiers a-t-il agi sur l'ordre du cessionnaire, on ne voit pas pourquoi il n'aurait pas le droit de se faire rembourser ce qu'il a payé, par l'action *mandati contraria*. En vain objecterait-on qu'une telle solution est contraire aux principes d'ordre public, qui exigent que la contre-lettre n'impose aucune obligation au cessionnaire de l'office. Ces principes ne sont nullement engagés ici. La question doit se résoudre uniquement par l'application des règles du contrat de mandat ;

or, ces règles exigent que le mandataire soit indemnisé de ce qu'il a déboursé pour le compte du mandant. On ne peut lui opposer que ce qu'il a payé n'était pas dû ; il ne lui appartenait pas de rechercher la cause pour laquelle ce payèment avait lieu. Remarquons d'ailleurs que la nullité de la contre-lettre n'en subit aucune atteinte ; la situation est la même que si le cessionnaire avait acquitté directement le supplément de prix ; il pourra agir en répétition contre le cédant. — Nous admettrions la même solution dans le cas où un tiers aurait payé, en qualité de *negotiorum gestor*, à l'insu du débiteur, s'il y avait eu ratification de la part de ce dernier. Mais il en serait autrement, s'il n'avait pas ratifié ; tout recours serait alors refusé au tiers, car il ne pourrait évidemment invoquer l'utilité de la gestion.

Il nous reste à nous demander si la prescription peut, en notre matière, avoir quelque effet, et assurer au cédant le bénéfice du traité secret. Aux termes de l'art. 1304, les actions en nullité ou en rescision des conventions se prescrivent par dix ans, lorsqu'un moindre laps de temps n'a pas été fixé par des dispositions spéciales. La règle dont il s'agit peut-elle s'appliquer à la nullité dont nous nous occupons ? Des auteurs l'ont soutenu autrefois ; ils ne faisaient, en cela, qu'appliquer à un cas particulier une théorie générale suivant laquelle l'art. 1304 aurait régi toute espèce de nullité, quelle qu'en fût la nature. Mais on a, depuis longtemps, reconnu la fausseté de cette théorie. Tout le monde convient, aujourd'hui, que la prescription établie par l'art. 1304 ne s'applique qu'aux nullités relatives, à celles qui sont susceptibles de s'éteindre par la ratification. La prescription ici repose sur la présomption d'une confirmation tacite : le silence gardé par la partie qui pouvait se plaindre produit le même effet que l'exécution voluntaire de l'obligation annulable. Il est évident qu'un tel système est complètement étranger aux cas où l'obligation est radicalement nulle, ce qui a lieu notamment lorsqu'elle est dénuée de cause, ou qu'elle repose sur une cause illicite. — Cela posé, on était logiquement conduit à décider que la nullité des contre-lettres, en matière de cession d'office, ne peut être couverte par la prescription décennale, et c'est, en effet, ce qui est admis aujourd'hui sans difficulté par les auteurs et par la jurisprudence. Ainsi le cessionnaire peut, à quelque époque que ce soit, opposer aux poursuites du cédant la nullité de la contre-lettre. Au reste, l'application de la maxime : « Quæ sunt temporalia ad agendum, « perpetua sunt ad excipiendum » conduirait, dans le système contraire, au même résultat. C'est dans le cas où la contre-lettre aurait été suivie d'exécution que la différence se manifeste : le cessionnaire ne sera pas, au bout de dix ans, privé du droit de répéter les sommes qu'il a payées; il conservera ce droit, tant que la prescription libératoire n'aura pas éteint l'obligation qui incombe au cédant de restituer ces sommes. Or cette prescription ne s'accomplira que par trente ans, à partir du payement, suivant la règle générale consacrée par l'art. 2262.

On a vu que, le plus souvent, le cédant, étant réputé de mauvaise foi, devra les intérêts du jour du payement. L'action en restitution, pour ces intérêts, comme pour le capital, ne sera prescriptible que par le laps de trente ans : en effet, la prescription quinquennale établie par l'art. 2277 ne s'applique qu'aux intérêts qui ont été l'objet d'un règlement, soit conventionnel, soit judiciaire, et qui peuvent être réclamés périodiquement par le créancier. Il est donc reconnu qu'elle ne peut être invoquée contre la demande formée en vertu de l'art. 1378, et la jurisprudence a fait spécialement l'application de cette doctrine à notre hypothèse. (V. Req. 28 mai 1856 et 25 nov. 1856. Dall. 56, 1, 377 et 58. 1. 117).

Nous venons de voir que l'action en restitution qui compète au cessionnaire peut s'éteindre par l'effet de la prescription : les autres fins de non-recevoir admises par le droit commun s'y appliquent également. C'est ce que la jurisprudence a reconnu, notamment en ce qui touche la compensation. (V. Req. 30 janv. 1860. Dall. 1860. 1° p. p. 306), l'autorité de la chose jugée (V. Bourges, 7 mai 1861, Dall. 1862, 2° p. p. 112 ; Req. 4 fév. 1850. Dall. 1850, 1 p. p. 306). Mais elle a décidé que la renonciation du cessionnaire ne pouvait mettre obstacle à l'exercice de son droit (V. notamment Req. 5 nov. 1856. Dall. 56, 1, 397). Cette solution nous paraît difficile à justifier. La remise est un mode d'extinction qui s'applique à toute espèce d'obligations, quelle qu'en soit la nature ; on ne voit pas pourquoi elle serait écartée, lorsqu'il s'agit de l'obligation résultant d'un payement indû. C'est un point qui ne paraît pas être contesté en principe. N'est-ce pas ce que l'on admettrait sans difficulté, s'il s'agissait de la restitution d'intérêts usuraires, ou de sommes perçues en vertu d'un pacte sur succession future ? En décidant autrement ici, la jurisprudence nous paraît avoir poussé à l'extrême la rigueur qui préside à ses décisions en matière de traités secrets.

Remarquons, pour terminer, que l'art. 40 de la loi du 22 frim. an VII s'appliquait évidemment aux contre-lettres dont nous venons de nous occuper, comme à toutes celles qui ont pour objet d'augmenter le prix fixé dans un acte ostensible. Il en a été ainsi jusqu'à la loi de finances du 25 juin 1841, qui a édicté, à ce sujet, des dispositions spéciales (V. l'art. 11 de cette loi). Ce texte paraît bien exclure, en ce qui touche les cessions d'offices, l'application de l'art. 40. Le système qu'il consacre est moins rigoureux : il n'est dû à raison de la contre-lettre qu'un double droit, qui sera perçu tout entier à titre de peine, puisqu'il s'agit d'un acte nul. D'autre part, il y a solidarité, pour le payement de l'amende, entre les parties et leurs représentants.

SECTION III.

Des contre-lettres en matière de contrat de mariage.

(Cod. civ., art. 1396 et 1397.)

Une observation importante domine la matière dont il nous reste à traiter. Nous avons insisté, au début de cette étude, sur la nature particulière des contre-lettres : nous avons montré ce qui les distingue parmi les modifications quelconques dont les conventions peuvent être l'objet. Cette distinction a, en général, une grande importance, parce que, comme nous l'avons vu, il y a des règles exorbitantes du droit commun, propres aux changements auxquels convient la qualification de contre-lettres. Lorsqu'il s'agit de contrats de mariage, elle n'a, au contraire, aucun intérêt. En effet, la matière est régie par des dispositions spéciales qui s'appliquent à tous changements, quel qu'en soit le caractère : cela résulte du texte même des articles 1396 et 1397, qui parlent à la fois de changements et de contre-lettres ; le législateur, du reste, aurait pu se contenter d'employer la première de ces expressions, puisque la contre-lettre n'est qu'une espèce de changement. Les règles que nous allons étudier concernent donc tout acte qui déroge aux dispositions d'un contrat de mariage ; peu importe que cette dérogation fût déjà convenue au moment où le contrat a été passé, et que par conséquent elle suppose une simulation concertée entre les parties, ou qu'elle ait été l'objet d'une convention postérieure. Aussi a-t-on coutume, en cette matière, d'employer indifféremment l'une ou l'autre expression, sans tenir compte du sens spécial qui appartient d'ordinaire au mot « *contre-lettre* », et c'est ce que nous ferons nous-mêmes, dans le cours de cette section.

Il faut remarquer maintenant que, lorsque nous parlons de modifications postérieures au contrat, nous supposons, bien entendu, qu'elles ont été convenues avant la célébration du mariage. En effet, à partir de cette époque, les conventions matrimoniales ne peuvent recevoir aucun changement. Cette règle fondamentale, dont nous n'avons pas à nous occuper ici, est consacrée par l'article 1395. Les articles 1396 et 1397 ne se réfèrent donc nécessairement qu'aux dérogations antérieures au mariage, et c'est d'ailleurs ce qui ressort expressément du premier de ces textes. Le système de la loi, tel qu'il résulte de ces articles, consiste à autoriser en principe les dérogations dont il s'agit. On ne voit pas, en effet, pourquoi les parties, tant que le mariage n'est pas célébré, ne seraient pas libres de modifier le règlement de leurs intérêts pécuniaires : ce règlement, jusque-là, n'existe qu'à l'état de projet; il peut donc incontestablement être anéanti, remplacé par des stipulations entièrement nouvelles. A plus forte raison doit-il être possible d'y déroger dans une certaine mesure. Toutefois, l'importance toute particulière, et la nature complexe des intérêts auxquels se rattachent les contrats de mariage, ne permettaient pas que l'on s'en tînt, sous ce rapport, à l'application pure et simple du droit commun, et la faculté de modifier les clauses de ces contrats devait être, de la part du législateur, l'objet d'une réglementation spéciale. Tel est l'objet des articles 1396 et 1397.

Le système consacré par ces articles ne constitue pas une innovation. Il a son origine dans les principes autrefois admis par le droit coutumier. On trouve, en effet, dans plusieurs coutumes, des dispositions qui ont évidemment servi de guide aux rédacteurs du Code. Ajoutons que la matière des contre-lettres aux contrats de mariage avait attiré l'attention des auteurs, et que plusieurs des questions qui peuvent se présenter aujourd'hui avaient été l'objet de leur examen. Nous rapprocherons, sur les points les plus importants, les anciens principes de ceux qui régissent aujourd'hui la matière.

Les dispositions que nous avons à étudier sont relatives à deux points distincts : il s'agissait d'abord de déterminer les conditions dans lesquelles les changements devaient être stipulés pour être valables en eux-mêmes, c'est-à-dire pour produire leur effet entre les parties contractantes. Tel est l'objet de l'art. 1396. La loi s'occupe ensuite, dans l'art. 1397, des droits des tiers, et exige, pour que les contre-lettres leur soient opposables, l'accomplissement de certaines formalités. Nous traiterons séparément ces deux points dans l'ordre suivi par la loi.

I

La première condition requise pour la validité des changements ou contre-lettres, c'est qu'ils soient passés dans la même forme que le contrat de mariage lui-même. Telle est la règle consacrée par le 1er al. de l'art. 1396. — En était-il de même dans l'ancien droit? Il n'existe, en ce sens, aucun texte formel dans les coutumes ; mais on tendait, paraît-il, à exiger l'emploi de la forme authentique. (V. Ferrières, sur l'art. 258 de la cout. de Paris). Aujourd'hui cette forme est rigoureusement obligatoire. C'est, du reste, une règle qui se comprend parfaitement, si l'on considère que les modifications dont il s'agit constituent elles-mêmes des conventions matrimoniales, et que dès lors les règles de forme édictées par l'article 1394 devaient nécessairement s'y appliquer.

A cette première condition, l'article en ajoute une seconde, dont l'examen nous arrêtera plus longtemps : « Nul changement ou contre-lettre n'est, au surplus, valable sans la présence et le consentement simultané de toutes les personnes qui ont été parties dans le contrat de mariage. » — Ce qui ressort tout d'abord du texte, c'est que le contrat de mariage ne peut être modifié par la seule volonté des futurs époux. Quelles sont donc les personnes dont le concours est nécessaire pour la validité des changements que l'on veut y apporter ? Ce sont, dit la loi, celles qui ont été *parties* au contrat. Cette expression désigne incontestablement quiconque a pris part, dans une certaine mesure, aux stipulations du contrat de mariage. La convention qui a pour objet de régler les intérêts pécuniaires des époux est un acte complexe, qui peut comprendre des dispositions de diverse nature, et dans lequel des personnes étrangères figurent souvent en qualité de parties contractantes. Or il y a, entre toutes les conventions qui peuvent y être contenues, un lien, une corrélation intime ; elles sont le plus souvent la cause les unes des autres. En supprimant, en altérant l'une d'elles, on risquerait de se mettre en opposition avec l'intention qui a présidé aux autres stipulations du contrat. Ainsi supposons qu'un tiers intervienne pour constituer une dot à la future, dans un contrat où le régime stipulé est la séparation de biens. Peut-être cette circonstance a-t-elle été la cause déterminante de la libéralité dont il s'agit ; il est très-possible que le donateur ne l'eût point faite, si l'on eût adopté un autre régime, la communauté par exemple ; il se pourrait donc que sa volonté fût méconnue, si les futurs époux modifiaient, par un acte séparé, les clauses qui ont paru devoir régir leur association conjugale. Une autre hypothèse saillante est celle où une donation a été faite à chacun des futurs époux par un de ses parents. Supposons que, par contre-lettre, l'un de ces avantages soit réduit, ou que le donataire déclare y renoncer : si une telle convention était valable, l'autre donateur ne serait-il pas fondé à prétendre qu'il est victime d'une surprise ? En effet, lorsqu'il s'agit de libéralités faites par contrat de mariage, il ne faut pas chercher la cause de la donation uniquement dans le désir de gratifier celui à qui elle s'adresse ; la considération des autres avantages contenus dans le même contrat, a souvent, comme celle du régime adopté, contribué en grande partie à déterminer le donateur, et il est possible qu'il se fût abstenu en l'absence de ces avantages. Les exemples que nous venons de donner suffisent pour expliquer le système de la loi : il est fondé, comme on le voit, sur ce motif que les conventions matrimoniales se rattachent toutes les unes aux autres, et forment en quelque sorte un tout indivisible.

Ce système n'est pas nouveau dans notre droit : on trouve une disposition analogue à celle de l'art. 1396, al. 2 dans plusieurs coutumes. Voici en effet, comment s'exprime celle de Paris, dans son art. 258 : « Toutes contre-lettres faites à part et hors la présence des parents qui ont assisté aux contrats de mariage, sont nulles.

L'art. 223 de la coutume d'Orléans est conçu absolument dans les mêmes termes. Il faut ajouter à ces textes les coutumes de Calais (art. 59) et de Normandie (art. 338). C'était d'ailleurs le droit commun des pays coutumiers. Le législateur semble donc, sur ce point, avoir voulu confirmer la tradition. — Toutefois, si l'on rapproche de notre article les textes que nous venons de citer, notamment celui de la coutume de Paris, on remarquera entre les deux rédactions une différence assez notable. Le texte ancien exige la présence des *parents* qui ont assisté au contrat de mariage : il résulte de là que la présence des personnes qui avaient joué un rôle actif dans le contrat n'aurait pas suffi autrefois pour valider les changements que l'on voulait y apporter; on exigeait celle des parents des futurs qui avaient assisté aux conventions matrimoniales, qu'ils y eussent ou non figuré comme *parties*. C'est ainsi que le texte de la coutume était entendu par les commentateurs. Pothier (*Intr. au Traité de la communauté*, n° 13, *in fine*) nous indique les motifs de la règle dont il s'agit : il y avait là, en quelque sorte, une mesure de protection destinée à mettre les futurs conjoints en garde contre leur faiblesse ou leur inexpérience. Le système coutumier pourrait s'expliquer aussi par le point de vue sous lequel on envisageait autrefois les contrats de mariage : on y voyait en effet, de véritables pactes de famille, dont les stipulations n'intéressaient pas seulement les époux, mais aussi leurs parents; on considérait que ces stipulations étaient, jusqu'à un certain point, l'œuvre des deux familles et que l'on n'y pouvait rien changer sans porter atteinte aux droits de celles-ci. C'était un des motifs qui en faisaient admettre l'immutabilité pendant le mariage : or ce motif s'applique évidem-

ment avec la même force aux changements qui y seraient
apportés même antérieurement.

Maintenant exigeait-on, sans distinction, la présence
de tous les parents qui avaient assisté au contrat? Suivant
l'opinion générale, paraît-il, la règle ne s'appliquait
qu'aux ascendants; on n'exigeait pas la présence des
collatéraux plus ou moins éloignés, qui avaient donné
leur signature *honoris causa*. Telle était notamment la
doctrine de Ferrières et de Laurières. Mais Pothier n'admettait pas cette distinction (op. cit. n° 16). Sans doute,
disait-il, on n'était pas forcé d'appeler les collatéraux au
contrat; mais lorsqu'ils y avaient concouru, il voyait dans
la contre-lettre passée à leur insu un acte entaché de clandestinité. Mais ce vice n'existait, en réalité, que lorsque le
contrat avait été passé en présence des collatéraux seulement: en pareil cas, on conçoit, à la rigueur, que les changements ne puissent avoir lieu sans leur adhésion; il n'en
était plus de même, quand des parents plus proches y
avaient assisté. C'est d'ailleurs, ce que Pothier paraît bien
reconnaître, au paragraphe même que nous venons de citer;
voici, en effet, ce que nous y lisons: «Ce que la coutume
dit, que les contre-lettres faites hors la présence des parents
qui ont assisté au contrat de mariage sont nulles, ne doit
pas être tellement pris à la rigueur, que l'absence d'un
seul des parents qui ont assisté au contrat de mariage
doive indistinctement les rendre nulles. Si ce parent, en
l'absence de qui la contre-lettre a été passée, n'était qu'un
parent éloigné, et qu'elle ait été passée en présence des
plus proches parents, et de ceux qui avaient le plus d'autorité dans la famille, elle doit être jugée valable.

Tout ce système de l'ancien droit n'a plus d'application
aujourd'hui. La substitution du mot: *parties* à celui de
parents, qui se trouvait dans le texte de la coutume, in-

dique évidemment que le Code n'a pas entendu exiger que les ascendants fussent présents à la rédaction de la contre-lettre, par cela seul qu'ils avaient assisté au contrat. Toutefois, il ne faudrait pas croire que leur concours ne soit jamais exigé que lorsqu'ils ont figuré dans le contrat en qualité de disposants. Ce concours est indispensable encore, toutes les fois qu'ils y sont intervenus pour habiliter l'un des futurs conjoints: le texte même de l'article peut être invoqué en ce sens, car il est vrai de dire que les ascendants, en pareil cas, ont été parties aux conventions matrimoniales, qu'ils y ont joué un rôle actif. La solution contraire ne se comprendrait pas, d'ailleurs. En effet, la contre-lettre a-t-elle pour objet de modifier, sous quelque rapport, le régime adopté dans le contrat? Ce changement constitue évidemment une convention matrimoniale, et dès lors l'assistance des ascendants dont nous parlons est évidemment nécessaire. Il n'en saurait être autrement, dans le cas où elle tendrait à restreindre ou à supprimer certains avantages faits au mineur, car peut-être n'ont-ils approuvé le contrat qu'en considération de ces avantages; s'il y pouvait être dérogé à leur insu, leur droit de contrôle serait éludé.

D'autres personnes que les ascendants peuvent aussi être appelées à assister les futurs époux dans leur contrat de mariage: ainsi, lorsque le mineur n'a plus d'ascendants, c'est le conseil de famille qui les remplace à cet effet. (V. art. 160 et 1398). Nous appliquerons ici la même doctrine, et nous dirons que les contre-lettres ne peuvent être valables sans l'assistance du conseil qui a consenti au contrat du mineur. De même, si l'on admet que le prodigue est incapable, dans une certaine mesure au moins, de faire ses conventions matrimoniales sans l'assistance de son conseil judiciaire, celui-ci devra intervenir aux contre lettres, toutes les fois qu'il aura dû assister le prodigue pour le contrat lui-même.

Mais en dehors de ces cas, nous croyons qu'il faut écarter sans exception la règle ancienne. On a soutenu, cependant, que l'ascendant auquel l'époux majeur était tenu de demander son consentement, et, en cas de refus, de signifier des actes respectueux, devait nécessairement être appelé aux changements, lorsqu'il avait assisté au contrat de mariage, bien qu'il n'y eût fait aucune disposition. On s'est fondé sur ce que cet ascendant pouvait n'avoir consenti au mariage qu'en considération des clauses du contrat, et qu'il l'eût peut-être retiré s'il avait connu les modifications dont il a été l'objet, de telle sorte que son descendant eût été obligé de se conformer aux prescriptions des art. 151 et suivants. Nous ne croyons pas cette doctrine exacte : il est impossible, en effet, de considérer l'ascendant qui n'a figuré au contrat qu'*honoris causa* comme y ayant été *partie*. On semble, d'ailleurs, dans l'opinion que nous repoussons, confondre, en ce qui touche la capacité, les règles du contrat de mariage avec celles du mariage, tandis que ces règles, bien qu'identiques à certains égards, sont cependant régies par des principes différents.

Par les mêmes motifs, nous pensons que la présence de l'ascendant ne serait pas nécessaire dans le cas même où le fils majeur serait âgé de moins vingt-cinq ans, et, par suite, aurait besoin de son consentement pour le mariage. Le fils, en pareil cas, n'en est pas moins capable de régler, sans aucune assistance, ses conventions matrimoniales, et la présence de l'ascendant n'était nullement nécessaire pour la validité du contrat.

En résumé, les personnes dont le concours est nécessaire, lorsqu'il s'agit de modifier les stipulations du contrat de mariage, sont : 1° Toutes celles qui ont pris part à quelqu'une de ces stipulations, qu'elles soient ou non parentes des futurs époux ; 2° celles qui sont intervenues au contrat pour habiliter ces derniers, notamment leurs ascendants, alors même qu'ils n'y ont rien promis ni stipulé en leur propre nom. Quant à celles qui n'y ont assisté que par des motifs de convenance ou d'amitié, il n'est pas nécessaire qu'elles soient présentes, lors de la rédaction de la contre-lettre. Il faut en dire autant des tiers qui n'auraient joué dans le contrat qu'un rôle purement passif, tels qu'un débiteur de la femme qui, sur la délégation de celle-ci, serait intervenu pour s'engager envers le mari au payement de la dot. (V. Locré, XIII, p. 172).

Nous savons quelles sont les personnes qui doivent être appelées, lorsque l'on veut apporter quelques changements aux dispositions du contrat de mariage. Bien entendu, leur présence ne suffit pas pour la validité du changement ; il faut qu'elles y donnent leur consentement. Maintenant, la loi exige que cette présence et ce consentement soient simultanés. Ainsi, l'on ne pourrait s'adresser séparément à chacune des parties ; l'adhésion que l'on obtiendrait d'elles par des actes isolés ne serait pas suffisante. — Les motifs de cette règle se conçoivent aisément : on a pensé qu'un consentement isolé n'offrait pas de suffisantes garanties, qu'il pourrait être souvent le résultat d'une surprise ou d'un malentendu ; les parties réunies apprécieront plus sainement et avec plus d'indépendance la nature des changements proposés.

Il n'est pas douteux que les personnes appelées à assister à la contre-lettre ne puissent se faire représenter par un fondé de pouvoir ; le consentement de celui-ci équivaudra à celui de la partie elle-même. Il faut, bien entendu, que la procuration soit spéciale. Nous pensons aussi qu'elle doit être constatée par acte authentique. En effet, il semble conforme à l'esprit de la loi (Arg. art. 933,-loi du 21 juin 1843, art. 12) d'exiger que le mandat soit conféré en cette forme, toutes les fois que l'acte auquel doit participer le mandataire y est lui-même assujetti. Telle est la doctrine généralement admise ; on l'applique notamment à la procuration à l'effet de constituer hypothèque, ou de représenter les futurs époux au contrat de mariage.

Il peut maintenant se présenter des circonstances qui feront obstacle à ce que le changement puisse être valablement opéré. Supposons, en effet, que l'une des personnes qui ont pris part au contrat, par exemple, un donateur, soit frappé d'interdiction ; il devient impossible de le modifier désormais. En effet, l'incapacité de l'interdit s'oppose à ce qu'il donne son adhésion aux contre-lettres. D'autre part, personne ne peut le représenter à cet effet ; le consentement qu'il s'agit de donner se rattache à des actes de disposition, qui excèdent les pouvoirs de son tuteur ou de son conseil de famille, et à l'égard desquels ils ne peuvent prendre en son nom aucune détermination. — Il en serait autrement, cependant, si le contrat de mariage qu'il s'agit de modifier était celui d'un enfant de l'interdit, parce qu'en pareil cas celui-ci est représenté par son conseil de famille, qui peut consentir en son lieu et place, et sauf l'homologation du tribunal, toutes les dispositions qu'il juge convenables, quant à la constitution de dot et aux autres conventions matrimoniales (art. 511). Nous pensons donc qu'en pareil cas le conseil de famille de l'interdit pourrait le représenter à la contre-lettre, comme il aurait pu le faire au contrat même, s'il eût été passé postérieurement à l'interdiction.

Une hypothèse analogue est celle où l'une des parties serait absente, au moment où l'on veut modifier le contrat. Il peut arriver enfin que, présente, elle s'abstienne à dessein de comparaître. Quelque hypothèse que l'on suppose, les changements ne sauraient être valables, si toutes les parties n'y ont pas adhéré. Ce point a toutefois été contesté. Des auteurs, Toullier notamment, ont prétendu que l'absence de l'une des parties ne viciait pas la contre-lettre, pourvu qu'elle eût été appelée à y concourir. Il se fondait sur ce que, en ne comparaissant pas, malgré l'avertissement qui lui avait été donné, la partie avait suffisamment manifesté son adhésion aux changements. S'il en était autrement, disait-il, la liberté des conventions matrimoniales serait trop entravée. — Mais cette opinion a été abandonnée avec raison ; elle repose sur une présomption qui, dans bien des cas, ne serait nullement fondée. Des motifs de toute nature ont pu empêcher la partie de comparaître, et il est arbitraire de conclure de son absence qu'elle approuve les changements. Mais en admettant que cette conclusion soit fondée, toujours est-il que le consentement dont il s'agit ne remplirait en aucune façon les conditions prescrites par la loi. Il résulte de l'art. 1396 qu'il doit être donné par la partie présente, et en même temps que celui des autres intéressés. Ces conditions font absolument défaut dans l'hypothèse que nous supposons. Ne serait-il pas étrange qu'une approbation tacite fût suffisante, alors que la loi ne se contente même pas d'une adhésion expresse, lorsqu'elle est donnée isolément. — Enfin les travaux préparatoires fournissent un argument très puissant en faveur de l'opinion que nous soutenons. On proposa, lors de la discussion au Conseil d'Etat, d'ajouter dans le texte, après ces mots : « les personnes qui ont été parties, etc... », ceux-ci : « ou elles dûment appelées. » Or, cette addition, qui aurait eu pour résultat de consacrer l'opinion de Toullier, n'a pas passé dans le texte définitif.

Dans quels cas une convention conclue en dehors du contrat de mariage constitue-t-elle un changement, une contre-lettre à ce contrat ? C'est un point sur lequel il importe d'être fixé, afin d'appliquer avec discernement les dispositions de l'art. 1396. Il n'est guère possible de résoudre la question au moyen d'une formule générale ; pour l'éclaircir, il vaut mieux parcourir les principales hypothèses au sujet desquelles elle peut se poser.

Il n'y a pas de difficulté, d'abord, lorsque la contre-lettre a pour objet de modifier plus ou moins le régime matrimonial adopté par les futurs époux ; et, en pareil cas, il n'y a pas à examiner si les changements portent sur les stipulations fondamentales ou sur des points de détail. La loi ne fait aucune distinction ; ainsi, alors même que la clause qui en est l'objet paraîtrait, à raison de son peu d'importance, n'avoir pu influer sur la détermination d'aucune des parties, l'art. 1396 n'en serait pas moins applicable.

Les prescriptions de cet article s'appliquent aussi, incontestablement, aux conventions qui auraient pour objet de supprimer ou de restreindre les donations faites en faveur du mariage, et cela est vrai, qu'il s'agisse de libéralités faites par l'un des futurs conjoints à l'autre, ou d'avantages émanés d'un tiers. C'est ce qu'enseignaient nos anciens auteurs : « La coutume, dit Pothier, « (op. cit. n° 15), en déclarant toutes contre-lettres « nulles, comprend non-seulement celles qui interviennent

« entre les futurs conjoints, mais pareillement celles qui in-
« terviennent entre l'un des futurs conjoints et quelqu'une
« des personnes qui ont été parties au contrat. Par exem-
« ple, si le futur, à qui son père avait promis une certaine
« somme en dot, lui promettait, par un acte passé hors
« la présence de sa femme, et des principaux parents de
« sa femme, de ne pas exiger cette somme de son vivant,
« cet acte serait nul, comme étant une contre-lettre au
« contrat de mariage, et le père ne pourrait l'opposer
« contre les poursuites de son fils, pour le payement de
« la dot promise par le contrat de mariage (Comp. »
Ferrières, sur l'art. 258 de la Coutume de Paris). » —
Peu importe évidemment que la libéralité consiste dans
une donation proprement dite ou dans une renonciation à un droit quelconque. A cet égard, il n'y avait
pas plus de doute autrefois qu'il ne peut y en avoir
aujourd'hui. Ainsi Duplessis, cité par Ferrières (op. cit.),
rapporte l'espèce suivante, qui s'était présentée. Le créancier d'une rente était intervenu au contrat de mariage de
son débiteur; pour déclarer qu'il renonçait à cette rente;
mais celui-ci, par une contre-lettre, avait reconnu qu'elle
continuait d'exister à sa charge. Plus tard, les enfants
du débiteur ayant refusé d'en servir les arrérages, ils
obtinrent gain de cause, attendu que la contre-lettre
était nulle.

Il est évident qu'on ne peut considérer comme des
changements, comme des contre-lettres au contrat de mariage, les conventions additionnelles qui laissent subsister, dans leur intégrité, toutes les stipulations qu'il contient. Il n'y a, disait Brodeau, que les contre-lettres qui
vont contre la substance et la teneur du contrat de mariage, et qui détruisent les clauses d'icelui ou y dérogent
qui soient défendues. Autre chose est des contre-lettres

qui sont outre le contrat, qui y ajoutent quelque chose, l'exécutent, et ne changent point la disposition ni la substance des conventions et conditions d'icelui, auquel cas elles sont valables. — Par application de ce principe, on reconnaît sans difficulté qu'une donation nouvelle faite à l'un des conjoints par un tiers, partie ou non au contrat de mariage, ne peut être considérée comme un changement tombant sous l'application de l'article 1396 ; en effet, il n'y a rien là qui déroge aux conventions matrimoniales. Il n'est donc pas besoin, pour la validité de cette donation, d'y appeler toutes les personnes qui ont assisté au contrat : on ne voit pas, d'ailleurs, pourquoi la présence de ces personnes serait nécessaire ; car leur consentement à une disposition qui ne peut qu'améliorer la situation des époux, ne saurait être douteux. — Il paraît bien résulter du passage de Brodeau rapporté plus haut, que telle était la doctrine ancienne. Cependant un passage de Pothier a fait naître quelques doutes : » La coutume, dit-il, comprend ici sous le terme de contre-lettres, non seulement les conventions qui dérogent, et sont contraires à quelqu'une de celles portées au contrat de mariage, mais généralement toutes les nouvelles conventions ou donations qui ne sont pas portées au contrat de mariage, (Op. cit. n° 13). Toullier a vu dans ce passage une erreur Pothier, et en effet, il est difficile de le concilier avec ce que nous lisons dans les autres auteurs. Mais il faut remarquer qu'il se trouve au milieu d'un paragraphe, où il est exclusivement question des stipulations conclues entre les futurs époux. Ce n'est qu'au n° 15 que l'auteur arrive à parler des contre-lettres passées entre l'un des futurs époux et un tiers. Il paraît donc certain, que le passage en question ne s'applique qu'aux conventions et donations qui interviendraient entre les futurs, et dont il sera question tout-à-l'heure ; quant à l'hypothèse dont nous nous occupons en ce moment, Pothier n'en parle pas. Quoi qu'il en soit, tout le monde aujourd'hui reconnaît que l'art. 1396 n'y est pas applicable. — Remarquons néanmoins que l'observation des conditions prescrites par cet article peut être quelquefois indispensable à la validité des dispositions dont il s'agit : nous voulons parler du cas où elles contiendraient des avantages qui ne peuvent être stipulés que dans un contrat de mariage, tels qu'une institution contractuelle. Faites dans la forme ordinaire, des donations, elles ne seraient pas valables ; au contraire, si l'on se conforme aux prescriptions de l'art. 1396, elles s'identifieront avec le contrat et jouiront des prérogatives qui y sont attachées. — A d'autres points de vue encore, il peut être intéressant de savoir si la donation a été faite ou non conformément à ces prescriptions. Supposons qu'elle s'adresse à la future, dans un cas où le contrat stipule l'adoption du régime dotal. Si elle avait été comprise dans le contrat, les biens qui en sont l'objet seraient dotaux de plein droit. Il en sera de même, si l'on a observé les conditions prescrites par l'art. 1396 ; dans le cas contraire, il faudrait pour cela que la dotalité fût expressément stipulée (art. 1541).

Si les donations faites par des tiers constituent de simples conventions additionnelles, et non des contre-lettres au contrat, en est-il de même de celles qui interviendraient entre les futurs conjoints ? — On a prétendu qu'à cet égard notre ancienne jurisprudence avait varié ; qu'autrefois les dispositions dont il s'agit, faites en dehors du contrat de mariage, étaient néanmoins valables, et l'on invoque en ce sens un arrêt de 1607, cité par Ferrières, qui a validé une donation de cette espèce. Mais au dix-huitième siècle, a-t-on dit, on en était arrivé à exiger, en pareil cas, les mêmes garanties que pour les conventions qui contredisent directement les stipulations du contrat de mariage. C'est ce qui résulte notamment d'un arrêt du 19 février 1716. Telle est l'opinion qui avait prévalu; elle est enseignée par Pothier, qui invoque, en ce sens, l'arrêt dont nous venons de parler. — Il y a là une méprise : en effet, si l'on tient compte de l'espèce sur laquelle avait statué l'arrêt de 1607, on verra qu'il est facile de concilier sa décision avec la doctrine de Pothier. Il s'agissait d'une donation faite entre futurs conjoints, non pas, il est vrai, en présence de toutes les parties, mais avec l'assistance des parents du donateur. L'arrêt avait considéré avec raison que c'était là une garantie suffisante, et que le texte de la coutume devait être entendu *respective*, c'est-à-dire relativement aux parents qui pouvaient avoir intérêt à s'y opposer. Quant à celui de 1716, il se réfère au cas où la donation a eu lieu en l'absence des deux familles, et Pothier n'en concluait qu'une chose, c'est que, lorsque les futurs époux s'étaient soustraits de la sorte au contrôle de leurs protecteurs naturels, la dissimulation à laquelle ils avaient eu recours était une cause de nullité des avantages stipulés en dehors du contrat. Comme on le voit, les deux décisions se concilient facilement, et rien n'autorise à présumer que la jurisprudence ait varié sur ce point.

Faut-il admettre aujourd'hui le système de l'ancien droit? La négative a été soutenue par Toullier. Cet auteur a fait remarquer, d'abord, qu'autrefois déjà la nullité des donations dont il s'agit s'expliquait difficilement, du moins dans le dernier état du droit, car le seul motif qui pouvait justifier une telle doctrine, et qui était tiré du point de vue sous lequel on envisageait autrefois les contrats de mariage, avait cessé d'être vrai : en effet, dit-il, on avait fini par ne plus voir, dans ces contrats, des pactes intéressant les familles des futurs époux ; la preuve en est dans un arrêt du 17 mai 1762, rapporté par Pothier. (Traité de la communauté, n° 339), d'où il résulte expressément que les conventions matrimoniales ne doivent être regardées « que comme des conventions entre les seules parties contractantes. » A plus forte raison, doit-on écarter cette doctrine aujourd'hui qu'il ne reste plus aucune trace de ces anciens principes Sous quel prétexte annulerait-on les donations dont il s'agit, ajoute Toullier ? Ce ne sont pas des contre-lettres, car elles ne contredisent aucune des clauses du contrat. Dira-t-on qu'elles doivent être réputées frauduleuses? La loi n'autorise pas une telle présomption. D'ailleurs les époux, une fois le mariage célébré, sont libres de se faire des libéralités l'un à l'autre (art. 1094) ; pourquoi ne jouiraient-ils pas de la même liberté avant la célébration du mariage? — Cette opinion n'a pas prévalu. Sans doute, le motif sur lequel la prohibition reposait autrefois n'a plus aujourd'hui la même force ; mais il n'en est pas moins vrai que le texte de l'art. 1396 comprend dans sa généralité, les actes dont il s'agit : ce sont bien certainement des contre-lettres au contrat, car ils ont pour conséquence de diminuer l'apport du donateur, et de déranger par suite l'économie des conventions matrimoniales. On ne peut admettre qu'un tel changement puisse avoir lieu sans le concours des parties, dont il peut contrarier les vues : en effet celle qui est intervenue pour disposer en faveur de l'un des futurs aurait peut-être retiré sa libéralité, si le donataire avait, au moment du contrat, manifesté l'intention d'en transporter, en tout ou en partie, le bénéfice à son futur conjoint. — L'argument tiré de l'art. 1094 est loin d'être concluant : il n'y a aucune parité entre les donations dont il s'agit ici, et celles que les époux peuvent se faire pendant le mariage, et qui sont essentiellement révocables. — Enfin les considérations tirées par Toullier de l'ancienne jurisprudence manquent d'exactitude : on les a réfutées en faisant remarquer que le passage de Pothier dont il argumente n'a pas le sens qu'il lui attribue, et, en effet, la lecture de ce passage ne laisse, à cet égard, aucun doute.

Il n'y aurait pas à distinguer, d'ailleurs, suivant que la donation serait antérieure ou postérieure au contrat de mariage. Cela n'est pas douteux, du moment que l'on y voit une dérogation au contrat ; en effet, une contre-lettre peut précéder ou suivre l'acte auquel elle déroge. C'est ce que l'on admettait autrefois : Pothier, dans le passage que nous avons cité, suppose que la donation a été faite peu de jours avant le contrat. Toutefois, pour qu'elle puisse être considérée comme une contre-lettre, il faut évidemment qu'elle ait eu lieu en vue du mariage : si elle remontait à une époque plus ou moins éloignée, ce serait un acte ordinaire, valable suivant les règles du droit commun. (Comp. Ferrières, sur l'art. 258 de la cout. de Paris, n° 11.) Il y aura là une question de fait à résoudre.

Ce ne sont pas seulement les donations que les futurs époux voudraient se faire en dehors du contrat de mariage, qui sont soumises aux prescriptions de l'art. 1396 ; il en est de même des conventions à titre onéreux, lorsqu'elles doivent avoir pour effet de modifier, dans une mesure quelconque, leur situation et leurs droits respectifs. Cela s'applique notamment aux ventes que l'un des futurs consentirait à l'autre : la Cour de Cassation fait

17

l'application de cette doctrine dans un cas où la femme, mariée sous le régime exclusif de communauté, avait, avant la célébration du mariage, mais par un acte distinct du contrat, vendu au mari un de ses biens, en s'en réservant l'usufruit. Elle a décidé que cette vente constituait un changement aux apports de la femme, et modifiait, par suite, les conventions matrimoniales. (Arrêt du 31 janvier 1837). L'arrêt, dans l'espèce, se fondait, pour annuler l'acte, sur ce qu'on n'avait pas eu recours à la forme authentique; mais il n'en eût pas moins été nul, bien que passé en cette forme, s'il avait eu lieu en l'absence des parties qui ient assisté au contrat de mariage.

Des deux conditions que prescrit la loi pour la validité des contre-lettres, la première, celle qui consiste dans la rédaction d'un acte authentique, est toujours facile à remplir. Il n'en est pas de même de la seconde : comme on l'a vu plus haut, l'absence, l'interdiction de l'une des parties, son refus d'approuver la contre-lettre, sont des obstacles qui paraissent insurmontables. Mais faut-il admettre que, par suite de l'une de ces circonstances, l'on soit contraint de renoncer absolument aux changements projetés ? Nullement ; on aura toujours la ressource de révoquer expressément le contrat, et d'en faire un nouveau, dans lequel ces changements trouveront leur place. Bien entendu, les époux perdront alors le bénéfice des dispositions qu'avait pu faire en leur faveur la personne dont le consentement fait défaut. Remarquons, du reste, qu'une fois le premier contrat anéanti, en vain les parties reviendraient-elles sur leur détermination, et déclareraient-elles s'en tenir aux conventions primitives : la donation s'étant évanouie avec l'acte qui la contenait, le donateur ne peut être engagé de nouveau sans son aveu.

Lorsqu'on a passé outre, bien que le consentement de quelqu'une des parties fît défaut, la contre-lettre est nulle ; c'est ce qui résulte incontestablement de l'article 1396. Cette nullité est absolue, et peut être invoquée par toute personne intéressée ; mais, le plus souvent, ce seront les époux ou leurs héritiers qui s'en prévaudront ; celui-là même qui a participé à la contre-lettre peut en écarter l'effet, sans qu'on puisse exciper contre lui de sa mauvaise foi. Ce point était admis dans l'ancien droit. (V. Nouv. Denizart, v° communauté, § 4, n° 3. Merlin, Rép. v° contre-lettre). — On pourrait se demander si le donateur, qui n'a pas donné son adhésion à la contre-lettre, peut se prévaloir de la nullité dont il s'agit. D'abord, on ne voit guère comment il pourrait l'invoquer directement ; il n'a, en principe, ni intérêt ni qualité pour demander que les conventions matrimoniales soient exécutées suivant leur teneur primitive. Mais il a un moyen indirect de faire respecter la loi du contrat : comme on l'a vu, toutes les stipulations qu'il contient se lient entre elles, et sont réputées être la cause les unes des autres. C'est sur cette présomption qu'est fondée la disposition du second alinéa de notre article. Dès lors, le donateur est censé n'avoir consenti l'avantage dont il a gratifié l'un des futurs époux, que sous la condition tacite que toutes les autres clauses seraient fidèlement exécutées. Or, cette condition fait défaut, malgré la nullité de la contre-lettre, lorsque ceux qui pourraient s'en prévaloir gardent le silence, et il en résulte pour lui le droit de faire révoquer la donation. La révocation, d'ailleurs, n'aura pas lieu de plein droit, par cela seul que le donataire a consenti aux changements. Elle ne sera prononcée qu'après sa mise en demeure, et faute par lui d'avoir fait disparaître les conséquences de la contre-lettre.

II

Après avoir déterminé les conditions requises pour la validité des contre-lettres entre les parties, la loi s'occupe de leur effet à l'égard des tiers (art. 1397). Pour qu'elles soient opposables à ceux-ci, il faut tout d'abord, bien entendu, que l'on se soit conformé aux prescriptions de l'art. 1396 ; s'il en était autrement, la contre-lettre, nulle entre les parties, serait nulle, *a fortiori*, à l'égard des personnes qui n'y sont pas intervenues. Mais le législateur a été plus loin : il a jugé nécessaire d'ajouter aux dispositions de l'art. 1396 de nouvelles prescriptions, propres à garantir les tiers contre les surprises auxquelles ils pourraient être exposés, par suite des changements apportés au contrat de mariage. La nécessité de ces mesures protectrices se comprend facilement. Les tiers qui traitent avec les époux ont souvent le plus grand intérêt à être instruits de leurs conventions matrimoniales. Or, ces conventions, ils seront toujours en mesure de les connaître, telles qu'elles ont été réglées par le contrat de mariage. Mais quant aux modifications qu'elles ont pu subir, il dépendrait des parties de les leur dissimuler, car, ne soupçonnant pas l'existence de la contre-lettre, ils n'en pourraient exiger la présentation. L'art. 1397 remédie à cet inconvénient : « Tous changements et contre-lettres, dit-il, même revêtus des formes prescrites par l'article précédent, seront sans effet à l'égard des tiers, s'ils n'ont été rédigés à la suite de la minute du contrat de mariage ; et le notaire ne pourra, à peine des dommages et intérêts des parties, et sous plus grande peine, s'il y a lieu, délivrer ni grosses ni expéditions du contrat de mariage, sans transcrire à la suite le changement ou la contre-lettre. »

Grâce à ces dispositions, les tiers sont à l'abri de toute surprise, car ils auront connaissance, en même temps, et des conventions primitives, et des changements dont elles auront pu être l'objet. Le système de la loi revient, en somme, à déclarer nuls, à l'égard des tiers, tous actes dérogatoires au contrat de mariage, puisque ces actes ne leur sont opposables que lorsqu'ils cessent de constituer des actes distincts, pour se confondre avec le contrat lui-même. Maintenant l'art. 1397 n'était-il pas inutile, en présence de ce principe général, que les contre-lettres sont sans effet à l'égard des tiers ? — Lorsqu'il s'agit d'une contre-lettre proprement dite, c'est-à-dire lorsque, convenue au moment du contrat, la dérogation a été dissimulée à dessein, les tiers seraient sans doute protégés par l'art. 1321. Mais nous savons qu'en matière de contrats de mariage, la loi proscrit indistinctement toutes dérogations, qu'elles constituent ou non des contre-lettres *stricto sensu*. Dès lors, les règles du droit commun étaient évidemment insuffisantes.

Les dispositions de l'art. 1397 ont-elles, comme celles de l'article précédent, leur source dans le droit coutumier ? On trouve, en général, dans les anciens auteurs, peu de renseignements sur les effets des changements à l'égard des tiers ; Pothier notamment ne s'occupe pas de ce point. Toutefois, on trouve dans Ferrières (sur l'art. 258 de la cout. de Paris, n° 8)) un passage d'où l'on peut conclure que le Code n'a fait que se conformer aux précédents. Cet auteur, en effet, indique comme une des conditions de la validité des contre-lettres, « qu'il y en ait minute, et qu'elle soit insérée au pied de

« la minute du contrat de mariage, avec défense au no-
« taire, à peine de faux, de délivrer l'un des deux actes
« séparément. » Ferrières ne nous dit pas si cette dernière prescription est obligatoire pour la validité des
changements même entre les parties, ou s'il s'agit seulement d'une mesure de protection en faveur des tiers ;
mais il est probable que c'est dans ce dernier sens qu'elle
doit être interprétée, car elle ne présente guère d'intérêt
au point de vue des contractants eux-mêmes.

La loi édicte ici deux dispositions qu'il importe de
distinguer avec soin. Il faut, en premier lieu, que l'acte
modificatif soit rédigé à la suite de la minute du contrat
de mariage. Si cette prescription n'a pas été observée, il
est certain que le changement est nul à l'égard des tiers.

En second lieu, la loi exige que le changement soit
transcrit à la suite des grosses ou expéditions du contrat
de mariage. — Cette seconde règle a-t-elle le même
caractère que la première? Faut-il voir, dans la formalité
qu'elle prescrit, une nouvelle condition pour la validité du
changement à l'égard des tiers? Ce n'est pas ainsi qu'elle
a été généralement entendue. On l'interprète en ce sens
que la contre-lettre, du moment qu'elle a été rédigée à
la suite de la minute du contrat, est opposable aux tiers,
quand bien même l'expédition sur la foi de laquelle ils
ont contracté n'en ferait pas mention ; seulement, s'ils
éprouvent quelque préjudice par suite de cette omission,
ils pourront réclamer du notaire des dommages et intérêts.

Cette interprétation paraît bien raisonnable, et en même
temps conforme au texte, car, remarquons-le, ce n'est
qu'à propos de la première prescription qu'il est question de la nullité des contre-lettres. Toullier, cependant,
l'a combattue avec beaucoup d'insistance. Selon lui, la

transcription du changement sur l'expédition est une condition indispensable pour qu'elle soit opposable aux tiers. Dans ce système, ce ne sont pas les tiers, mais les personnes dont émane la contre-lettre qui auraient un recours contre le notaire.

Le principal argument invoqué par Toullier est tiré du mot *parties*, dont se sert le texte. Cette expression, dit-il, est employée par les deux articles 1396 et 1397, et il est clair qu'elle ne peut avoir, dans chacun d'eux, un sens différent. On peut d'autant moins l'admettre, que la loi oppose ici les *tiers*, aux *parties*, ce qui détermine avec précision le sens de ce dernier mot. Mais cette doctrine a trouvé peu de partisans. En effet, l'omission dont il s'agit n'est imputable qu'au notaire seul ; les parties n'ont rien à se reprocher. En tenant la main à ce que les changements fussent constatés à la suite du contrat, elles ont fait tout ce qui dépendait d'elles. Il est difficile d'admettre que la loi ait voulu leur faire subir les conséquences d'une faute à laquelle elles n'ont pas participé. Sans doute, elles auraient un recours contre le notaire ; mais n'est-il pas plus naturel que ce recours soit exercé par les tiers ? Ce sont eux qui ont été directement lésés, car la prescription omise est édictée dans leur intérêt — La rédaction du texte est regrettable, sans doute. On eût mieux fait d'éviter ici l'emploi du mot *parties*, alors qu'on venait de s'en servir, pour désigner les personnes mêmes entre lesquelles ont été stipulées les conventions matrimoniales. Mais, sous la réserve de cette critique, ce mot peut très-bien s'appliquer aux tiers eux-mêmes, si on les considère au point de vue du dommage qui leur a été causé, et dont ils peuvent demander la réparation. — Le Code a donc voulu parler, non pas des *parties* au *contrat de mariage*, mais des parties lésées par la faute du notaire.

Quant aux travaux préparatoires, si l'on n'y trouve pas la condamnation positive du système de Toullier, ils paraissent cependant favoriser plutôt la doctrine contraire. L'art. 5 du projet, tel qu'il fut présenté au conseil d'Etat, à la séance du 6 vendémiaire an XII, était ainsi conçu : « Tout changement, même revêtu des formes prescrites par l'article précédent, sera sans effet à l'égard des tiers, s'il n'a été rédigé à la suite de la minute du contrat de mariage, si l'expédition n'en a été délivrée à la suite de l'expédition de ce contrat, et s'il n'en a été ait mention expresse sur le registre de l'enregistrement, en marge de l'article qui contient l'enregistrement du contrat. » (V. Locré, XIII, p. 127.) D'après ce texte, trois conditions étaient nécessaires, pour que les contre-lettres fussent opposables aux tiers : 1° leur rédaction à la suite de la minute ; 2° leur transcription à la suite de l'expédition ; 3° leur mention sur le registre de l'enregistrement. Lors de la discussion, cette dernière formalité fut supprimée : on fit remarquer qu'il n'était pas à propos de faire dépendre la validité des contre-lettres de l'observation d'une formalité qui pouvait être omise, par suite de la négligence ou du mauvais vouloir des employés de l'enregistrement. Toutefois il semblait résulter de l'article, tel qu'il fut adopté par le conseil, que la seconde condition était, comme la première, exigée à peine de nullité. Mais le tribunat demanda que la rédaction en fût modifiée, et en proposa une autre, celle qui a passé dans le texte définitif. Ce changement semble bien impliquer l'abandon du système auquel on s'était arrêté d'abord. Le motif qui en a été donné par le tribunat pourrait, il est vrai, suggérer quelques doutes : on s'est borné à dire qu'il était utile, pour l'exécution même de la loi, d'imposer directement et expressément au notaire l'obligation de s'y conformer. Mais on pouvait modifier l'article en ce sens, tout en maintenant la partie du texte qui subordonnait la validité des contre-lettres à leur transcription à la suite de l'expédition. La suppression de cette partie ne peut guère s'expliquer, si l'on n'admet que le législateur a, en définitive, voulu écarter la nullité qui en résultait.

Toullier a prétendu que peu importait que les changements fussent rédigés à la suite de la minute, si l'expédition n'était pas conforme, car c'est sur la foi de celle-ci que les tiers contracteront ; que, dans le système qu'il combattait, la protection de la loi était complètement illusoire. C'était aller trop loin : en effet, les tiers ont toujours la faculté de consulter la minute elle-même ; c'est une précaution qu'ils ne devront pas négliger, s'ils sont prudents. L'observation en a été faite par le consul Cambacérès, à propos de la troisième des prescriptions que contenait notre article, prescription qui a, comme on sait, disparu à la suite de la discussion au conseil d'Etat.

L'opinion de Toullier a donc été depuis longtemps abandonnée, et il faut tenir pour certain que les tiers ne peuvent se prévaloir contre les parties de l'omission dont il s'agit. On admet cependant qu'il en serait autrement si les parties étaient de mauvaise foi, si elles avaient présenté aux tiers une expédition incomplète, dans le but de, les tromper. En dehors de cette hypothèse, leur droit se borne à réclamer du notaire des dommages-intérêts. — Celui-ci peut, en outre, aux termes de notre article, être passible de certaines peines : il s'agit ici de peines disciplinaires, plus ou moins graves selon les cas. On a prétendu qu'en cas de fraude, il pourrait être poursuivi comme faussaire. Il en était effectivement ainsi dans l'ancien droit, s'il faut s'en rapporter au passage de Ferrières,

cité plus haut, Mais nous ne croyons pas que cette doctrine puisse être admise aujourd'hui : la fraude, en effet,
n'est pas suffisante pour constituer le crime de faux.

On s'est demandé quels étaient les tiers qui pouvaient
se prévaloir, pour écarter la contre-lettre, de l'omission
de la formalité prescrite par l'art. 1397. En étudiant les
contre-lettres en général, nous avons eu à résoudre la
même question, à propos de l'art. 1321. On se rappelle
que, pour l'application de cet article, nous avons admis
qu'il fallait regarder comme des tiers toutes personnes
autres que les parties contractantes, et leurs ayants-cause
à titre universel. Nous croyons qu'il faut en dire autant,
dans la matière qui nous occupe. Des auteurs cependant (1) ont jugé cette formule trop large, et ils ont proposé certaines restrictions. Ainsi, d'abord, les créanciers
chirographaires, suivant eux, ne seraient pas des tiers
dans le sens de l'art. 1397, parce qu'en général ils ne
peuvent être considérés comme ayant traité spécialement
en vue de telle ou telle clause du contrat de mariage.
Quant aux ayants cause à titre particulier, ils font
une distinction : la contre-lettre déroge-t-elle à une
clause qui, une fois le mariage célébré, ne pouvait être
l'objet d'aucune modification, ils pourront en écarter
l'effet. Exemple : Le contrat de mariage stipulait l'am-
meublissement d'un immeuble de la femme ; cet immeuble est vendu par le mari pendant le mariage ; la femme
ne pourra le revendiquer contre le tiers acquéreur, en
se fondant sur une contre-lettre qui aurait révoqué la
clause dont il s'agit. — Il en serait autrement, lorsque la
convention à laquelle il a été dérogé était de nature à
être détruite ou modifiée pendant le mariage ; « car, di-

(1) MM. Rodière et Pont. Traité du cont. de mar. 2° éd. t. 1er, n. 145.

sent ces auteurs, puisqu'ils (les ayants-cause) ne pourraient pas se prévaloir de leur ignorance à l'égard d'un
fait survenu depuis le mariage, on ne voit pas pourquoi
ils pourraient opposer avec plus d'avantage leur ignorance d'un fait passé auparavant. » Et ils citent comme
exemple le cas où la dot constituée à la future aurait été
réduite du commun accord des parties : cette réduction
doit être opposable au cessionnaire, comme le serait un
payement ou tout autre acte.

Ces distinctions ne nous paraissent pas admissibles.
Elles se comprendraient jusqu'à un certain point, si l'art.
1396 contenait des dispositions exorbitantes du droit
commun. Mais, comme nous l'avons déjà remarqué, il
ne fait au fond qu'appliquer, en matière de contrat de
mariage, le principe général édicté par l'article 1321.
Cela posé, n'est-il pas naturel d'interpréter les deux
textes dans le même sens, de leur reconnaitre la même
portée? Nous renvoyons, au surplus, pour la réfutation
plus complète du système dont il s'agit, au cours de droit
civil de MM. Aubry et Rau, t. 4, § 503 bis, notes 20
à 31.)

Pour terminer cette matière, et nous résumer en quelque sorte, nous remarquerons, comme on le fait généralement, que les contre-lettres peuvent se diviser en
quatre catégories :

1° Les contre-lettres qui n'ont pas été passées en la
forme du contrat de mariage, ou qui n'ont pas été approuvées par toutes les parties qui avaient concouru à ce
contrat : elles sont nulles *erga omnes* ;

2° Celles qui remplissent les deux conditions précédentes, mais n'ont pas été rédigées à la suite de la minute
du contrat : elles sont valables entre les parties, nulles
à l'égard des tiers ;

3· Celles qui, passées en la présence et du consentement des parties, et dans la forme du contrat de mariage, ont, en outre, été rédigées à la suite de la minute du contrat, mais n'ont pas été transcrites à la suite de l'expédition : elles sont valables, tant à l'égard des parties qu'à l'égard des tiers ; seulement, ces derniers peuvent avoir un recours contre le notaire qui a négligé cette dernière formalité ;

4. Enfin, celles qui sont de tous points conformes aux prescriptions des art. 1396 et 1397 ; elles sont valables *erga omnes*, et ne donnent lieu à aucune action en dommages-intérêts.

POSITIONS.

DROIT ROMAIN.

I. En droit romain, la novation ne peut avoir lieu par changement d'objet.

II. En cas de novation conditionnelle, l'action primitive ne peut, dans aucune hypothèse, être exercée *pendente conditione*.

III. Lorsque la clause pénale est encourue, il n'en résulte pas une novation de l'obligation principale, et le créancier conserve, en principe, le droit d'agir par l'action primitive.

IV. Le *correus stipulandi* peut, à lui seul, nover la créance commune : la loi 27, D. *de pactis*, n'est pas inconciliable avec cette doctrine.

V. Le *pignus* garantissant l'obligation primitive peut être réservé en cas de novation, bien que la chose hypothéquée n'appartienne pas au promettant.

VI. Les exceptions dont le délégué jouissait contre le déléguant ne sont pas, en principe, opposables au délégataire.

VII. L'insolvabilité du débiteur délégué *dotis causa* est, en principe, à la charge de la femme, en ce sens que le mari n'est tenu de restituer, à la dissolution du mariage, que ce qu'il a effectivement obtenu du délégué.

VIII. Le créancier, évincé de la chose qu'il a reçue

en payement, a le choix entre l'action primitive et l'action *utilis ex empto.*

DROIT FRANAÇIS.

DROIT CIVIL.

I. La simulation dont un acte est entaché peut être prouvée par témoins, lorsqu'elle a eu pour but de couvrir une fraude à la loi.

II. Les créanciers chirographaires doivent être comptés au nombre des tiers auxquels les contre-lettres ne sont pas opposables. (Cod. civ., art. 1321).

III. La nullité qui frappe les contre-lettres, en matière de cession d'office, ne s'applique pas à celles qui ont pour effet de diminuer les charges imposées au cessionnaire par le traité ostensible.

IV. Le supplément de prix payé en vertu d'une contre-letttre à un traité de cession d'office est sujet à répétition.

V. Les ascendants qui sont intervenus au contrat de mariage, soit pour y stipuler ou promettre en leur propre nom, soit pour habiliter les futurs époux, sont les seuls dont le concours soit nécessaire pour la validité des changements ou contre-lettres.

VI. Les donations faites par l'un des futurs conjoints à l'autre en dehors du contrat de mariage, constituent des contre-lettres dans le sens de l'art. 1396 du Code civil.

VII. Il faut entendre par tiers, pour l'application de l'art. 1397, les ayants-cause à titre particulier et les créanciers chirographaires qui ont intérêt à écarter l'exécution des changements ou contre-lettres.

VIII. L'erreur de la part de celui qui paye, n'est pas une condition essentielle pour qu'il y ait lieu à la répétition de l'indû.

IX. Le sous-acquéreur ne peut opposer le défaut de transcription ou d'inscription aux ayants-cause du vendeur originaire, tant que le titre de son auteur n'a pas été transcrit.

X. Les baux assujettis à la transcription ne sont opposables aux tiers acquéreurs que pour la période de dix-huit ans dans laquelle on se trouve au moment où leur titre a été transcrit.

DROIT COMMERCIAL.

I. La règle qui prohibe toute preuve par témoins contre et outre le contenu aux actes, est inapplicable en matière commerciale.

II. Un acte ne peut être annulé, par application des art. 446 et 447, C. Com, s'il n'y a eu jugement déclaratif de faillite.

DROIT ADMINISTRATIF.

I. La contre-lettre portant qu'un acte de vente n'est pas sérieux ne peut être considérée comme impliquant une rétrocession. Il en résulte qu'elle n'est passible que d'un simple droit fixe, et non d'un droit de mutation.

II. Les voisins, lésés par le voisinage d'un établissement dangereux, incommode ou insalubre, peuvent réclamer des dommages-intérêts devant les tribunaux ordinaires, bien que cet établissement ait été autorisé.

III. La loi du 23 mars 1855 n'a pas eu pour effet de soumettre, à la formalité de la transcription, les jugements d'expropriation pour cause d'utilité publique.

DROIT CRIMINEL.

I. L'individu, passible de plusieurs peines, et condamné à la plus forte d'entre elles, peut néanmoins être poursuivi à raison des autres crimes ou délits dont il s'est rendu coupable.

II. L'accusé, acquitté par la Cour d'assises, ne peut être poursuivi à raison du même fait, qualifié délit, devant la juridiction correctionnelle.

HISTOIRE DU DROIT.

I. Les institutions municipales, d'origine romaine, n'ont pas survécu d'une façon durable à l'établissement des Francs en Gaule.

L'expression : *Rachinburgii* désigne, sous la première race, non pas tous les hommes libres de la localité, mais une institution analogue à celle des *scabini*.

DROIT DES GENS.

I. Une notification n'est pas nécessaire pour mettre fin au blocus.

II. Les navires marchands, convoyés par des bâtiments de guerre neutres, mais de nationalité différente, ne sont pas exempts du droit de visite.

Vu par le Président de la Thèse,
MACHELARD.

Vu par le Doyen de la Faculté.
COLMET-DAAGE.

Vu et permis d'imprimer.
Le Vice-Recteur de l'Académie de Paris.
MOURIER.

Errata.

P. 29, ligne 5 et suiv. Au lieu de : Seulement, en cas de captivité, etc..., lire :

Seulement, en cas de captivité chez l'ennemi, la novation sera simplement suspendue; elle se produira rétroactivement, soit en vertu du *post-liminium*, si le promettant revient dans ses foyers, soit en vertu de la loi Cornelia, s'il meurt en captivité (Arg. 5, pr. D. *Ut legat. seu fideic.*).

P. 241, ligne 7. Ajouter : Au reste, la pénalité édictée par l'art. 12 de la loi du 25 août 1871, remplace aujourd'hui celle de l'art. 40 (V. suprà, sect. I, art. 4).

www.ingramcontent.com/pod-product-compliance
Ingram Content Group UK Ltd.
Pitfield, Milton Keynes, MK11 3LW, UK
UKHW022203120726
13694UKWH00002B/381